"Cinquenta anos atrás, Klaus Schwab propôs sua teoria de que as empresas não são apenas responsáveis por seus shareholders, mas por todos os stakeholders. Com um sistema econômico global gerando divisões e desigualdades profundas, Klaus renova sua vocação em prol de uma forma de capitalismo que funcione para todo mundo, no qual as empresas não apenas tomem da sociedade, mas retribuam de verdade e tenham um impacto positivo. *Capitalismo Stakeholder* é um apelo urgente para agirmos."

— Marc Benioff, Presidente e CEO, Salesforce

"Se você acha que este é outro livro sobre o pré-Covid e pós-Covid, repense. Klaus Schwab se utiliza de sua vasta experiência para nos levar em um passeio de montanha-russa pelos altos e baixos do capitalismo pós-guerra. Sua destreza para o storytelling econômico fornece um insight profundo e verdadeiro acerca do caminho para onde estamos indo e o que deveríamos ter como objetivo."

— Alexander De Croo, Primeiro-ministro da Bélgica

"Não podemos mais pensar em curto prazo. As empresas precisam responder não apenas aos shareholders; elas precisam prestar contas a uma moral maior. Agora, no meio da crise da Covid-19, Klaus Schwab nos mostra que não podemos voltar aos negócios de sempre. Ele nos inspira a olhar a resposta atual de solidariedade global entre pessoas, empresas e governos a essa crise de saúde, e a enxerga como o caminho inequívoco em direção a um novo paradigma para lidar com a crise do clima e o escândalo da desigualdade crescente no mundo."

— Angélique Kidjo, Música e Embaixadora da Boa Vontade da UNICEF

"Por meio século, Klaus Schwab tem sido consistente em sua crença de que empresas públicas podem gerar grandes retornos para seus shareholders e lidar com as prioridades mais importantes da sociedade. O mundo agora entende que o sistema imaginado por ele — o que chamamos de capitalismo stakeholder — pode alinhar o capital a esses resultados melhor do que qualquer outro."

— Brian Moynihan

"*Capitalismo Stakeholder* oferece uma análise oportuna que mostra como o sistema econômico neoliberal privilegia bilionários e corporações extrativistas em detrimento da dignidade de bilhões de pessoas e da proteção do nosso planeta. Enquanto a Covid-19 tem aprofundado o desespero e a desigualdade econômica, de gênero e racial, os governos devem — com os stakeholders — agir decisivamente para se afastar do capitalismo que prioriza o shareholder e, em vez disso, colocar os direitos humanos no coração da nossa economia."

**— Gabriela Bucher, Diretora-executiva,
Oxfam International**

"O novo livro do professor Schwab nos oferece perspectivas perspicazes acerca da história econômica do mundo e do pensamento que nos levou em direção aos maiores desafios que enfrentamos hoje — nenhum deles maior do que o aquecimento global. Mais importante, ele nos oferece um diagrama para o futuro, convidando-nos a construir um mundo mais inclusivo, próspero, saudável e verde ao abraçar o capitalismo stakeholder em escala."

**— N. Chandrasekaran,
Presidente-executivo, Tata Sons**

"Em *Capitalismo Stakeholder*, o meu bom amigo, o professor Schwab, descreve um caminho inspirador para tornar a economia global mais justa, sustentável e à prova do futuro. Uma visão que se encaixa perfeitamente com todos os seus esforços ao longo dos anos para construir um mundo melhor. Mais uma vez, o professor Schwab nos dá muito o que pensar e refletir com este livro fascinante."

**— Mark Rutte,
Primeiro-ministro dos Países Baixos**

Capitalismo Stakeholder

Capitalismo Stakeholder

UMA ECONOMIA GLOBAL
que Trabalha para o Progresso,
as Pessoas e o Planeta

KLAUS SCHWAB

COM PETER VANHAM

ALTA BOOKS
GRUPO EDITORIAL
Rio de Janeiro, 2023

Capitalismo Stakeholder

Copyright © 2023 da Starlin Alta Editora e Consultoria Eireli.
ISBN: 978-65-5520-621-0

Translated from original Stakeholder Capitalism. Copyright © 2021 by World Economic Forum. ISBN 9781119756132. This translation is published and sold by permission of John Wiley & Sons, Inc, the owner of all rights to publish and sell the same. PORTUGUESE language edition published by Starlin Alta Editora e Consultoria Eireli, Copyright © 2023 by Starlin Alta Editora e Consultoria Eireli.

Impresso no Brasil — 1ª Edição, 2023 — Edição revisada conforme o Acordo Ortográfico da Língua Portuguesa de 2009.

Todos os direitos estão reservados e protegidos por Lei. Nenhuma parte deste livro, sem autorização prévia por escrito da editora, poderá ser reproduzida ou transmitida. A violação dos Direitos Autorais é crime estabelecido na Lei nº 9.610/98 e com punição de acordo com o artigo 184 do Código Penal.

A editora não se responsabiliza pelo conteúdo da obra, formulada exclusivamente pelo(s) autor(es).

Marcas Registradas: Todos os termos mencionados e reconhecidos como Marca Registrada e/ou Comercial são de responsabilidade de seus proprietários. A editora informa não estar associada a nenhum produto e/ou fornecedor apresentado no livro.

Erratas e arquivos de apoio: No site da editora relatamos, com a devida correção, qualquer erro encontrado em nossos livros, bem como disponibilizamos arquivos de apoio se aplicáveis à obra em questão.

Acesse o site **www.altabooks.com.br** e procure pelo título do livro desejado para ter acesso às erratas, aos arquivos de apoio e/ou a outros conteúdos aplicáveis à obra.

Suporte Técnico: A obra é comercializada na forma em que está, sem direito a suporte técnico ou orientação pessoal/exclusiva ao leitor.

A editora não se responsabiliza pela manutenção, atualização e idioma dos sites referidos pelos autores nesta obra.

Dados Internacionais de Catalogação na Publicação (CIP) de acordo com ISBD

S398c   Schwab, Klaus
         Capitalismo Stakeholder: uma economia global que trabalha para o progresso, as pessoas e o planeta / Klaus Schwab, Peter Vanham ; traduzido por Vic Vieira. – Rio de Janeiro : Alta Books, 2023.
         304 p. : 16cm x 23cm.

         Tradução de: Stakeholder Capitalism
         Inclui índice.
         ISBN: 978-65-5520-621-0

         1. Economia. 2. Capitalismo. I. Schwab, Klaus. II. Vanham, Peter. III. Vieira, Vic. IV. Título.

2022-1294   CDD 330
                                         CDU 33

Elaborado por Vagner Rodolfo da Silva - CRB-8/9410

Índice para catálogo sistemático:
1. Economia 330
2. Economia 33

Produção Editorial
Editora Alta Books

Diretor Editorial
Anderson Vieira
anderson.vieira@altabooks.com.br

Editor
José Ruggeri
j.ruggeri@altabooks.com.br

Gerência Comercial
Claudio Lima
claudio@altabooks.com.br

Gerência Marketing
Andrea Guatiello
andrea@altabooks.com.br

Coordenação Comercial
Thiago Biaggi

Coordenação de Eventos
Viviane Paiva
comercial@altabooks.com.br

Coordenação ADM/Finc.
Solange Souza

Direitos Autorais
Raquel Porto
rights@altabooks.com.br

Assistente Editorial
Mariana Portugal

Produtores Editoriais
Illysabelle Trajano
Maria de Lourdes Borges
Paulo Gomes
Thales Silva
Thiê Alves

Equipe Comercial
Adriana Baricelli
Ana Carolina Marinho
Daiana Costa
Fillipe Amorim
Heber Garcia
Kaique Luiz
Maira Conceição

Equipe Editorial
Beatriz de Assis
Betânia Santos
Brenda Rodrigues
Caroline David
Gabriela Paiva
Henrique Waldez
Kelry Oliveira
Marcelli Ferreira
Matheus Mello

Marketing Editorial
Jessica Nogueira
Livia Carvalho
Marcelo Santos
Pedro Guimarães
Thiago Brito

Atuaram na edição desta obra:

Revisão Gramatical
Kamila Wozniak
Hellen Suzuki

Diagramação e Capa
Joyce Matos

Tradução
Vic Vieira

Copidesque
Cristina Parga

Editora afiliada à:

Rua Viúva Cláudio, 291 — Bairro Industrial do Jacaré
CEP: 20.970-031 — Rio de Janeiro (RJ)
Tels.: (21) 3278-8069 / 3278-8419
www.altabooks.com.br — altabooks@altabooks.com.br
Ouvidoria: ouvidoria@altabooks.com.br

Para meus pais, Eugen Wilhelm Schwab (†) e Erika Epprecht (†), que me ensinaram em primeira mão o valor da educação, da colaboração e do princípio stakeholder

Agradecimentos

Este livro é o resultado de um verdadeiro esforço de equipe; ele resulta da educação que recebi dos meus pais, da comunidade e da sociedade na qual cresci, dos colaboradores que tive na instituição que fundei, e dos membros do Fórum Econômico Mundial no mundo todo. Dessa maneira, o livro também é, para mim, a encarnação da colaboração stakeholder, e eu precisaria de outro capítulo para agradecer a todos aqueles que — conscientes ou não — para ele contribuíram. Deixarei aqui os agradecimentos àqueles que estiveram envolvidos ativamente.

Em primeiro lugar, gostaria de agradecer a Peter Vanham, meu chefe de comunicações e ajudante de confiança na escrita deste livro. Como parte deste projeto, Peter viajou pelo mundo, pesquisou nas bibliotecas da internet e conversou com muitos dos meus contatos ao longo de dois anos. Quando avançamos para a escrita do livro, suas contribuições variaram de rascunhar as várias seções do manuscrito a refletir sobre o desenho do modelo stakeholder do século XXI. Tendo escrito um primeiro livro acerca do princípio stakeholder há cinquenta anos, estou feliz em ver que uma nova geração de cidadãos de pensamento global como Peter estão abraçando essa ideia hoje e ajudando a defini-la para o mundo de amanhã.

Como presidente-executivo, também gostaria de agradecer ao presidente do Fórum Econômico Mundial, Børge Brende, com quem construí ao longo de anos uma ótima relação de trabalho — somos um verdadeiro "tandem". Børge assumiu muito do gerenciamento diário de nossa instituição, papel que executa com excelência. Ao longo dos últimos meses, isso permitiu que eu me concentrasse tempo suficiente no *Capitalismo Stakeholder*, apesar dos desafios trazidos pela crise da Covid.

x *Agradecimentos*

Outras colaborações próximas, incluindo Adrian Monck, Mel Rogers, Kelly Ommundsen e Susanne Grassmeier, cumpriram igualmente papéis cruciais na realização deste livro. Adrian, nosso chefe de engajamento público, foi o primeiro a defender internamente este projeto. Ele serviu como primeiro editor do manuscrito e um consultor no estilo de escrita. Se você gostar da reportagem "em primeira mão" deste livro, é graças ao estilo de Adrian, pelo qual optamos. Mel foi uma importante consultora estratégica e motivou todos os envolvidos a perseverar, mesmo no meio da crise da Covid. E Kelly e Susanne possibilitaram muitas das entrevistas nas quais este livro é baseado. Todos participaram dos brainstorms internos que tivemos sobre o conteúdo, o título e a capa do livro.

Muitos de nossos outros contatos próximos, seja família, colegas de trabalho ou colaboradores externos, também contribuíram para o manuscrito final. Um agradecimento especial à minha esposa, Hilde, que fez uma série de observações valiosas durante nossas discussões sobre o livro e atuou como leitora crítica em várias ocasiões. Outros "leitores secundários" aos quais desejo agradecer são Thierry Malleret, que coescreveu comigo o *Covid-19: The Great Reset*, Paul Smyke, nosso chefe na América do Norte; Alan Fleishmann, um ouvinte crítico valioso em Washington, D.C.; e Valeria Suppini, esposa de Peter. Seus comentários, apoio e sugestões de edição foram críticos em diferentes estágios da escrita do livro.

Na Wiley, desejo agradecer ao presidente Jesse Wiley, ao editor-executivo Bill Falloon, ao editor-chefe Purvi Patel, à editora de desenvolvimento Christina Verigan e à equipe de editores e designers gráficos que fez este livro ser o que é. Jesse e Bill foram os primeiros a acreditar neste livro, encontrando-se comigo em dezembro de 2018 em Nova York e comprometendo-se com ele. Bill e Purvi mais tarde nos guiaram pelo processo de edição e publicação com uma combinação única de paciência e diligência para que o livro encontrasse o caminho até as livrarias a tempo da nossa Semana da Agenda Davos de janeiro de 2021. E Christina Verigan editou o livro de modo magistral, tecendo comentários de conteúdo e estilo que fizeram o livro ser aquilo que você agora lê.

Ao identificar e definir o modelo stakeholder, recebi ajuda de membros do Fórum Econômico Mundial do planeta inteiro. Nosso escritório de Beijing, incluindo Pengcheng Qu, Muzi Li, e o diretor representante David Aikman, ajudou a arranjar reuniões com vários entrevistados chineses. Em nosso escritório de Nova York, Maha Eltobgy assumiu um papel fundamental ao reunir líderes do International Business Council (IBC), e das qua-

Agradecimentos xi

tro grandes agências de contabilidades, Deloitte, EY, KPMG e PwC, para criar as métricas do capitalismo stakeholder. O presidente do IBC, Brian Moynihan merece um elogio especial: é graças à sua liderança e visão que empresas comprometidas com o princípio stakeholder agora podem "fazer o que falam" por causa das métricas.

Também gostaria de agradecer a todos os acadêmicos, jornalistas, líderes empresariais, formadores globais, chefes de organizações internacionais, ministros e outros "stakeholders" que concordaram em conceder entrevistas para este livro. De Richard Baldwin, o professor de economia internacional no Instituto Universitário de Altos Estudos Internacionais em Genebra, a Annisa Wibi e Winston Utomo, nossos Formadores Globais da Indonésia, todos vocês nos permitiram expandir nossa visão da economia global e identificar os blocos de construção essenciais para um futuro melhor daqui em diante. Eu agradeço a todos vocês em uma seção reservada para agradecimentos a entrevistados.

E finalmente, e o mais importante, gostaria de agradecer a meus pais, Eugen Wilhelm e Erika, que apesar de viver em circunstâncias extremamente difíceis durante a guerra e no seu rescaldo, me deram todas as possibilidades de me tornar um cidadão internacional. Por meio dos meus pais, pude conhecer pessoas de outros países, viajar e estudar fora. Meu pai também foi um outro tipo de modelo a seguir. No papel de líder empresarial, mas também ao assumir várias funções na vida pública da Alemanha no pós-guerra, ele me inspirou a abraçar o modelo stakeholder. Demonstrou que líderes de empresas também deveriam trazer sua experiência e habilidades para as funções públicas, e que todos deveríamos tentar construir um mundo melhor juntos.

Por isso, e por tudo que vocês fizeram por mim, sou eternamente grato.

Klaus Schwab

■■■

Também gostaria de agradecer a todos que concederam entrevista para este livro. Obrigado pelo tempo, insights e contribuições. (Os nomes estão listados em ordem alfabética pelo primeiro nome.)

- Ahadu Wubshet, Fundador e Diretor-geral, Moyee Coffee, Addis Ababa, Etiópia

xii   *Agradecimentos*

- Adi Reza Nugroho, Cofundador e CEO, MYCL, Bandung, Indonésia
- Angel Gurria, Secretário-geral, OCDE, Paris, França
- Araleh Daher, Executivo de Vendas, APL, Cidade de Djibouti, República de Djibouti
- Annisa Wibi Ismarlanti, Cofundadora e Diretora Financeira, MYCL, Bandung, Indonésia
- Arekha Bentangan Lazuar, Cofundador e Diretor de Tecnologia, MYCL, Bandung, Indonésia
- Asrat Begashaw, Gerente, Relações Públicas, Ethiopian Airlines, Addis Ababa, Etiópia
- Carl Benedikt Frey, Diretor, Future of Work, Oxford Martin School, Universidade de Oxford, Oxford, Reino Unido
- Chong'En Bai, Professor de Economia, Universidade Tsinghua, Beijing, China
- Claus Jensen, Forbundsformand, Dansk Metal, Copenhague, Dinamarca
- Daniel Moss, Colunista de Opinião cobrindo economias asiáticas, Bloomberg, Singapura
- David Autor, Professor de Economia, MIT, Cambridge, Massachusetts, EUA
- David Lin, Diretor de Ciência, Global Footprint Network, Oakland, Califórnia, EUA
- David M. Rubenstein, Cofundador e copresidente-executivo, Carlyle Group, Nova York, EUA
- Diane Coyle, Diretora, Bennett Institute for Public Policy, Universidade de Cambridge, Cambridge, Reino Unido
- Dominic Waughray, Diretor-gerente, Centre for Global Public Goods, Fórum Econômico Mundial, Genebra, Suíça
- Fabiola Gianotti, Diretora-geral, CERN, Genebra, Suíça
- Geert Noels, CEO, Econopolis, Antuérpia, Bélgica
- Gideon Lichfield, Editor-chefe, *MIT Technology Review*, Cambridge, Massachusetts, EUA

- Greg Ip, Comentarista-chefe de Economia, *The Wall Street Journal*, Washington D.C., EUA
- Guohong Liu, Vice-diretor, China Development Institute, Shenzhen, China
- Heather Long, Correspondente de Economia, *The Washington Post*, Washington D.C., EUA
- Heinrich Huentelmann, Chefe de Relações Públicas Globais, Ravensburger, Ravensburg, Alemanha
- James Crabtree, Professor-adjunto de Prática, Escola de Políticas Públicas Lee Kuan Yew, Singapura
- Jim Hagemann Snabe, Presidente, Siemens; Presidente, A.P. Moller Maersk, Copenhague, Dinamarca
- Joseph Stiglitz, Professor universitário, Economia, Universidade de Columbia, Nova York, EUA
- Josh Bivens, Diretor de Pesquisa, Instituto de Política Econômica, Washington D.C., EUA
- Kai-Fu Lee, Presidente e CEO, Sinovation Ventures, Beijing, China
- Laurence D. Fink, Presidente e CEO, BlackRock, Nova York, EUA
- Lina Khan, Professora-adjunta de Direito, Universidade de Columbia, Nova York, EUA
- Liwei Wang, Escritor Sênior, Caixin Media, Beijing, China
- Maha Eltobgy, Chefe de Shaping the Future of Investing, Fórum Econômico Mundial, Nova York, EUA
- Michelle Bachelet, Alta Comissária dos Direitos Humanos, Nações Unidas, Genebra, Suíça
- Min Zhu, Presidente, Instituto Nacional de Pesquisa Financeira, Beijing, China
- Nicholas Thompson, Editor-chefe, revista *Wired*, Nova York, EUA
- Nicholas Stern, Presidente, Instituto de Pesquisa sobre Mudanças Climáticas e o Meio Ambiente, UCL, Londres, Reino Unido
- Puty Puar, Ilustradora e Criadora de Conteúdo, Java Ocidental, Indonésia

xiv *Agradecimentos*

- Richard Baldwin, Professor de Economia Internacional, Graduate Institute, Genebra, Suíça

- Richard Samans, Diretor de Pesquisa, Organização Internacional do Trabalho, Genebra, Suíça

- Robert Atkinson, Presidente, Fundação de Tecnologia da Informação e Inovação, Washington, D.C., EUA

- Robin Løffmann, Tillidsrepræsentant, MAN Energy Solutions, Copenhague, Dinamarca

- Roland Duchatelet, Fundador, Melexis, Sint-Truiden, Bélgica

- Saadia Zahidi, Diretora-gerente, Centre for the New Economy and Society, Fórum Econômico Mundial, Genebra, Suíça

- Sean Cleary, Presidente-executivo, FutureWorld Foundation, Cidade do Cabo, África do Sul

- Seniat Sorsa, Gerente-geral Local, Assuntos Internos, Everest, Awasa, Etiópia

- Susan Lund, Sócia, McKinsey Global Institute, Washington, D.C., EUA

- Tharman Shanmugaratnam, Ministro Sênior, Governo de Singapura, Singapura

- Thomas Søby, Economista-chefe, Dansk Metal, Copenhague, Dinamarca

- Tilahun Sarka, Diretor-geral, Ethio-Djibouti Railways, Addis Ababa, Etiópia

- Tim Wu, Professor de Direito, Ciência e Tecnologia, Escola de Direito de Columbia, Nova York, EUA

- Tristan Schwennsen, Arquivista-chefe, Ravensburger, Ravensburg, Alemanha

- Wei Tian, Host, World Insight with Tian Wei, CGTN, Beijing, China

- Winston Utomo, Fundador, IDN Media, Jacarta, Indonésia

- Yu Liu, Pesquisador Sênior, Economia de Baixo Carbono, Instituto de Desenvolvimento da China, Shenzhen, China

- Zia Qureshi, Acadêmico Visitante, Economia Global e Desenvolvimento, Brookings Institution, Washington D.C., EUA

Sumário

Sobre os Autores .... *xvii*
Prefácio .... *xix*

PARTE I
O MUNDO EM QUE CRESCI

  1. 75 Anos de Crescimento e Desenvolvimento Global 3
  2. A Maldição de Kuznets: Os Problemas da Economia Mundial Hoje ... 23
  3. A Ascensão da Ásia 59
  4. Sociedades Divididas 81

PARTE II
MOTORES DE PROGRESSO E PROBLEMAS

  5. Globalização 101
  6. Tecnologia 125
  7. As Pessoas e o Planeta 159

PARTE III
CAPITALISMO STAKEHOLDER

  8. Conceito 185
  9. Empresas 215
10. Comunidades 239

Conclusão: O Caminho para o Capitalismo Stakeholder *269*
Índice *275*

Sobre os Autores

O professor **Klaus Schwab** é o fundador e presidente-executivo do Fórum Econômico Mundial. Em 1971, publicou *Modern Enterprise Management in Mechanical Engineering*. No livro, Schwab argumenta que uma empresa precisa servir não apenas aos shareholders, mas a todos os stakeholders, para atingir o crescimento em longo prazo e a prosperidade. Para promover o conceito stakeholder, ele fundou o Fórum Econômico Mundial no mesmo ano.

Desde a sua primeira publicação, Schwab é autor e coautor de vários livros e relatórios, incluindo o Relatório de Competitividade Global do Fórum Econômico Mundial (anual, de 1979 até o presente), *A Quarta Revolução Industrial* (2016), best-seller mundial traduzido para mais de trinta idiomas, *Aplicando a Quarta Revolução Industrial* (2018, com Nicholas Davis) e *Covid-19: The Great Reset* (2020, com Thierry Malleret). Com a sua liderança no Fórum Econômico Mundial, Schwab também lançou a Fundação Schwab para o Empreendedorismo Social com sua esposa, Hilde (1998), o Fórum para Jovens Líderes Globais (2006) e a Comunidade de Formadores Globais (2011).

O professor Schwab tem mestrado e doutorado em economia (Universidade de Friburgo) e em engenharia (Instituto Federal de Tecnologia da Suíça), e obteve o título de mestre em administração pública (MPA) pela Kennedy School of Government, da Universidade de Harvard. Em 1972, tornou-se professor na Universidade de Genebra, onde hoje é professor honorário. Ao longo de sua carreira, obteve dezessete doutorados honorários. Schwab recebeu o grau de cavaleiro na França (Cavaleiro da *Légion d'Honneur*, 1997), na Inglaterra (pela Rainha Elizabeth II, Cavaleiro-comendador da Ordem de São Miguel e São Jorge, 2006) e Alemanha (Cavaleiro-comendador da Cruz, 2012). Ele também recebeu o Grande Colar da Ordem do Sol Nascente do Japão (2013), dentre muitas outras distinções. Atualmente vive em Genebra com a esposa, Hilde.

Peter Vanham é chefe de comunicações do presidente e do International Media Council no Fórum Econômico Mundial. Previamente, liderou as relações de mídia norte-americanas do Fórum a partir de Nova York, e trabalhou como jornalista na Filadélfia, em Londres, Zurique e Berlim. Vanham é o autor de Before I Was CEO (2016), livro que relembra as lições de vida e carreira de CEOs antes de chegarem ao topo, e contribuiu com histórias acerca de mercados emergentes e liderança empresarial para o The Financial Times, Business Insider, Harvard Business Review e muitos outros veículos. É mestre em negócios, jornalismo econômico (Universidade de Columbia) e engenharia comercial (KU Leuven). Vive em Genebra com a esposa, Valeria.

Prefácio

No começo de fevereiro de 2020, eu me reunia com um colega em Genebra para discutir este livro, quando o telefone tocou em meu escritório. Seria um daqueles momentos que poderíamos chamar de AC/DC, quando a atenção mudou do tempo *antes* da Covid-19 para a realidade que se estabeleceu *depois* da Covid-19.

Antes dessa ligação, eu e meus colegas estávamos preocupados com os desafios de longo prazo da economia mundial, incluindo a mudança climática e a desigualdade. Eu havia refletido profundamente acerca do sistema econômico global construído nos 75 anos desde o fim da Segunda Guerra Mundial, e nos 50 anos desde a criação do Fórum Econômico Mundial. Analisei os vários elementos do nosso mundo globalizado de hoje, incluindo os benefícios, as trocas e os perigos. Então, considerei quais mudanças no sistema seriam necessárias nos próximos 50 ou 75 anos, para ter certeza de que ele seria mais justo, sustentável e resiliente para as gerações futuras.

Mas, em uma ligação, essa agenda de longo prazo foi derrubada. Meu foco se dirigiu à crise imediata que estava prestes a ser enfrentada por todos nós, em cada país do planeta.

Do outro lado da linha estava o chefe de nosso escritório representativo de Beijing, na China. Normalmente, esse tipo de ligação trata de assuntos rotineiros, fornecendo uma chance de me atualizar nos programas e iniciativas estabelecidos. Mas essa era diferente. O diretor havia ligado para me atualizar a respeito da epidemia que havia atingido a China com força no começo daquele inverno: a da Covid-19. Inicialmente confinado à cidade de Wuhan, esse novo coronavírus, que costuma causar uma doença respiratória grave, rapidamente se tornava uma preocupação primária de saúde pública no país. Nosso colega explicou que boa parte da população de Beijing

xx *Prefácio*

havia saído da cidade para participar das celebrações do Ano-novo Lunar e, quando retornou, carregava o novo coronavírus consigo, causando um surto e o subsequente lockdown na capital.

Meu colega manteve a calma, fornecendo fatos objetivos acerca do significado do lockdown para nossos empregados e operações. Mas pelo tom de sua voz, eu podia perceber que ele estava muito preocupado. Sua família e todos em sua vida foram afetados, enfrentando os perigos da infecção e do lockdown estabelecido. As medidas tomadas pelas autoridades foram drásticas. Empregados seriam forçados a trabalhar de casa indefinidamente, com a permissão de sair do apartamento apenas sob condições muito restritas. Se qualquer pessoa demonstrasse sintomas, ela seria testada e posta em quarentena imediatamente. Mas, mesmo com essas medidas draconianas, não estava certo que a ameaça de saúde seria contida. A epidemia estava se espalhando tão rápido que, mesmo presas em casa, as pessoas estavam aterrorizadas de contrair o vírus. Enquanto isso, as notícias dos hospitais eram de que a doença era muito agressiva, difícil de tratar e estava sobrecarregando o sistema de saúde.

Na Suíça, nós sabíamos sobre o SARS-CoV-2, o vírus que causa a Covid-19, desde nossa Reunião Anual no final de janeiro de 2020. Havia sido um tópico de conversação nas discussões de saúde pública envolvendo participantes da Ásia ou com operações grandes na região. Mas até aquela conversa telefônica, eu tinha esperanças de que o surto seria limitado em duração e expansão geográfica, similar aos surtos de coronavírus da SARS e da MERS, que haviam sido contidos. Tinha esperança de que ele não afetaria pessoalmente tantos de meus próprios colegas, amigos e família.

Durante a ligação telefônica, meu entendimento da ameaça global de saúde pública se transformou. Nos dias e semanas que se seguiram, parei o trabalho neste livro, e o Fórum Econômico Mundial entrou em estado de crise. Nós configuramos uma força tarefa especial, pedimos a todos os empregados que trabalhassem de casa e focamos todos os nossos esforços em ajudar a resposta de emergência internacional. Não era cedo. Uma semana depois, o vírus forçou um lockdown em maior parte da Europa, e algumas semanas depois disso, boa parte do mundo enfrentava uma situação similar, incluindo os Estados Unidos. Nos meses seguintes, muitos milhões de pessoas morreram ou foram hospitalizadas, centenas de milhões de pessoas perderam seus empregos ou fontes de renda, e incontáveis negócios e governos tiveram falência física ou virtual.

Prefácio xxi

Enquanto escrevo este prefácio no outono de 2020, o estado global de emergência causado pela primeira onda de Covid-19 retrocedeu em maior parte, mas uma nova onda de infecções está colocando o mundo mais uma vez sob alerta sério. Países no mundo todo voltaram à vida econômica e social com cautela, mas a recuperação econômica é muito desigual. A China estava entre os primeiros países grandes a terminar o lockdown e reabrir os negócios, e espera até mesmo ver crescimento econômico ao longo do ano inteiro de 2020. Em Genebra, Nova York, São Francisco e Tóquio, nossas outras bases permanentes, em contraste, partes da vida pública também voltaram, mas de modo muito mais frágil. E em todo o mundo, muitas vidas e meios de sustento foram perdidos; bilhões foram gastos para impedir que as pessoas, as empresas e os governos afundassem; divisões sociais existentes se aprofundaram e novas divisões emergiram.

A essa altura, temos alguma distância da crise inicial, e muitos de nós — incluindo eu — percebemos que a pandemia e seus efeitos estão profundamente conectados aos problemas que já havíamos identificado no sistema econômico global existente. Essa perspectiva me trouxe de volta à discussão que tive em fevereiro de 2020, na data daquela fatídica ligação de Beijing. Muitas das análises nas quais estávamos trabalhando previamente estavam mais corretas do que nunca. Você poderá lê-las neste livro. Apresentarei nas páginas seguintes as minhas observações acerca da desigualdade crescente, crescimento em desaceleração, produtividade precária, aprofundamento de problemas sociais e falta de cooperação global em alguns dos desafios mais urgentes do mundo. E, como espero que você concorde, essas observações são tão válidas depois da Covid-19 quanto eram antes.

Porém, uma coisa mudou no período interino entre "AC" e "DC": há, eu percebi, um entendimento maior entre a população, líderes de empresas e governos de que criar um mundo melhor requereria trabalhar junto. A ideia de que precisamos reconstruir de modo diferente no pós-Covid é compartilhada largamente. O impacto repentino e abrangente da Covid-19 nos fez entender, muito mais do que os efeitos graduais da mudança climática ou da desigualdade crescente, que um sistema econômico movido por interesses egoístas e de curto prazo não é sustentável. É desequilibrado, frágil e aumenta a chance de desastres sociais, ambientais e de saúde pública. Como a Covid-19 demonstra, quando o desastre estoura, ele coloca uma pressão insuportável nos sistemas públicos.

Neste livro, argumentarei que não podemos continuar com um sistema econômico movido por valores egoístas, como a maximização de lucros no xxii *Prefácio*

curto prazo, a evasão de impostos e regulação, ou a externalização dos danos ambientais. Em vez disso, precisamos de uma sociedade, economia e comunidade internacional projetadas para cuidar de todas as pessoas e do planeta inteiro. De modo concreto, a partir de um sistema de "capitalismo shareholder", que prevaleceu no Ocidente nos últimos cinquenta anos, e de um sistema de "capitalismo de Estado", que ganhou proeminência na Ásia e é centrado na primazia do Estado, devemos mudar para um sistema de "capitalismo stakeholder". Essa é a mensagem principal deste livro. No que se segue, demonstro como um sistema assim pode ser construído e por que é tão necessário fazê-lo agora.

A Parte I (Capítulos 1 a 4) fornece uma visão geral da história econômica global desde 1945, tanto no Ocidente quanto na Ásia. Explora as maiores conquistas e falhas do sistema econômico no qual vivemos, incluindo o crescimento econômico elevado, e também a desigualdade, a degradação ambiental e as dívidas para gerações futuras. Também se debruça sobre como tendências sociais, como a polarização política crescente, estão relacionadas ao estado da economia e a nossos sistemas de governança. A Parte II (Capítulos 5 a 7) se aprofunda nas causas e consequências possíveis de nossos problemas e progressos econômicos. Analisa o papel exercido pela inovação tecnológica, globalização e comércio, e o uso de recursos naturais. Finalmente, a Parte III (Capítulos 8 a 10) analisa as mudanças possíveis no nosso sistema econômico global. Fornece uma definição de *capitalismo stakeholder* e demonstra o que ele pode significar para empresas, governos, organizações internacionais e a sociedade civil.

Ao longo do livro, tentei ser justo e imparcial, seja ao apresentar os problemas globais que enfrentamos, suas causas e consequências possíveis, e as soluções que vejo para criar um mundo melhor daqui em diante. Mas deveria adicionar imediatamente que as visões apresentadas aqui são minhas, e inevitavelmente coloridas por minhas experiências pessoais. Falo sobre algumas dessas experiências formativas de quando criança, estudante e jovem profissional no primeiro capítulo deste livro. Espero que elas o ajudem a entender minha visão de mundo, que é baseada na crença de que os melhores resultados na sociedade e na economia advêm da cooperação, seja entre os setores público e privado, ou entre pessoas e nações em todo o mundo.

Espero que este livro o inspire, seja você quem for, a ajudar a construir um sistema assim. Ao trabalhar juntos para construir um sistema econômico com inclusão, sustentabilidade e igualdade, podemos mudar o legado da Covid-19. Apesar de ela inevitavelmente incluir mortes e meios de sustento e vidas destruídos, talvez também possa nos ajudar a nos reorientar em direção a um mundo mais resiliente. Desse modo, espero que o mundo pós-pandemia seja para nossa geração o que a era pós-Segunda Guerra Mundial foi para a geração dos meus pais: um momento de união, no qual o passado recente é uma lembrança forte de um mundo que ninguém deseja, e o presente e o futuro são uma oportunidade para criar um mundo onde todos possam prosperar.

Nas décadas após a guerra, nós o fizemos ao construir um compacto social em casa — incluindo uma economia social de mercado na Europa e uma "Grande Sociedade" nos Estados Unidos. Também criamos um sistema multilateral com o objetivo de preservar a paz, fomentar a colaboração e criar um lar financeiro — incluindo instituições como o Banco Mundial, o Fundo Monetário Internacional e as Nações Unidas.

Agora, tenho esperança de que usaremos a recuperação pós-Covid para pôr em prática o capitalismo stakeholder em casa, e um sistema econômico global mais sustentável.

Obrigado pela leitura,

Klaus Schwab Genebra, dezembro de 2020

PARTE I

O MUNDO EM QUE CRESCI

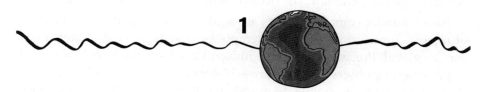

75 Anos de Crescimento e Desenvolvimento Global

N os 75 anos desde o fim da Segunda Guerra Mundial, houve um surto de desenvolvimento econômico global. Mas, apesar disso, o mundo está vivendo duas realidades antagônicas.

Por um lado, raramente estivemos tão bem como estamos hoje em dia. Vivemos num tempo de relativa paz e riqueza absoluta. Comparado com gerações passadas, muitos de nós vivemos vidas longas e, na maior parte, saudáveis. Nossas crianças podem ir à escola, muitas vezes até a faculdade, e computadores, celulares e outros dispositivos tecnológicos nos conectam ao mundo. Mesmo há uma ou duas gerações, nossos pais e avós poderiam apenas sonhar com o estilo de vida que muitos de nós temos hoje e os luxos que vêm com a energia abundante, os avanços na tecnologia e o comércio global.

Por outro lado, nosso mundo e a sociedade civil são castigados pela desigualdade insana e por uma insustentabilidade perigosa. A crise de saúde pública da Covid-19 é apenas um evento que demonstra que nem todo mundo recebe as mesmas chances na vida. Aqueles com mais dinheiro, conexões melhores ou CEPs mais impressionantes foram afetados pela Covid a níveis muito menores; tinham mais possibilidades de trabalhar de casa, sair de áreas de população densa e conseguir melhor cuidado médico caso fossem infectados. Essa é a continuação de um padrão que se tornou bastante co-

4 CAPITALISMO STAKEHOLDER

nhecido em muitas sociedades. Os pobres são afetados consistentemente por crises globais, enquanto os ricos podem superar a crise com facilidade.

Para entender como chegamos até aqui — e como podemos sair dessa situação —, precisamos voltar no tempo, às origens de nosso sistema econômico global. Precisamos rever as imagens do desenvolvimento econômico pós-guerra e observar seus marcos históricos. O ponto inicial lógico é o "Ano Zero" para a economia do mundo moderno: 1945. E talvez não exista melhor lugar a partir do qual contar essa história do que a Alemanha, para quem aquele ano foi verdadeiramente um novo começo.

Fundações da Ordem Econômica Global do Pós-Guerra

Crianças como eu, que começaram a escola primária na Alemanha em 1945, eram jovens demais para entender por que o país em que viviam havia passado por uma guerra antes ou por que os próximos anos se transformariam de modo tão significativo. Mas entendíamos bem que o conflito futuro precisava ser evitado a todo custo. Assim, nos anos que se seguiram à Primeira Guerra Mundial, "Nie Wieder Krieg", ou "Guerra Nunca Mais", tornou-se um grito de guerra pela Alemanha. As pessoas estavam cansadas de conflito. Queriam reconstruir suas vidas em paz e trabalhar juntas rumo a uma melhor qualidade de vida.

Isso não aconteceria facilmente nem na Alemanha nem em lugar nenhum. Quando a Segunda Guerra Mundial chegou ao fim, o país estava em ruínas. Quase um quinto dos prédios históricos nas principais cidades da Alemanha permanecia de pé. Milhões de lares haviam sido destruídos. Suábia, a região do Sudoeste da Alemanha onde cresci, não era exceção. Em sua cidade mais industrializada, Friedrichshafen, quase todas as fábricas foram derrubadas por completo. Isso incluía as fábricas de Maybach e Zeppelin, dois fabricantes legendários de carros e aeronaves cuja capacidade de produção havia sido utilizada pelo governo nazista com propósitos militares durante a guerra.

Uma de minhas memórias mais antigas é a de observar, no telhado da casa de meus pais, apenas a 18km de distância de Friedrichshafen, os incêndios que levaram à destruição de Friedrichshafen. Rezávamos para que o ataque não atingisse também nossa cidade natal, e por sorte isso não aconteceu, mas setecentas pessoas morreram apenas no último ataque a Friedrichshafen. Eu lembro como meus pais choraram quando ouviram a

75 Anos de Crescimento e Desenvolvimento Global

notícia, conhecendo pessoalmente muitos dessa cidade vizinha. No final da guerra, apenas um quarto dos 28 mil habitantes originais de Friedrichshafen permaneceram.[1] O resto havia fugido, desaparecido ou morrido.

Ravensburg, onde eu morava, foi uma das raras cidades poupadas pelo bombardeio dos Aliados, um destino que provavelmente se deu por causa da falta de capacidade militar-industrial. Mas as consequências da guerra estavam por toda parte. No fim da guerra, enquanto o exército francês dos Aliados se movimentava, Ravensburg havia se tornado um grande abrigo para refugiados internos, trabalhadores forçados, prisioneiros de guerra e soldados feridos.[2] O caos na cidade era completo. O único lado positivo na meia-noite de 8 de maio de 1945 era o fato de que a guerra havia acabado de verdade. Na Alemanha, nós passamos a marcar esse momento como o "Stunde Null" ou "Hora Zero". Historiadores como Ian Buruma mais tarde se refeririam ao ano que se seguiu como o "Ano Zero".[3] A economia da Alemanha era uma terra arrasada, e poderia apenas ter a esperança de começar de novo, com uma página em branco.

Os outros poderes do Eixo, Itália e Japão, enfrentaram desafios similares. A capacidade produtiva das nações do Eixo havia sido dizimada. Turim, Milão, Gênova e outras cidades italianas haviam sofrido bombardeios extensivos, e Hiroshima e Nagasaki viram uma devastação sem paralelos por bombas atômicas. Outros países europeus também estavam atordoados e passaram por um período inicial de caos. Mais ao leste, China e boa parte do Sudeste Asiático estavam atolados em conflitos internos. Economias na África, no Oriente Médio e no Sul da Ásia ainda estavam acorrentadas ao domínio colonial. A União Soviética havia sofrido perdas enormes durante a Segunda Guerra Mundial. Apenas as economias das Américas, lideradas pelos Estados Unidos, haviam atravessado a guerra em grande parte incólumes.

Portanto, cabia a Washington e Moscou liderar a era pós-guerra, cada qual em sua esfera de influência. Na Suábia, então parte da Alemanha ocupada pelos Aliados, o futuro dependia em grande parte das escolhas que os Estados Unidos fariam.

---

[1] "70 Jahre Kriegsende", Anton Fuchsloch, *Schwäbische Zeitung*, maio de 2015, (em alemão) http://stories.schwaebische.de/kriegsende#10309.

[2] "Wie der Krieg in Ravensburg aufhort", Anton Fuchsloch, *Schwäbische Zeitung*, maio de 2015, (em alemão) http://stories.schwaebische.de/kriegsende#11261.

[3] *Ano Zero: Uma história de 1945*, Ian Buruma, Companhia das Letras, 2015.

Os Estados Unidos enfrentavam um ato de equilíbrio difícil. Estavam determinados a não repetir os erros do Tratado de Versalhes, que acabou com a Primeira Guerra Mundial. Assinado em 1919, o Tratado de Versalhes sobrecarregou os Poderes Centrais derrotados (Alemanha, Áustria-Hungria, o Império Otomano e a Bulgária) com uma carga de dívida insuportável. Isso cerceou seu desenvolvimento econômico e levou a uma recuperação econômica errática, que plantou as sementes para a Segunda Guerra Mundial.

Depois da Segunda Guerra Mundial, Washington fez outra abordagem. Queria reviver as economias europeias que residiam dentro de sua esfera de influência, incluindo as partes da Alemanha sob ocupação britânica, francesa e norte-americana. Os Estados Unidos queriam promover o comércio, a integração e a cooperação política. Ainda em 1944, os Estados Unidos e seus aliados haviam criado instituições econômicas como o Fundo Monetário Internacional e o Banco Internacional para Reconstrução e Desenvolvimento (agora parte do Banco Mundial).[4] Ao longo das décadas que se seguiram, eles continuaram seus esforços para desenvolver um sistema econômico estável e em crescimento na Alemanha Ocidental e por todo o Oeste Europeu.

A partir de 1948, os Estados Unidos e o Canadá também forneceram ajuda regional específica. Por meio do Plano Marshall, cujo nome homenageava o então secretário de Estado norte-americano George Marshall, os Estados Unidos ajudaram os países do Oeste Europeu (incluindo a Alemanha e a Itália) a comprar produtos norte-americanos e reconstruir suas indústrias. Fornecer ajuda a antigos poderes do Eixo foi uma decisão controversa, mas tida como necessária, porque sem o motor industrial alemão não haveria uma Europa industrial forte. (A Organização para a Cooperação Econômica Europeia, OCEC, a precursora da OCDE, foi uma importante administradora do programa.)

Os Estados Unidos não limitaram seus esforços para ajudar. Também encorajaram o comércio ao estabelecer mercados europeus para o carvão, o aço e outras commodities. Isso levou à criação da Comunidade Europeia do Carvão e do Aço, a forma embrionária do que hoje é a União Europeia. Na Ásia, os Estados Unidos também forneceram ajuda e crédito a países como Japão, China, República da Coreia e Filipinas. Já a União Soviética expandia sua esfera de influência em outras regiões, promovendo um modelo econômico baseado na economia planificada e na produção controlada pelo Estado.

---

[4] Organização para Cooperação e Desenvolvimento Econômico (OCDE), Eurostat, https://ec.europa.eu/eurostat/statistics–explained/pdfscache/1488.pdf.

75 Anos de Crescimento e Desenvolvimento Global 7

Governos locais, indústrias e trabalhadores também exerceram um papel nos esforços de reconstrução. Por exemplo, em 1947, a Fundação Zeppelin transferiu quase todos os seus ativos para a cidade de Friedrichshafen[5], na esperança de retomar um futuro próspero para as empresas Zeppelin e seus trabalhadores. Ao mesmo tempo, os cidadãos de Friedrichshafen trabalharam por dias longos até reconstruírem suas casas. Mulheres tiveram um papel especial nessa reconstrução e em boa parte do trabalho inicial de restauração. A revista alemã *Der Spiegel* recordou posteriormente: "Com tantos homens mortos na guerra, os Aliados dependeram das mulheres para fazer o trabalho pesado de limpeza."[6]

Assim como um quebra-cabeças requer que cada peça seja colocada no lugar certo para criar uma imagem completa, o trabalho de restauração requer que cada recurso seja implantado e cada esforço humano seja mobilizado. Era uma tarefa que a sociedade inteira se comprometera a fazer. Um dos maiores e mais bem-sucedidos fabricantes em Ravensburg era uma empresa familiar que, por fim, mudou seu nome para Ravensburger.[7] Ela retomou a produção de quebra-cabeças e livros infantis, um negócio que continua até os dias de hoje. E em Friedrichshafen, ZF, uma subsidiária da Fundação Zeppelin, reemergiu como uma fabricante de peças automotivas. Empresas como essas, muitas da famosa *Mittelstand* alemã, ou seja, as médias e pequenas empresas que foram a espinha dorsal da economia alemã, tiveram um papel crucial na transformação econômica do pós-guerra.

Os Gloriosos Trinta Anos no Ocidente

Para muitas pessoas vivendo na Europa — eu incluso —, o alívio do fim da guerra logo deu lugar ao medo de uma nova guerra. A abordagem do livre mercado na Alemanha Ocidental ocupada pelos Estados Unidos e o resto do Oeste Europeu entrava em conflito com o modelo de economia planificada da União Soviética, que dominou a Alemanha Oriental e o resto do Leste Europeu. Qual prevaleceria? A coexistência pacífica era possível ou as coisas terminariam em conflito direto? Apenas o tempo nos daria as respostas.

---

[5] Friedrichshafen, "History of the Zeppelin Foundation", https://en.friedrichshafen.de/citizencity/zeppelin-foundation/history-of-the-zeppelin-foundation/.

[6] "A Century-Long Project", *Der Spiegel*, outubro de 2010, https://www.spiegel.de/fotostrecke/photo-gallery-a-century-long-project-fotostrecke-56372-5.html.

[7] A empresa foi fundada como Otto Maier Verlag e mais tarde mudou seu nome para Ravensburger.

8   CAPITALISMO STAKEHOLDER

Na época, os resultados não estavam claros nem para nós nem para mais ninguém. Essa era uma batalha de ideologias, sistemas econômicos e hegemonia geopolítica. Durante décadas, ambos os poderes entrincheiraram suas posições e sistemas em competição. Ásia, África e América Latina viram a mesma batalha ideológica se desenrolar entre o capitalismo e o comunismo.

Com o benefício da retrospectiva, sabemos que as instituições econômicas criadas pelos Estados Unidos, baseadas no capitalismo e nos mercados livres, eram tijolos de uma era de prosperidade econômica compartilhada sem paralelos. Combinados com a vontade de muitas pessoas de reconstruir, eles prepararam o terreno para décadas de progresso econômico e domínio econômico do Ocidente sobre o "resto". O modelo soviético de economia planificada inicialmente deu frutos também, proporcionando prosperidade em um primeiro momento, mas viria a colapsar depois.

Além das mudanças econômicas, outros fatores moldaram nossa era moderna. Muitas partes do mundo, incluindo os Estados Unidos e a Europa, tiveram um *baby boom*. Trabalhadores foram afastados das demandas niilistas da produção em tempos de guerra para o trabalho socialmente produtivo durante tempos de paz. A atividade industrial e a educação se expandiram. A liderança de chefes de governo como Konrad Adenauer na Alemanha ou Yoshida Shigeru no Japão também foi uma peça crucial do quebra-cabeça. Eles comprometeram a si mesmos e a seus governos a reconstruir suas economias e sociedades de modo inclusivo e a desenvolver relações fortes com os Aliados, mirando em uma paz sustentável, em vez de ceder à busca por vingança que havia dominado após a Primeira Guerra Mundial. Dado o foco nacional em comunidade e reconstrução econômica, houve um aumento na coesão social (discutido mais profundamente no Capítulo 4).

Entre 1945 e o começo dos anos 1970, esses fatores se uniram para impelir um *Wirtschaftswunder*, ou milagre econômico, na Alemanha e no resto da Europa. Um *boom* similar começou nos Estados Unidos, no Japão e na Coreia do Sul (e, inicialmente, na União Soviética). O Ocidente entrou na sua era de ouro do capitalismo, e as inovações da Segunda Revolução Industrial foram implementadas amplamente: estradas para transporte de caminhões e carros foram construídas em massa, a era do voo comercial havia chegado, e navios porta-contêineres encheram as rotas marítimas do mundo.

Na Suábia, novas tecnologias também foram implementadas na onda desse milagre econômico. As vendas da Ravensburger, por exemplo, triplicaram nos anos 1950, deflagrando a fase de produção industrial em massa que começou em 1962. Jogos de tabuleiro para famílias, como o Rheinreise [em português, "Jornada no Reno"], se tornaram muito populares[8] conforme as crianças do *baby boom* cresciam. A Ravensburger expandiu mais ainda nos anos 1960,[9] quando a empresa acrescentou quebra-cabeças à sua linha de produtos. (O logo da marca, um triângulo azul no canto de suas caixas, se tornou icônico.) Em torno do mesmo período, ZF Friedrichshafen ressurgiu nos anos 1950 como fabricante de transmissões automotivas, complementando a sua seleção com transmissões automáticas em meados dos anos 1960.[10] Ela ajudou a levar fabricantes alemãs de carros como BMW, Audi, Mercedes e Porsche ao topo, em uma época em que a indústria europeia de carros estava em efervescência. (O sucesso da ZF dura até os dias de hoje; em 2019, a empresa declarou receitas globais ultrapassando os US$40 bilhões, tendo quase 150 mil empregados em vários países e operações em mais de 40 países em todo o mundo.)

Observando indicadores econômicos nas maiores economias do mundo, parecia, no entanto, que todos estavam ganhando. O crescimento econômico anual tinha uma média de 5%, 6% e até 7%. O Produto Interno Bruto (PIB) é o valor monetário dos bens e serviços produzidos em uma dada economia. Comumente utilizado para medir a atividade econômica de um país, ele dobrou, triplicou e até quadruplicou em algumas economias ocidentais ao longo das duas décadas seguintes. Mais pessoas estudaram no ensino médio e obtiveram empregos de classe média, e muitos *baby boomers* se tornaram os primeiros em suas famílias a ir à faculdade e a subir a escada socioeconômica.

Para as mulheres, subir essa escada teve uma dimensão a mais. A princípio devagar, e depois em um ritmo estável, a emancipação avançou no Ocidente. Mais mulheres foram à universidade, entraram e permaneceram na força de trabalho, e tomaram mais decisões conscientes sobre o equilíbrio entre vida e trabalho. A economia efervescente tinha bastante espaço para elas, que também eram apoiadas por avanços nas medidas anticoncepcionais, pela acessibilidade crescente a eletrodomésticos e, é claro, pelo movimento de emancipação. Nos Estados Unidos, por exemplo, a participação da força de trabalho feminina saltou de 15% entre 1950 e 1970, para 28% a

---

[8] Entrevista da empresa com Heinrich Huentelmann e Tristan Schwennsen, agosto de 2019.

[9] Ravensburger, "About Ravensburger", https://www.ravensburger-gruppe.de/en/aboutravensburger/company-history/index.html#1952-1979.

[10] Heritage, ZF, https://www.zf.com/mobile/en/company/heritage_zf/heritage.html.

CAPITALISMO STAKEHOLDER

43%.[11] Na Alemanha, a porcentagem de estudantes mulheres na universidade cresceu de 12% em 1948 a 32% em 1972.[12]

Na empresa Ravensburger, as mulheres também passaram para a linha de frente. Já em 1952, Dorothee Hess-Maier, neta do fundador, tornou-se a primeira mulher à frente da empresa, ao lado de seu primo Otto Julius. Foi um exemplo de uma tendência mais ampla. A emancipação das mulheres nas sociedades ocidentais continuou pelo resto do século e ao longo do século XXI. No ano de 2021, há mais mulheres do que homens inscritos na universidade em muitos países, incluindo os Estados Unidos e a Arábia Saudita[13](!), e mulheres formam quase metade da força de trabalho em muitos países. Apesar disso, as desigualdades relacionadas a salários e outros fatores permanecem.[14]

Ao longo daquelas primeiras décadas do início do pós-guerra, muitos países utilizaram sua sorte econômica inesperada para construir as fundações de uma economia de mercado social. No Oeste Europeu, particularmente, o Estado ofereceu benefícios para desempregados, pensões alimentícias e de educação, sistema de saúde universal e aposentadorias. Nos Estados Unidos, políticas sociais estavam menos em voga do que na Europa, mas, graças ao rápido crescimento econômico, mais pessoas do que nunca ascenderam à classe média, e programas de segurança social cresceram no número de beneficiários e nos fundos em geral alocados a eles, especialmente nas duas décadas entre 1950 e 1970.[15] A média dos salários cresceu nitidamente, e a pobreza caiu.

França, Alemanha, os países da Benelux e os países escandinavos também promoveram acordos coletivos de trabalho. Na maioria das empresas alemãs, por exemplo, o Works Council Act de 1952 determinou que um terço dos membros do conselho fiscal deveria ser selecionado pelos trabalhadores. Uma exceção foi concedida a empresas controladas por famílias, pois os

---

[11] "Working women: Key facts and trends in female labour force participation", Our World in Data, https://ourworldindata.org/female-labor-force-participation-key-facts.

[12] Kompetenzzentrum Frauen in Wissenschaft und Forschung, "Entwicklung des Studentinnenanteils in Deutschland seit 1908", https://www.gesis.org/cews/unser-angebot/informationsangebote/statistiken/thematische-suche/detailanzeige/article/entwicklung-desstudentinnenanteils-in-deutschland--seit-1908/.

[13] School Enrollment, Tertiary, Saudi Arabia, World Bank, 2018, https://data.worldbank.org/indicator/SE.TER.ENRR?locations=SA.

[14] Global Gender Gap Report 2018, http://reports.weforum.org/global-gender-gap-report-2018/key--findings/.

[15] "Historical Background and Development Of Social Security", Social Security Administration, https://www.ssa.gov/history/briefhistory3.html.

laços entre a comunidade e a gerência eram tipicamente fortes, e o conflito social era mais raro.

Como cresci naquela era de ouro, desenvolvi um grande apreço pelo papel iluminado que os Estados Unidos haviam exercido no meu país e no resto da Europa. Fui convencido de que a cooperação econômica e a integração política eram essenciais para construir sociedades prósperas e pacíficas. Estudei na Alemanha e na Suíça e passei a acreditar que as fronteiras entre as nações europeias desapareceriam algum dia. Nos anos 1960, tive até a oportunidade de estudar por um ano nos Estados Unidos e aprender mais sobre seus modelos econômicos e de gerenciamento. Foi uma experiência fundamental.

Como tantos de minha geração, também fui beneficiário da sociedade solidária de classe média que os países europeus haviam desenvolvido. Anteriormente, ficara muito intrigado com os papéis complementares que o negócio e o governo exerciam na formação do futuro de um país. Por esse motivo, foi natural escrever uma de minhas teses sobre o perfeito equilíbrio entre investimentos públicos e privados. Tendo trabalhado durante mais de um ano no chão de fábrica de empresas, experimentando a vida da classe trabalhadora, também desenvolvi um respeito especial pela contribuição dos trabalhadores para o desenvolvimento da riqueza econômica. Eu acreditava que empresas, como outros stakeholders na sociedade, tinham um papel a exercer em criar e sustentar uma prosperidade compartilhada. A melhor maneira de fazer isso, passei a pensar, era se as empresas adotassem um modelo stakeholder, no qual serviriam à sociedade além de servirem a seus shareholders.

Decidi transformar essa ideia em ação ao organizar um fórum de gerenciamento no qual líderes empresariais, representantes do governo e acadêmicos pudessem se encontrar. Davos, uma cidade montanhosa suíça, que em tempos vitorianos havia se tornado famosa por seu tratamento sanitário da tuberculose (antes da invenção de antibióticos como isoniazida e rifampicina[16]), oferecia uma localidade ideal para um tipo de aldeia global,[17] pensei. No alto das montanhas, nessa cidade pitoresca conhecida por seu ar limpo, os participantes poderiam compartilhar boas práticas e novas ideias e informar uns aos outros sobre questões sociais, econômicas e ambientais urgentes e globais. Portanto, em 1971, organizei o pri-

---

[16] Tratamento da tuberculose (em inglês), Clínica Mayo, https://www.mayoclinic.org/diseases-conditions/tuberculosis/diagnosis-treatment/drc-20351256.

[17] O termo "aldeia global" foi cunhado pelo pensador canadense Marshall McLuhan nos anos 1960.

12   CAPITALISMO STAKEHOLDER

meiro encontro do Simpósio Europeu de Gestão (o precursor do Fórum Econômico Mundial) por lá, com convidados como o reitor da Harvard Business School, George Pierce Baker; a professora da Universidade de Columbia, Barbara Ward; o presidente da IBM, Jacques Maisonrouge; e vários membros da Comissão Europeia.[18]

Os Tumultuados Anos 1970 e 1980

Mas logo, no começo dos anos 1970, tornou-se claro que o milagre econômico não duraria. Enquanto nos reuníamos em Davos, rachaduras no sistema já haviam surgido. O *boom* do pós-guerra havia se estabilizado, e questões sociais, econômicas e ambientais estavam emergindo. Mas a minha esperança era a de que, ao aprender ativamente e mais sobre práticas norte-americanas de gestão bem-sucedidas, empresários, políticos e acadêmicos europeus poderiam continuar a impulsionar a prosperidade no continente.

Muitas empresas europeias de fato deram um passo em direção a mercados internacionais vizinhos. A Comunidade Europeia do Carvão e do Aço (CECA), a qual, como o nome sugere, focava um mercado em comum para alguns recursos essenciais, havia evoluído nos anos precedentes para se tornar a mais abrangente Comunidade Econômica Europeia (CEE). Ela permitiu um comércio mais livre de bens e serviços através do continente. Muitas empresas *Mittelstand* utilizaram essa abertura para estabelecer subsidiárias e começar a vender em países vizinhos da CEE. Foi, em parte, graças a esse aumento no comércio intrarregional que o crescimento pôde continuar nos anos 1970.

Mas algumas variáveis econômicas com um efeito crítico sobre o crescimento, o emprego e a inflação, como o preço da energia, não eram favoráveis. O petróleo, que junto ao carvão havia abastecido o *boom* do pós-guerra, trouxe um choque inicial ao sistema. O preço da fonte de energia mais importante do mundo subiu quatro vezes em 1973 e então dobrou em 1979, enquanto os maiores países produtores e exportadores de petróleo (OPEP) — muitos dos quais eram ex-colônias árabes e do Oriente Médio, que pertenceram aos poderes europeus — mostravam força. Controlando a grande maioria do fornecimento global de petróleo na época, os países da OPEP decidiram implementar um embargo de petróleo em resposta à Guerra do Yom Kippur. Durante essa guerra, muitos dos membros árabes da OPEP se

---

[18] "The World Economic Forum, a Partner in Shaping History, 1971–2020", p. 16, http://www3.weforum.org/docs/WEF_A_Partner_in_Shaping_History.pdf.

opunham a Israel, que durante e depois do conflito armado expandiu seu território na região. O embargo, mirando nos aliados ocidentais de Israel, incluindo os EUA e o Reino Unido, foi muito eficaz.

Talvez não tenha sido uma surpresa o fato de que os países da OPEP usaram seu recém-obtido poder de mercado. Nas duas décadas anteriores, muitos dos seus membros — normalmente ex-colônias europeias na Ásia, no Oriente Médio e na África — haviam finalmente conquistado a própria independência. Mas, diferentemente da maioria dos países ocidentais naquela época, esses países em desenvolvimento costumavam estar consumidos por turbulências sociais e políticas. O *boom* econômico na Europa e nos Estados Unidos permaneceu fora de alcance para muitos países recém-independentes na Ásia, no Oriente Médio e na África. As nações da OPEP estavam entre as poucas exceções, pois o seu recurso mais importante, petróleo, abastecia a economia do mundo.

Embora o progresso industrial e econômico tenha sido tão grande no Ocidente ao longo das últimas três décadas, algumas pessoas também avisaram que a expansão era insustentável, e que seria necessário um novo sistema econômico mais sustentável para o planeta, para os seus recursos naturais limitados e, por fim, para os próprios humanos. Entre essas vozes estavam as de cientistas europeus e industriais do Clube de Roma, que passaram a acreditar que o estado do mundo e, principalmente, a degradação ambiental do planeta eram um problema central para a sociedade humana. Existiam, de fato, grandes sinais de aviso para qualquer um que prestasse atenção, e nos encontros do Fórum em Davos nós prestamos muita atenção. Em 1973, Aurelio Peccei, o presidente do clube, apresentou uma palestra principal em Davos sobre as descobertas de sua organização, alertando para o final iminente do crescimento.

Ainda assim, depois de sobreviver a múltiplas recessões e introduzir algumas medidas de economia de energia como o horário de verão e domingos livres de carros, o mundo retornou ao seu caminho familiar de crescimento nos anos 1980. Os dias de 5% e 6% de crescimento do PIB ficaram para trás (pelo menos, no Ocidente), mas níveis de crescimento de 3% a 4% não eram totalmente fora do comum. Outras economias, incluindo os Tigres Asiáticos (Coreia do Sul, Taiwan, Hong Kong e Singapura) ajudaram a compensar pelo deficit.

Mas, já nos anos 1980, começava a emergir uma mudança fundamental na perspectiva sobre o que havia permitido o crescimento econômico do pós-guerra. Durante os primeiros anos do pós-guerra, acreditava-se que a

14 CAPITALISMO STAKEHOLDER

prosperidade econômica crescente era algo para o qual todo o mundo havia contribuído, e, portanto, deveria ser compartilhado entre todos. Era um modelo industrial de progresso construído em parceria entre os donos de empresas e suas forças de trabalho. Em contraste, a fase de crescimento nos anos 1980 foi mais baseada no fundamentalismo de mercado e no individualismo, e menos na intervenção do Estado ou na construção de um contrato social.

Acho que isso foi um erro. O modelo stakeholder requer que empresas pensem além dos seus interesses primários diretos e incluam as preocupações de seus empregados e de suas comunidades na tomada de decisões. Nos primeiros anos de nossos encontros em Davos, os participantes haviam até mesmo se comprometido com esses princípios neste "Manifesto de Davos":[19]

O MANIFESTO DE DAVOS DE 1973

A. *O propósito da gestão profissional é o de atender clientes, shareholders, trabalhadores e empregados, assim como atender as sociedades, e harmonizar os diferentes interesses dos stakeholders.*

B.

1. *A gestão precisa atender seus clientes. Precisa satisfazer as necessidades de seus clientes e dar a eles o melhor valor. A competição entre empresas é o caminho comum e aceito para garantir que os clientes recebam a escolha de melhor valor. O objetivo da gestão é traduzir novas ideias e progresso tecnológico em serviços e produtos comerciais.*

2. *A gestão precisa atender seus investidores ao fornecer um retorno nos investimentos maior do que o retorno em títulos do governo. Esse retorno maior é necessário para integrar um prêmio de risco nos custos do capital. A gestão é a administradora dos shareholders.*

3. *A gestão precisa atender seus empregados porque, em uma sociedade livre, a liderança deve integrar os interesses daqueles que são liderados. Em particular, a gestão precisa garantir a estabilidade dos empregados, a melhora da renda real e a humanização do espaço de trabalho.*

4. *A gestão precisa atender a sociedade. Deve assumir o papel de administradora do universo material para as gerações futuras. Precisa*

---

[19] O Manifesto de Davos (em inglês), 1973, Fórum Econômico Mundial, https://www.weforum.org/agenda/2019/12/davos-manifesto-1973-a-code-of-ethics-for-business-leaders/.

usar os recursos materiais e imateriais à disposição do modo mais adequado. Precisa expandir continuamente as fronteiras do conhecimento em gestão e tecnologia. Precisa garantir que seu empreendimento pague impostos apropriados à comunidade para permitir que a comunidade realize seus objetivos. A gestão também precisa disponibilizar o seu próprio conhecimento e experiência para a comunidade.

C. *A gestão pode atingir os objetivos anteriores mediante o empreendimento econômico pelo qual ela é responsável. Por esse motivo, é importante garantir a existência em longo prazo do empreendimento. A existência em longo prazo não pode ser garantida sem lucratividade suficiente. Portanto, lucratividade é o meio necessário para permitir que a gestão atenda seus clientes, shareholders, empregados e a sociedade.*

Mas apesar do entusiasmo inicial com o Manifesto de Davos e da abordagem focada no stakeholder que ele advogava, um paradigma mais estreito centrado no shareholder prevaleceu, especialmente nos Estados Unidos. Foi o paradigma desenvolvido pelo economista da Universidade de Chicago e vencedor do Prêmio Nobel Milton Friedman, a partir de 1970. Ele sustentava que a "única responsabilidade social de uma empresa é aumentar seus lucros"[20] e que mercados livres são o que mais importa. (Esse ponto é discutido mais a fundo no Capítulo 8.)

O resultado foi o crescimento desequilibrado. O crescimento econômico voltou nos anos 1980, mas uma parte cada vez menor da população se beneficiava dele, e ainda mais danos foram causados ao planeta para alcançá-lo. O número de membros em sindicatos começou a cair, e o acordo coletivo de trabalho se tornou menos comum (apesar de boa parte da Europa continental, incluindo Alemanha, França e Itália, agarrarem-se a isso até os anos 2000, e de alguns países, como a Bélgica, ainda o fazerem hoje). Políticas econômicas em duas das economias líderes do Ocidente — o Reino Unido e os Estados Unidos — eram voltadas em grande parte para a desregulação, liberalização e privatização, e uma crença de que a mão invisível guiaria os mercados ao seu estado ideal. Muitas outras economias ocidentais seguiram esse caminho mais tarde, em alguns casos depois de governos mais alinhados à esquerda terem falhado em deflagar o crescimento econômico. Em uma nota mais positiva, novas tecnologias também trouxeram contribui-

---

[20] "A Friedman Doctrine—The Social Responsibility of Business Is to Increase Its Profits", Milton Friedman, *The New York Times*, setembro de 1970, https://www.nytimes.com/1970/09/13/archives/a-friedman-doctrine-the-social-responsibility-of-business-is-to.html.

16 CAPITALISMO STAKEHOLDER

ções, levando à Terceira Revolução Industrial. O computador pessoal foi inventado e se tornaria um dos componentes essenciais de toda organização.

Die Wende

Essas tendências não aconteceram isoladas. Conforme os anos 1980 progrediam, as economias do Leste Europeu começaram a entrar em colapso. Seu fracasso nesse ponto de transição industrial mostrou que o modelo de economia liderada pelo Estado, desenvolvido pela União Soviética, era menos resiliente do que o modelo baseado no mercado, promovido pelo Ocidente. Na China, o governo do novo líder Deng Xiaoping começou a própria Reforma e Abertura em 1979, introduzindo gradualmente políticas capitalistas e de mercado (ver Capítulo 3).

Em 1989, a Alemanha experimentou um momento de euforia, quando o Muro de Berlim, que separava o Leste do Oeste, caiu. Pouco tempo depois, a reunificação política da Alemanha foi enfim estabelecida. E em 1991, a União Soviética havia oficialmente se desintegrado. Muitas economias que residiam em sua esfera de influência, incluindo aquelas da Alemanha Oriental, os Bálticos, a Polônia, a Hungria e a Romênia, viraram-se em direção ao Ocidente e seu modelo capitalista de mercado livre. "O fim da história", como Francis Fukuyama chamaria mais tarde,[21] havia chegado, ao que parecia. A Europa recebeu outro impulso, dessa vez levando a uma integração política e econômica ainda mais profunda e ao estabelecimento de um mercado comum e união monetária, com o euro no ápice.

Em Davos, nós também sentimos os ventos da mudança. Se inicialmente o Simpósio Europeu de Gestão havia sido um local de encontro entre acadêmicos, legisladores e empresários norte-americanos e europeus, ao longo dos anos 1980 ele se tornou global. Os anos 1980 viram a inclusão de representantes da China, da Índia, do Oriente Médio e de outras regiões e uma agenda global compartilhada. Em 1987, uma mudança de nome havia se tornado necessária. Desde então, ficamos conhecidos como o Fórum Econômico Mundial. Era um nome adequado para a era de globalização que se seguiu.

---

[21] "What Is Fukuyama Saying? And to Whom Is He Saying It?", James Atlas, *The New York Times Magazine*, outubro de 1989, https://www.nytimes.com/1989/10/22/magazine/what-is-fukuyama-saying--and-to-whom-is-he-saying-it.html.

Globalização nos anos 1990 e 2000

De fato, após o colapso da União Soviética, as economias do mundo se tornaram mais entrelaçadas por mais de uma década. Países ao redor do mundo todo começaram a estabelecer acordos de livre comércio, e os motores do crescimento global eram mais variados do que nunca. A importância relativa da Europa diminuiu, e os chamados mercados emergentes, como a Coreia do Sul e Singapura, mas também mercados maiores como Brasil, Rússia, Índia, África do Sul e, claro, China, ganharam destaque. (Não há uma definição formal de mercados emergentes, por ser uma classificação feita por instituições financeiras privadas e particulares. Mas um traço comum compartilhado entre elas é o fato de serem economias não ocidentais que costumam ter ou já tiveram taxas de crescimento maiores do que a média durante alguns anos, o que poderia contribuir para que ganhassem ou recobrassem o status de economia desenvolvida ao longo do tempo.)

Desse modo, a globalização — um processo de interdependência crescente entre as economias do mundo, sinalizado pelo fluxo em elevação de bens, serviços, pessoas e capital — tornou-se uma força econômica dominante. A globalização do comércio, medida pelo comércio internacional como uma porcentagem do PIB global, alcançou o seu maior nível já visto — 15% — em 2001, crescendo 4% acima do seu ponto mais baixo no Ano Zero de 1945.

As empresas proeminentes da Suábia também surfaram nessa onda de globalização. "A China estava no topo da agenda da ZF", Siegfried Goll, então um proeminente gerente da ZF, testemunhou ao escrever a história da empresa.[22] "O desenvolvimento de nossas relações empresariais já havia começado nos anos 1980, inicialmente por meio de contratos de licença. Quando eu me aposentei, em 2006, tínhamos mais de vinte locais de produção na China." De acordo com os próprios registros da empresa, "a primeira joint venture foi estabelecida em 1993", e em 1998, "a posição da ZF na China estava tão bem consolidada que a primeira fundação de uma subsidiária completamente chinesa foi possível: ZF Drivetech Co. Ltd. em Suzhou".

Para alguns, porém, essa globalização era demais, e excessivamente rápida. Em 1997, várias economias emergentes asiáticas experimentaram uma crise financeira grave, causada em grande parte pela globalização financeira desenfreada, ou o fluxo de *hot money*, o dinheiro de investidores internacionais que flui facilmente de um país a outro, em busca de retornos, controles frouxos de capital e especulação de títulos. Ao mesmo tempo, no

---

[22] "Pioneers in China", ZF Heritage, 1993, zf.com/mobile/en/company/heritage_zf/heritage. html.

18 CAPITALISMO STAKEHOLDER

Ocidente, quando empresas multinacionais começaram a ter mais controle sobre economias nacionais, um movimento antiglobalização se estabeleceu.

Nem a Ravensburger escapou da repercussão. Em 1997, a gestão da empresa anunciou que desejava "introduzir um 'pacto pela salvaguarda de locais de produção', como uma 'iniciativa preventiva para a manutenção da competitividade nacional e internacional'", o Observatório Europeu da Vida Profissional escreveu sobre o tópico em um estudo de caso.[23] O resultado foi o chamado Pacto de Ravensburger, no qual a empresa oferecia estabilidade de emprego aos funcionários em troca de concessões.

Apesar de o pacto ser aceito pela maioria dos trabalhadores, ele também levou a uma deterioração nas relações empregador-empregado. O sindicato da indústria argumentou ter ido contra acordos coletivos de trabalho para o setor e que eles eram desnecessários, pois a empresa tinha uma boa performance econômica. No fim das contas, o pacto, muito contestado, fez todas as partes reconsiderarem seu relacionamento umas com as outras. O sindicato, que era tipicamente fraco no empreendimento familiar, se fortaleceu, e a gestão assumiu dali em diante uma abordagem mais construtiva com sua Comissão de Trabalhadores.

Na Alemanha, estresses sociais e corporativos similares em torno do crescimento econômico, emprego e integração dos antigos estados da Alemanha Oriental acabaram levando a um novo pacto social no começo dos anos 2000, com novas leis sobre codeterminação, "miniempregos" e seguro-desemprego. Mas o novo equilíbrio era, para alguns, menos benéfico do que o anterior, e mesmo que a Alemanha tenha voltado depois a um período de alto crescimento econômico, a situação logo se tornou mais precária para muitas outras economias avançadas.

Um primeiro sinal de aviso veio do estouro da bolha da internet no fim de 2000 e começo de 2001, quando as ações de tecnologia dos Estados Unidos despencaram. Mas o choque maior para a sociedade norte-americana e o sistema econômico internacional veio mais tarde, em 2001. Em setembro daquele ano, os Estados Unidos enfrentaram o maior ataque em seu próprio solo desde Pearl Harbor, na Segunda Guerra Mundial: os ataques terroristas do 11 de Setembro. Prédios que representavam os corações econômico e militar dos Estados Unidos foram atingidos: as Torres Gêmeas em Manhattan e o Pentágono em Washington, D.C.

---

[23] Eurofound, "Pacts for Employment and Competitiveness: Ravensburger AG," Thorsten Schulten, Hartmut Seifert, e Stefan Zagelmeyer, abril de 2015, https://www.eurofound.europa.eu/es/observatories/eurwork/case-studies/pecs/pacts-for-employment-and-competitiveness-ravensburger-ag-0.

Eu estava em Nova York naquele dia, em uma visita de trabalho às Nações Unidas, e, como todos por lá, fiquei devastado. Milhares de pessoas morreram. Os Estados Unidos pararam. Como sinal de solidariedade, no janeiro seguinte organizamos nosso Encontro Anual do Fórum Econômico Mundial em Nova York — o primeiro realizado fora de Davos. Após o estouro da bolha da internet e do 11 de Setembro, as economias ocidentais entraram em recessão. Por um tempo, o caminho do crescimento econômico por meio do comércio e dos avanços na tecnologia ficou incerto.

Mas as sementes de mais um *boost* econômico já haviam sido plantadas. Como exemplificado pela presença crescente da ZF por lá, a China, o maior país do mundo em população, havia se tornado uma das economias que crescia mais rápido depois de vinte anos de reforma e abertura, e em 2001 passou a integrar a Organização Mundial do Comércio. O que outros países haviam perdido em *momentum* econômico, a China ganhou e ultrapassou. O país se tornou a "fábrica do mundo", tirou centenas de milhares de seus próprios cidadãos da pobreza, e no seu auge tornou-se responsável por mais de um terço do crescimento econômico global. No mesmo caminho, produtores de commodities da América Latina ao Oriente Médio e à África se beneficiaram também, assim como os consumidores ocidentais.

Enquanto isso, nas ruínas do estouro da bolha da internet, novas e sobreviventes empresas de tecnologia começaram a assentar o início de uma Quarta Revolução Industrial. Tecnologias como a Internet das Coisas vieram à tona, e o machine learning — agora apelidado de "inteligência artificial" — teve um renascimento e ganhou força rapidamente. Comércio e tecnologia, em outras palavras, eram mais uma vez os motores gêmeos do crescimento econômico global. Em 2007, a globalização e o PIB global haviam alcançado novos picos. Mas era o último grito da globalização.

O Colapso de um Sistema

A partir de 2007, a economia global começou a mudar para pior. As maiores economias do mundo viram seus motores de crescimento falharem. Os Estados Unidos foram os primeiros, com uma crise financeira e imobiliária transformando-se em uma Grande Recessão, que durou vários trimestres. Em seguida veio a Europa, com uma crise de dívidas que começou em 2009 e durou vários anos. A maioria das outras economias globais foi atingida, com uma recessão global em 2009 e crescimento econômico real que flutuava entre 2% e 3% na década seguinte. (Especificamente, entre uma baixa de 2,5% em 2011 e 2019 e uma alta de 3,3% em 2017, de acordo com o Banco Mundial.[24])

O crescimento lento agora parece o novo normal, enquanto o motor de todo crescimento econômico, ganhos de produtividade, está em falta. Muitas pessoas no Ocidente estão presas a empregos inseguros que pagam pouco, sem horizonte de progresso. Além disso, o FMI já havia apontado muito antes da crise da Covid que o mundo havia alcançado níveis insustentáveis de dívida.[25] Em 2020, a dívida pública, que já havia se elevado nas crises dos anos 1970, alcançava mais uma vez níveis recordes, ou próximos a isso, em muitos países. De acordo com o monitor fiscal de 2020 do FMI, a dívida pública em economias avançadas alcançava mais de 120% do PIB no início da crise da Covid, um aumento de mais de 15% em um único ano, e em economias emergentes disparou para até mais de 60% do PIB (de pouco mais de 50% em 2019).[26]

Por fim, cada vez mais pessoas estão questionando até mesmo a utilidade de se perseguir o crescimento como um indicador de progresso. De acordo com o Global Footprint Network,[27] o ano de 1969 foi a última vez em que a economia global não "gastou além" dos recursos naturais do planeta. Cinquenta anos depois, nossas pegadas ecológicas são maiores do que nunca, enquanto usamos os recursos 1,75 vez a mais do que o mundo é capaz de reabastecê-los.

Todas essas tendências macroeconômicas, sociais e ambientais refletem-se nos efeitos adicionais de decisões tomadas por indivíduos, empresas e governos, tanto a nível local quanto nacional. E confrontam essas mesmas sociedades, que chegaram tão longe após a era de guerras, pobreza e destruição, com uma nova e desagradável realidade: elas ficaram ricas, mas à custa da desigualdade e da insustentabilidade.

■■■

---

[24] GDP Growth, Annual (%), 1961–2019, Banco Mundial, https://data.worldbank.org/indicator/NY.GDP.MKTP.KD.ZG.

[25] Fundo Monetário Internacional, New Data on Global Debt, https://blogs.imf.org/2019/01/02/new-data-on-global-debt/.

[26] Gross debt position, Monitor Fiscal, abril de 2020, Fundo Monetário Internacional, https://www.imf.org/external/datamapper/datasets/FM.

[27] Global Footprint Network, https://www.footprintnetwork.org/2019/06/26/press-releasejune-2019-earth-overshoot-day/.

Suábia no século XXI é, de muitos modos, tão rica quanto já foi, com altos salários, baixo desemprego e muitas atividades de lazer. Os belos centros urbanos de Ravensburg e Friedrichshafen não recordam em nada o estado deplorável em que se encontravam em 1945. Ravensburg ainda dá as boas-vindas a refugiados, mas desta vez as guerras são distantes de casa. Até mesmo o fabricante de jogos de tabuleiro da cidade se adaptou a um mundo de redes de fornecimento globais e de quebra-cabeças afetados por jogos digitais.

Mas o quebra-cabeça que as pessoas dessa região, seus fabricantes de sistemas de transmissão e de jogos, e outros stakeholders sociais aqui e em outras partes do mundo precisam resolver não é fácil. Então, antes de tentarmos resolvê-lo, precisamos listar suas peças. É essa tarefa que assumiremos no próximo capítulo. E para nos guiar, buscaremos a ajuda de um famoso economista.

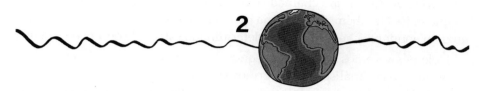

A Maldição de Kuznets
Os Problemas da Economia Mundial Hoje

Não poderia ter existido pessoa melhor para montar o quebra-cabeça da economia mundial de hoje que Simon Kuznets, um economista norte-americano nascido na Rússia[1], que morreu em 1985.

Pode parecer estranho à primeira vista que um homem falecido no meio dos anos 1980 fosse tão relevante para os desafios econômicos globais de hoje; mas acredito que as questões que enfrentamos atualmente poderiam não ter se tornado tão problemáticas se tivéssemos prestado atenção nas lições desse economista vencedor do Prêmio Nobel.

De fato, Kuznets avisou há mais de oitenta anos que o produto interno bruto (PIB) era uma ferramenta tosca para a elaboração de políticas econômicas. Ironicamente, ele havia ajudado a introduzir o próprio conceito de PIB alguns anos antes e contribuiu para torná-lo o Santo Graal do desenvolvimento econômico. Ele também avisou que sua própria curva de Kuznets, que mostrava como a desigualdade de renda caía conforme uma economia se desenvolvia, baseava-se em "dados frágeis",[2] ou seja, dados de um período relativamente breve do milagre econômico ocidental do pós-guerra, que aconteceu nos anos 1950. Se o período de seu estudo se revelasse uma ano-

---

[1] Kuznets nasceu em Pinsk, parte do Império Russo na época. Atualmente, Pinsk faz parte da Bielorrússia

[2] "Political Arithmetic: Simon Kuznets and the Empirical Tradition in Economics", Capítulo 5: *The Scientific Methods of Simon Kuznets*, Robert William Fogel, Enid M. Fogel, Mark Guglielmo, Nathaniel Grotte, Editora da Universidade de Chicago, p. 105, https://www.nber.org/system/files/chapters/c12917/c12917.pdf.

malia, a teoria dessa curva seria refutada. Kuznets também nunca aprovou a ramificação da curva, a chamada curva ambiental de Kuznets, que afirmava que países também veriam uma queda no dano ambiental que eles produziam enquanto chegavam a um determinado estado de desenvolvimento.

Hoje nós vivemos com as consequências de não termos sido mais rigorosos em nossas análises ou de termos sido dogmáticos demais em nossas crenças. O crescimento do PIB tornou-se um objetivo que consome tudo e, ao mesmo tempo, enguiçou. Nossas economias nunca foram tão desenvolvidas, mas a desigualdade raramente já foi pior. E em vez de termos uma queda na poluição ambiental, como poderia se esperar, estamos no meio de uma crise ambiental global.

Essa miríade de crises econômicas que estamos enfrentando pode muito bem ter a ver com a *maldição* de Kuznets. Ela é o último "eu avisei" de um economista muitas vezes mal compreendido e está na raiz do sentimento de traição que as pessoas nutrem em relação a seus líderes. Mas antes de nos aprofundarmos nessa maldição, vamos examinar quem exatamente era Simon Kuznets e descobrir por quais motivos as pessoas se lembram dele.

A Maldição Original de Kuznets: PIB como Medida de Progresso

Simon Smith Kuznets nasceu em Pinsk, uma cidade do Império Russo em 1901, filho de pais judeus.[3] Enquanto estudava na escola, mostrou ter talento para a matemática e foi estudar economia e estatística na Universidade de Kharkiv (agora na Ucrânia). Mas apesar de seus resultados acadêmicos promissores, ele não permaneceria em seu país natal depois de chegar à idade adulta. Em 1922, o Exército Vermelho de Vladimir Lênin venceu uma guerra civil de anos de duração na Rússia. Com a União Soviética em construção, Kuznets, como milhares de outros, emigrou para os Estados Unidos. Por lá, obteve primeiro um PhD em economia na Universidade de Columbia e então se uniu ao Bureau Nacional de Pesquisa Econômica (NBER), um think tank econômico respeitado. Foi ali que construiu sua carreira ilustre.

Seu timing foi impecável. Nas décadas após a sua chegada, os Estados Unidos cresceram e se tornaram a principal economia mundial. Kuznets estava lá para ajudar o país a entender a nova posição na qual se encontrava.

---

[3] Uma citação direta da autobiografia de Kuznets para o comitê do Prêmio Nobel. O Prêmio Nobel, "Simon Kuznets Biographical", 1971, https://www.nobelprize.org/prizes/economic-sciences/1971/kuznets/biographical/.

A Maldição de Kuznets: Os Problemas da Economia Mundial Hoje   25

Ele foi pioneiro no desenvolvimento de conceitos essenciais que dominam a ciência econômica e a elaboração de políticas públicas até os dias de hoje, tais como renda nacional (um precursor do PIB) e crescimento econômico anual, e no meio do caminho se tornou, ele próprio, um dos economistas mais proeminentes do mundo.

A curva de desenvolvimento econômico dos Estados Unidos naqueles anos era turbulenta. Nos anos 1920, o país estava em uma alta econômica; saiu da Primeira Guerra Mundial com tudo. Os Estados Unidos emergiram como um poder político e econômico e firmaram o pé ao lado de um Império Britânico já enfraquecido. A Grã-Bretanha havia dominado o planeta durante a Primeira Revolução Industrial, governando um terço do mundo até 1914. Os Estados Unidos tornaram-se um líder da Segunda Revolução Industrial, que decolou após a Primeira Guerra Mundial. Fabricantes norte-americanos introduziram bens como o carro e o rádio no enorme mercado doméstico do país, vendendo-os para um público faminto por produtos modernos. Com a ajuda de um espírito de comércio livre e princípios capitalistas, uma espiral positiva de investimento, inovação, produção, consumo e comércio garantidos, os Estados Unidos se tornaram o país mais rico do mundo em termos de PIB per capita (por pessoa).

Mas a experiência inebriante dos *Roaring Twenties* (os "Loucos Anos Vinte") transformou-se na calamitosa Grande Depressão. Em 1929, a economia efervescente havia saído de controle. A desigualdade estava nas alturas, com um punhado de indivíduos, como John D. Rockefeller, controlando quantidades colossais de riqueza e ativos econômicos, enquanto muitos trabalhadores tinham uma existência bem mais precária, dependendo frequentemente de serviços pagos por dia e colheitas agrícolas. Além disso, um mercado de ações crescendo cada vez mais, sem o apoio de uma tendência semelhante na economia real, significava que a especulação financeira atingia um ponto de ebulição. No final de outubro de 1929, ocorreu um colapso colossal do mercado de ações, deflagrando uma reação em cadeia no mundo inteiro. As pessoas negligenciaram suas obrigações, os mercados de crédito secaram, o desemprego decolou, os consumidores pararam de gastar, o protecionismo cresceu e o mundo entrou em uma crise da qual não se recuperaria até depois da Segunda Guerra Mundial.

Enquanto legisladores norte-americanos lutavam para descobrir como conter e acabar com a crise no país, eles não sabiam responder a uma questão fundamental: quão ruim a situação é, realmente? E como saberemos se nossas respostas políticas funcionarão? As métricas econômicas eram escassas, e o PIB, a medida que usamos hoje para avaliar nossa economia, não havia sido inventado.

Entra Simon Kuznets. Especialista em estatística, matemática e economia, ele desenvolveu um modo-padrão de medir a renda nacional bruta (RNB) ou produto nacional bruto (PNB) dos Estados Unidos. Estava convencido de que essa medida daria uma ideia melhor de quantos bens e serviços foram produzidos pelas empresas norte-americanas em um dado ano. Alguns anos depois, ele também se tornou o pai intelectual do PIB, índice intimamente conectado aos anteriores, apresentando o conceito ligeiramente diferente em um relatório de 1937 para o Congresso norte-americano.[4] (O PIB leva em consideração apenas os bens e serviços produzidos domesticamente, enquanto a RNB ou o PNB incluem renda ou produtos produzidos no exterior por empresas controladas pelos cidadãos de um país.)

Foi um golpe de mestre. Ao longo do restante dos anos 1930, outros economistas ajudaram a padronizar e popularizar essa medida de produção econômica a tal ponto que, quando a conferência de Bretton Woods foi realizada em 1944, o PIB foi confirmado como a ferramenta principal para medir economias.[5] A definição do PIB utilizada na época ainda é válida hoje: o PIB é a soma do valor de todos os bens produzidos em um país, ajustado para a sua balança comercial. Há várias maneiras de medir o PIB, mas a mais comum é provavelmente a chamada ótica da despesa. Ela calcula o produto interno bruto como a soma do consumo dele decorrente (ajustando-o para exportações e importações):

Produto Interno Bruto
= Consumo + Gasto do Governo + Investimento Privado + Exportações – Importações

Desde então, o PIB tem sido a métrica utilizada em relatórios do Banco Mundial e do FMI sobre um país. Quando o PIB está crescendo, ele dá esperança para pessoas e empresas, e, quando entra em declínio, governos puxam o freio em todas as políticas públicas para reverter a tendência. Apesar das crises e contratempos, a história da economia global em geral era uma história de crescimento, portanto a noção de que o crescimento é bom reinava suprema.

---

[4] "GDP: A brief history", Elizabeth Dickinson, *Foreign Policy*, janeiro de 2011, https://foreignpolicy.com/2011/01/03/gdp-a-brief-history/.

[5] Ibidem.

A Maldição de Kuznets: Os Problemas da Economia Mundial Hoje   27

Mas há um final doloroso para essa história, e poderíamos tê-lo previsto se tivéssemos escutado melhor o próprio Simon Kuznets. Em 1934, muito antes do Acordo de Bretton Woods, Kuznets avisou o Congresso norte-americano para não focar de modo tão restrito RNB/PIB: "O bem-estar de uma nação dificilmente pode ser inferido a partir de uma medida da renda nacional", disse.[6] Nisso ele estava certo. O PIB nos indica o consumo, mas não nos informa sobre o bem-estar. Indica-nos a produção, mas não nos informa sobre a poluição ou o uso de recursos. Aponta-nos os gastos do governo e os investimentos privados, mas não dá informações sobre a qualidade de vida. A economista de Oxford Diana Coyle nos disse, em uma entrevista[7] em agosto de 2019, que, na realidade, o PIB foi uma "métrica dos tempos de guerra". Ele aponta o que a sua economia pode produzir quando se está em guerra, mas não indica como deixar as pessoas felizes em tempos de paz.

Apesar do aviso, ninguém escutou. Legisladores e bancos centrais fizeram tudo que puderam para aumentar o crescimento do PIB. Agora, seus esforços estão exauridos. O PIB não cresce como costumava crescer, e o bem-estar parou de subir há muito tempo. Um sentimento de crise permanente se apossou das sociedades — talvez por um bom motivo. Como Kuznets sabia, nós nunca deveríamos ter feito do crescimento do PIB o único foco da elaboração de políticas públicas. Mas é esse lugar em que nos encontramos. O crescimento do PIB é a nossa medida essencial e tem desacelerado permanentemente.

Crescimento Baixo do PIB

Como explicamos no Capítulo 1, a economia global conheceu, nos últimos 75 anos, muitos períodos de expansão rápida, assim como algumas recessões significativas. Mas a expansão da economia global com início em 2010 tem sido morna. Se o crescimento global[8] alcançou picos de 6% e mais por ano até o começo dos anos 1970, e ainda atingiu uma média de mais de 4% até 2008, desde então ele caiu a níveis de 3% ou menos[9] (veja a Figura 2.1).

---

[6] "Beyond GDP: Economists Search for New Definition of Well-Being", *Der Spiegel*, setembro de 2009, https://www.spiegel.de/international/business/beyond-gdp-economists-search-for-new-definition--of-well-being-a-650532.html.

[7] Entrevista telefônica com Diana Coyle por Peter Vanham, 18 de agosto de 2019.

[8] Medido no dólar norte-americano constante de 2010.

[9] World Bank, GDP Growth (annual %), 1961-2018, https://data.worldbank.org/indicator/NY.GDP.MKTP.KD.ZG.

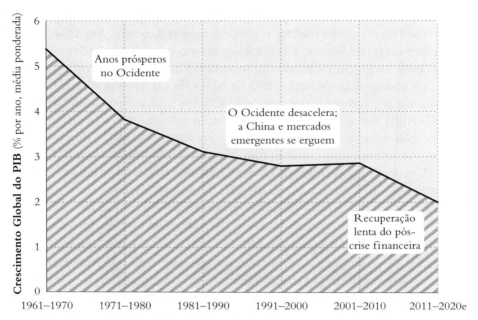

Figura 2.1 O Crescimento do PIB Mundial Tem Diminuído desde os Anos 1960

Fonte: Adaptado do Crescimento do PIB (anual %) do Banco Mundial, 1960–2019.

O número três importa, porque agiu por um longo tempo como um limite de aprovação ou reprovação da teoria econômica padrão. De fato, até mais ou menos uma década atrás, o *Wall Street Journal* apontava: "Antigos economistas-chefe do FMI chamaram o crescimento global menor do que 3% ou 2,5% — dependendo de quem era o economista-chefe — de recessão."[10] A explicação vinha de uma conta simples: dos anos 1950 até o começo dos anos 1990, o crescimento demográfico global quase consistentemente ficou em 1,5% por ano ou mais.[11] Uma taxa de crescimento global apenas um pouco acima da taxa do crescimento populacional significava que grande parte da população do mundo estava efetivamente experimentando crescimento econômico negativo ou crescimento nenhum. Esse tipo de ambiente econômico é desanimador para trabalhadores, empresas e legisladores, por indicar pouca oportunidade para o avanço.

---

[10] "What's a Global Recession", Bob Davis, *The Wall Street Journal*, abril de 2009, https://blogs.wsj.com/economics/2009/04/22/whats-a-global-recession/.
[11] United States Census Bureau, International Data Base, setembro de 2018, https://www.census.gov/data-tools/demo/idb/informationGateway.php.

Talvez em resposta ao crescimento econômico lento, economistas desde então mudaram a definição do que constitui uma recessão global. Mas isso não altera o fato de que temos visto um crescimento econômico global escasso desde então. Na verdade, o crescimento econômico de menos de 3% por ano parece ser o novo normal. Mesmo antes da crise da Covid, o FMI não esperava que o crescimento global do PIB voltasse a ficar acima da marca de 3% pela próxima meia década,[12,13,14] e esse panorama tem sido afetado negativamente pela pior crise de saúde pública do século.

Pela perspectiva da sabedoria econômica convencional, como as pessoas haviam se acostumado ao crescimento econômico, o crescimento lento poderia levar a fraturas sistêmicas. Há dois motivos para isso.

Primeiro, o crescimento do PIB global é uma medida agregada, que esconde várias realidades regionais e nacionais que costumam ser ainda menos positivas. Na Europa, América Latina e Norte da África, por exemplo, o crescimento real está beirando o zero. Para os países do Centro e do Leste europeu que ainda precisam alcançar economicamente seus vizinhos a Oeste ou ao Norte, esse crescimento baixo é desanimador. É algo que pode acelerar a fuga de cérebros, quando pessoas educadas e motivadas buscam oportunidades econômicas em países de renda maior, exacerbando assim os problemas de seus países natais. O mesmo é verdadeiro em regiões como o Oriente Médio, o Norte da África e a América Latina, onde muitos ainda não têm um estilo de vida pleno de classe média, e onde trabalhos que oferecem segurança financeira estão em falta, assim como a previdência social e as pensões.

Segundo, em regiões onde o crescimento é maior do que a média, como na África subsaariana, mesmo o crescimento máximo de 3% ou mais por ano não é suficiente para permitir o rápido crescimento de renda per capita, dada à taxa igualmente alta de crescimento populacional. Países de renda média menor que registraram níveis de crescimento relativamente altos nos últimos anos incluem Quênia, Etiópia, Nigéria e Gana.[15] Mas mesmo se eles crescessem consistentemente 5% ao ano pelo futuro previsível, poderia

---

[12] "World Economic Outlook", International Monetary Fund, atualizado em julho de 2019, https://www.imf.org/en/Publications/WEO/Issues/2019/07/18/WEOupdateJuly2019.

[13] "World Economic Outlook", International Monetary Fund, abril de 2019, Appendix A. https://www.imf.org/~/media/Files/Publications/WEO/2019/April/English/text.ashx?la=en.

[14] Isso diz respeito ao crescimento do PIB com base nas taxas de câmbio do mercado (veja a fileira correspondente na tabela citada nas notas de rodapé 10 e 11).

[15] "World Bank Country and Lending Groups", Banco Mundial, https://datahelpdesk.world-bank.org/knowledgebase/articles/906519-world-bank-country-and-lending-groups.

levar uma geração inteira (quinze a vinte anos) para a renda das pessoas dobrar. (E isso presumindo que a maioria dos frutos do crescimento econômico é compartilhada em larga escala, o que não costuma ocorrer.)

O progresso rápido e o crescimento econômico compartilhado, como o visto na China no começo do século XXI, requer taxas reais de crescimento de 6% a 8% nas economias menos desenvolvidas. Com a falta desse tipo de superimpulso, a grande convergência de padrões de vida econômicos entre o norte e o sul, como previsto por alguns economistas, vai se materializar muito lentamente, se chegar a tanto. Como Robin Brooks, economista-chefe no Instituto de Finanças Internacionais (IFI) contou a James Wheatley do *Financial Times* em 2009: "Cada vez mais há uma discussão de que a história de crescimento para mercados emergentes simplesmente acabou. Não há premium de crescimento para se obter mais."[16]

Olhar para além do PIB não fornece prospectos mais promissores. Outras métricas econômicas, como a dívida e a produtividade, também estão apontando na direção errada.

Dívida em Alta

Considere primeiro a dívida em alta. A dívida global — incluindo pública, a corporativa e a doméstica — alcançou, em meados de 2020, em torno de US$258 trilhões, de acordo com o Instituto Internacional de Finança,[17] ou mais de três vezes o PIB global. É difícil compreender esse número, por ser tão grande e por incluir todo tipo de dívida, desde a dívida pública feita por meio de títulos do governo a hipotecas de consumidores privados.

Mas ela tem crescido rápido nos últimos anos, e isso certamente é "alarmante", como Geoffrey Okamoto do FMI disse, em outubro de 2020. Desde a Segunda Guerra Mundial os níveis de dívida em economias avançadas nunca estiveram tão altos, calculou o *Wall Street Journal*,[18] e, diferente do período pós-guerra, esses países "não se beneficiam mais do rápido crescimento econômico" como modo de diminuir seu fardo no futuro.

---

[16] "The Great Emerging-Market Growth Story is Unravelling", *The Financial Times*, junho de 2019, https://www.ft.com/content/ad11f624-8b8c-11e9-a1c1-51bf8f989972.

[17] Veja a estimativa de 2019 do FMI acima. Para a estimativa do IIF de Q1 2020, veja https://www.iif.com/Portals/0/Files/content/Research/Global%20Debt%20Monitor_July2020.pdf.

[18] "Coronavirus Lifts Government Debt to WWII Levels—Cutting It Won't Be Easy", *The Wall Street Journal*, agosto de 2020, https://www.wsj.com/articles/coronavirus-lifts-government-debt-to-wwii--levelscutting-it-wont-be-easy-11598191201.

A pandemia da Covid, é claro, trouxe uma aceleração excepcional à carga de dívida em países ao redor do mundo, especialmente para os governos. De acordo com o FMI, em meados de 2021, no espaço de apenas 18 meses, "espera-se que a dívida média suba 17% em economias avançadas, 12% em economias emergentes e 8% em países de baixa renda"[19], em comparação aos níveis pré-pandemia.

Mas mesmo sem a pandemia, a dívida tem subido lentamente nas últimas três décadas. Um exemplo: em economias avançadas, a dívida pública subiu em torno de 55% em 1991 a mais de 70% em 2001, e mais de 100% em 2011. Estima-se que ela alcançará mais de 120% em 2021.[20]

Mesmo enfrentando o crescimento global em desaceleração ao longo das últimas décadas, especialmente em economias avançadas, governos, empresas e lares aumentaram suas dívidas. Poderia ter sido uma boa ideia? Teoricamente, sim. Quando utilizada para investir em ativos produtivos, a dívida pode ser uma alavanca de crescimento econômico futuro e prosperidade. Mas toda dívida precisa, é claro, ser paga em algum momento (a não ser que ela evapore por causa da inflação, mas ela tem sido menor do que 2%, em média, nas economias avançadas nos últimos vinte anos[21]). A única alternativa é a negligência, o que seria como jogar roleta-russa.

Então, que tipo de dívida tem sido feita nas últimas décadas? A dívida do governo costuma ser uma mistura de dívida de alta e baixa qualidade. A dívida de alta qualidade inclui a utilizada para a construção de infraestrutura moderna ou investimentos na educação, por exemplo. Essa dívida é, normalmente, paga ao longo do tempo — e pode até mesmo fornecer um retorno ao investimento. Projetos assim devem ser encorajados. Em contraste, a dívida de baixa qualidade, como o gasto deficitário para impulsionar o consumo, não gera retornos, mesmo ao longo do tempo. Esse tipo de dívida deve ser evitado.

Em geral, é seguro dizer que a dívida de baixa qualidade está crescendo. Em parte, isso se deve a taxas de juros baixas no Ocidente incentivan-

---

[19] "Resolving Global Debt: An Urgent Collective Action Cause", Geoffrey Okamoto, primeiro vice-diretor gerente do FMI, outubro de 2020, https://www.imf.org/en/News/Articles/2020/10/01/sp100120-resolving-global-debt-an-urgent-collective-action-cause.

[20] "Gross Debt Position, % of GDP", Fiscal Monitor, Fundo Monetário Internacional, abril de 2020, https://www.imf.org/external/datamapper/G_XWDG_G01_GDP_PT@FM/ADVEC/FM_EMG/FM_LIDC.

[21] "Inflation Rate, Average Consumer Prices, Annual Percent Change, Advanced Economies", World Economic Outlook, Fundo Monetário Internacional, abril de 2020, https://www.imf.org/external/datamapper/PCPIPCH@WEO/ADVEC/OEMDC.

32 CAPITALISMO STAKEHOLDER

do o empréstimo, o que desanima os devedores de serem cuidadosos com seu gasto. Para governos, o gasto deficitário tem se tornado a norma nas últimas décadas, em vez da exceção. A crise da Covid, que entrou em erupção nos primeiros meses de 2020, não deixou esse cenário nem um pouco mais otimista. Muitos governos têm efetivamente utilizado "dinheiro de helicóptero" para sustentar a economia: imprimem dinheiro, criando uma dívida ainda mais alta com seus bancos centrais, entregando-o a cidadãos e empresas na forma de subsídios únicos e vales de consumo, para que possam passar incólumes pela crise. No curto prazo, essa abordagem era necessária para prevenir um colapso econômico ainda pior. Mas, em longo prazo, essa dívida também precisará ser paga. Em geral, isso se soma à grande quantidade de dívida em anos recentes que não foi usada para estimular o crescimento econômico em longo prazo ou para fazer a mudança em direção a um sistema econômico mais sustentável. Portanto, essa dívida permanecerá um fardo, pendurado no pescoço de muitos governos.

Uma luz no horizonte vem dos mercados emergentes e em desenvolvimento. Antes da crise da Covid, eles apresentavam níveis relativamente menores de dívida pública, em torno de 50% a 55%,[22] com boa parte investida em infraestrutura (apesar do nível de dívida ter aumentado em torno de 10% durante a crise da Covid). Pode-se considerar que alguns desses países têm um dividendo demográfico, o que significa uma população com idade média de vinte e poucos anos, ou seja, que são fortemente inclinados em direção às gerações mais jovens. Esse tipo de pirâmide populacional poderia tornar o pagamento da dívida mais praticável se a explosão futura na população com idade para trabalhar for complementada por uma explosão igualmente alta de empregos disponíveis. (Isso, porém, tem se provado problemático em algumas economias árabes e africanas. Confrontadas com uma escassez de trabalho, um dividendo demográfico pode virar uma bomba-relógio.[23,24])

Mas como alguns países ocidentais em envelhecimento devem pagar suas dívidas em uma economia lenta, no entanto, é uma grande incógnita. As economias com a maior carga de dívida governamental têm sido, historicamente, o Japão e a Itália. Além da dívida, suas populações estão

---

[22] Fundo Monetário Internacional, DataMapper, https://www.imf.org/external/datamapper/GGX-WDG_NGDP@WEO/OEMDC/ADVEC/WEOWORLD.

[23] "Youth Dividend or Ticking Time Bomb?" *Africa Renewal*, UN, 2017, https://www.un.org/africarenewal/magazine/special-edition-youth-2017/youth-dividend-or-ticking-time-bomb.

[24] "EMYouth Bulge: A Demographic Dividend or Time Bomb?", Jonathan Wheatley, *Financial Times*, maio de 2013, https://www.ft.com/content/f08db252-6e84-371d-980a-30ab41650ff2.

entre aquelas que diminuem e envelhecem mais rapidamente no mundo. Enquanto as poupanças privadas de lares japoneses podem aliviar muitos dos problemas mais agudos causados por essa tendência, a dívida do país cedo ou tarde vai voltar para assombrá-los, enquanto a população encolhe de 127 milhões para menos de 100 milhões ao longo das próximas três décadas, e a diferença entre o número de trabalhadores e aposentados cai ainda mais. Isso poderia facilmente aumentar o fardo da dívida por pessoa um quarto ou um terço.[25]

Outros países europeus como França, Espanha, Bélgica e Portugal, todos detentores de uma dívida pública bruta de mais de 110% do PIB[26] (geralmente, maior), poderiam um dia descobrir que enfrentam um destino semelhante. Em um desenvolvimento significativo, os Estados Unidos se uniram ao clube dos 100% no começo dos anos 2010, com sua dívida rapidamente aumentando mais ainda nos últimos anos, para mais de 130% em 2020.[27] A situação dos EUA levanta uma incerteza peculiar porque títulos do governo norte-americano estão entre os mais comercializados do mundo, e o dólar norte-americano é, de fato, a moeda reserva mundial. Uma negligência por parte do governo dos EUA é improvável, dado que o Federal Reserve tem as mãos na máquina de impressão, mas, se isso ocorrer, o sistema econômico global como o conhecemos pode entrar em colapso.

É na combinação de dívida alta e crescimento baixo que as coisas ficam realmente problemáticas, de um ponto de vista financeiro. Em um ambiente onde o crescimento de 3% e mais pode ser esperado, a dívida do governo pode evaporar rápido: a importância relativa da dívida passada entraria em declínio em comparação com um PIB em crescimento. Mesmo no passado recente, países como a Alemanha e os Países Baixos conseguiram diminuir consideravelmente o fardo da dívida por conta de um crescimento econômico favorável. Mas se o crescimento baixo permanecer o novo normal, o que parece provável, não há mecanismo fácil para países pagarem sua dívida histórica. Desviar o olhar certamente não resolverá esse problema.

---

[25] Instituto Nacional de Pesquisa em População e Segurança Social, Japão, http://www.ipss.go.jp/pp--zenkoku/e/zenkoku_e2017/pp_zenkoku2017e_gaiyou.html#e_zenkoku_II.

[26] "Gross Debt Position, % of GDP", Monitor Fiscal, Fundo Monetário Internacional, abril de 2020, https://www.imf.org/external/datamapper/G_XWDG_G01_GDP_PT@FM/ADVEC/FM_EMG/FM_LIDC.

[27] Ibidem.

Taxas de Juros Baixas e Inflação Baixa

Havia uma boia salva-vidas para o crescimento baixo e a dívida até agora: as taxas de juros baixas. Ter uma taxa de juros baixa no seu empréstimo, como muitos proprietários de imóveis ou estudantes sabem, é uma bênção. Assim, é possível pagar sua dívida sem precisar se preocupar com o aumento da carga da dívida.

Desde a crise financeira, bancos centrais introduziram uma era de taxas baixas para empréstimos, dando a governos, empresas e consumidores taxas de juros baixas como um tipo de alívio. O objetivo é, no fim das contas, restaurar o crescimento maior conforme as pessoas consomem mais, as empresas investem mais e os governos gastam mais.

Nos Estados Unidos, o Sistema de Reserva Federal (*Federal Reserve System* — FED) manteve as taxas de juros próximas a zero de 2009 até 2016. Então, ela cresceu gradualmente de novo a 2,5%, metade da taxa histórica normal. Mas em 2019 o FED mais uma vez cortou as taxas de juros[28] várias vezes, e quando a Covid veio, ela despencou para 0,25%.[29] Dado o ambiente macroeconômico desafiador, um retorno à era de taxas de juros altas é muito improvável em breve. Em outras economias avançadas, as taxas são ainda menores. O Banco Central Europeu tem mantido a sua taxa de empréstimo essencial para a zona do euro abaixo de 1% desde 2012, e zero desde 2016. A maioria dos outros países europeus tem taxas de juros parecidas; Japão e Suíça até mesmo cobram depositantes pela compra de títulos, significando na verdade que têm uma taxa de juros negativa.

Como indicado, isso é uma bênção para governos, empresas e indivíduos do mesmo modo, que estão dispostos e são capazes de pegar novos empréstimos, ou para governos que querem refinanciar a sua dívida histórica. Alguns observadores podem até mesmo sugerir que o fardo da dívida histórica para o PIB não é um problema tão grande quanto parece, já que ela pode ser refinanciada perpetuamente.

Mas essa visão falha em considerar que os problemas de pagamento podem facilmente sair do controle, enquanto o deficit de financiamento do governo para outras responsabilidades aumenta. Custos relacionados a pensões, saúde e infraestrutura estão se tornando um fardo cada vez maior

---

[28] "U.S. Central Bank Cuts Interest Rate for 1st Time Since 2008", CBC, julho de 2019, https://www.cbc.ca/news/business/federal-reserve-interest-rate-decision-1.5231891.

[29] "United States Fed Funds Rate, 1971–2020", Trading Economics, https://tradingeconomics.com/united-states/interest-rate.

nos governos, sem falar nos subsídios de consumo, como quando o governo paga uma parte dos preços de petróleo e gás para consumidores.[30] Eles produzem dívida de baixa qualidade que é difícil de reverter, dada a sua popularidade com os eleitores.

O gasto com saúde pública, particularmente, já cresceu 66% de 2000 a 2016 — muito antes da crise da Covid-19 chegar — de acordo com a Organização Mundial da Saúde (OMS).[31] Durante o mesmo período, o crescimento do PIB em países da OCDE era de apenas 19%. No conjunto, o gasto com a saúde pública em países da OCDE agora representa perto de 7% do PIB, atingindo o pico nos Estados Unidos e na Suíça no dobro dessa taxa, e espera-se que essa porcentagem cresça ainda mais conforme a população envelhece e mais vírus ou até mesmo doenças não transmissíveis ameaçam a população. A não ser que governos possam repassar esses custos para seus cidadãos, muitos terão cada vez mais dificuldade para equilibrar suas finanças.

Há mais responsabilidades governamentais em crescimento. O Global Infrastructure Hub calculou que o mundo enfrenta um deficit de financiamento para infraestrutura de US$15 trilhões, de 2016 a 2040.[32] Mas a infraestrutura representa um investimento que pode gerar retorno. O problema apresentado por pensões e aposentadorias é de magnitude maior, e os retornos são muito menores: a não ser que as políticas sejam modificadas, o Fórum Econômico Mundial estima[33] que o deficit na poupança previdenciária inflará para US$400 trilhões nos oito países com as maiores previdências até 2050, com promessas de insegurança no sistema público de previdência constituindo a maior fatia desse deficit.

Além desse fardo da dívida, há a baixa inflação. Historicamente, taxas de juros e inflação tendiam a se correlacionar na proporção inversa, e bancos centrais usavam seu poder para estabelecer taxas de juros como ferramenta para restringir a inflação ou estimulá-la. Ao estabelecer taxas de juros altas, bancos centrais davam a pessoas, empresas e governos um incentivo para

---

[30] Essa prática é comum em muitos países produtores de petróleo e gás, como Irã, Rússia, Arábia Saudita, Iraque, Emirados Árabes Unidos, Líbia e Kuwait, mas também em outros mercados emergentes como China, Indonésia, México e Egito. Veja: "Energy Subsidies, Tracking the Impact of Fossil-Fuel Subsidies", IEA, https://www.iea.org/topics/energy-subsidies.

[31] "Public Spending on Health: A Closer Look at Global Trends", World Health Organization, https://apps.who.int/iris/bitstream/handle/10665/276728/WHO-HIS-HGF-HF-WorkingPaper-18.3-eng.pdf?ua=1.

[32] "Global Infrastructure Outlook", Global Infrastructure Hub, https://outlook.gihub.org/.

[33] "We'll Live to 100—How Can We Afford It?" Fórum Econômico Mundial, http://www3.weforum.org/docs/WEF_White_Paper_We_Will_Live_to_100.pdf.

guardar dinheiro em vez de gastá-lo, aliviando a pressão ascendente nos preços. Ao estabelecer taxas de juros baixas, eles davam às pessoas o incentivo reverso, isto é, para gastar dinheiro e subir os preços, já que guardá-lo não renderia de qualquer maneira.

Há uma década, porém, essa correlação inversa cessou de existir no Ocidente, com a situação tornando-se particularmente terrível na Europa e no Japão. Apesar de anos de taxas de juros próximas a zero, a inflação também costumava permanecer quase a zero. Enquanto isso não é um problema no curto prazo, retira uma alavanca no longo prazo para diminuir a carga de dívida. Com preços crescendo, a dívida nominal tende a se tornar relativamente um fardo menor. Com preços fixos, porém, a dívida histórica permanece um fardo tão pesado no dia de amanhã quanto no de hoje.

Mas o vínculo entre o crescimento baixo, juros baixos, inflação baixa e dívida em alta tem mais um ingrediente, e ele poderia ser o mais letal de todos: o crescimento da produtividade em declínio.

Crescimento da Produtividade em Declínio

Muitos dos problemas estruturais descritos neste capítulo são agravados pelo fato de que os ganhos de produtividade andam baixos nos últimos anos. De fato, foi por causa da produtividade em alta, talvez mais do que pelo crescimento demográfico, que a classe média no Ocidente viu suas rendas subirem rapidamente durante as primeiras décadas após a guerra.

A produtividade costuma aumentar devido a inovações no modo pelo qual as coisas são feitas ou exercidas. Exemplos bem conhecidos de ganhos de produtividade são a linha de produção introduzida pela Ford no começo dos anos 1900, a introdução de computadores digitais substituindo as máquinas de escrever nos anos 1970 e 1980 ou a otimização de uma rota de táxi graças a aplicativos como o Waze hoje em dia. Todas essas inovações permitem que um dado trabalhador produza o mesmo resultado, ou faça o mesmo trabalho, em consideravelmente menos tempo. Isso, em resposta, permitiu que as empresas aumentassem os salários.

No passado, o mundo conheceu períodos de ganhos altos de produtividade, que se traduziram no grande crescimento dos salários. Durante a era dourada do capitalismo nos Estados Unidos nos anos 1950 e 1960, por exemplo, o crescimento anual de produtividade era quase 3% ao ano.[34] Mas depois os ganhos de produtividade caíram para níveis menores e,

---

[34] "Labor Productivity and Costs", Bureau of Labor Statistics, https://www.bls.gov/lpc/prodybar.htm.

problematicamente, até quando a produtividade voltou, menos foi traduzido em pagamento para os trabalhadores norte-americanos. Em vez disso, os ganhos permaneceram com os empresários e executivos, um fenômeno conhecido como "decoupling" (ou "dissociação") de salários da produtividade.[35]

Desde a crise financeira de 2007 a 2009, o crescimento de produtividade nos EUA tem caído ao nível escasso de 1,3% ao ano. Isso é um problema, porque significa que não é mais possível fazer crescer a torta para todo mundo. A distribuição dos ganhos econômicos de hoje é quase um jogo de soma zero. Outros países, como Alemanha, Dinamarca e Japão, têm mantido melhores ganhos de produtividade, traduzindo-os também em salários maiores. Mas a linha de tendência é inconfundível: ganhos de produtividade no Ocidente estão experimentando um declínio acentuado.

Vistos em conjunto, os indicadores apresentados neste capítulo — crescimento, taxas de juros, dívida e produtividade — apontam para um erro de design sistêmico no modelo de desenvolvimento econômico ocidental. Boa parte desse modelo de prosperidade era baseada em crescimento econômico perpétuo e ganhos de produtividade. Agora, esse crescimento está empacando, e problemas que inflamavam abaixo da superfície estão se tornando mais agudos a cada dia.

A maldição de Kuznets está voltando para nos assombrar. O PIB nunca foi uma medida perfeita para o bem-estar. E agora, que está se tornando um desafio cada vez maior aumentá-lo, teremos que lidar com um conjunto diferente de problemas, que criamos enquanto perseguíamos esse crescimento.

A Segunda Maldição de Kuznets: Desigualdade

Enquanto a maldição original de Kuznets que atingiu nosso passado recente é o resultado da busca cega pelo crescimento do PIB, há uma segunda maldição. Essa se relaciona mais diretamente ao fenômeno pelo qual o economista se tornou conhecido em seu tempo: a chamada curva de Kuznets.

Conforme Kuznets continuava seu trabalho como economista nos anos 1950, ele começou a teorizar um fenômeno interessante. Percebeu que a desigualdade de renda nos EUA havia começado a declinar no período do pós-

---

[35] "Decoupling of Wages from Productivity", OECD, Economic Outlook, novembro de 2018, https://www.oecd.org/economy/outlook/Decoupling-of-wages-from-productivity-november-2018-OECD-economic-outlook-chapter.pdf.

-guerra, enquanto o boom econômico se intensificava. Isso contrastava com o período pré-guerra, no qual os Estados Unidos haviam se tornado o maior poder econômico, mas a renda e a riqueza estavam concentrados nas mãos de poucos. Uma observação similar, apesar de menos extrema, poderia se aplicar a muitos outros países desenvolvidos.

Kuznets teorizou sobre os números que descobriu, em um artigo acadêmico endereçado ao presidente da American Economic Association.[36] Ele obteve um insight potencialmente transformador para a economia do desenvolvimento, caso os resultados permanecessem verdadeiros ao longo do tempo. De fato, esse insight sugeria um tipo de lei econômica. A desigualdade piora quando uma nação começa a se desenvolver, mas conforme o desenvolvimento continua, a desigualdade diminui. Em outras palavras, o preço da desigualdade que as sociedades pagam pelo desenvolvimento no começo é compensado por um desenvolvimento maior e uma desigualdade menor mais tarde.

A teoria apresentada por Kuznets se tornou uma sensação ao redor do mundo, especialmente depois de ele ganhar o Prêmio Nobel de Economia em 1971, por suas contribuições à contabilidade nacional (em vez da teoria da curva de Kuznets). Ao longo dos anos 1980, economistas se basearam na teoria otimista de Kuznets, traçaram gráficos que mostravam como ela se aplicava a vários países e períodos, e prescreveram modelos de desenvolvimento econômico por causa dela.

Mas havia um problema: ao longo do tempo, a teoria não se sustentou. O que é revelado por alguns dos fatos que enfrentamos hoje.

Na verdade, a desigualdade começou a subir de novo em países altamente desenvolvidos. Em uma observação em 2016, o economista Branko Milanovic sugeriu que a atual ascensão da desigualdade poderia ser vista "como uma segunda curva de Kuznets", ou, de fato, como uma "onda de Kuznets" (Figura 2.2).

---

[36] "Some Notes on the Scientific Methods of Simon Kuznets", Robert Fogel, Bureau Nacional de Pesquisa Econômica, dezembro de 1987, https://www.nber.org/papers/w2461.pdf.

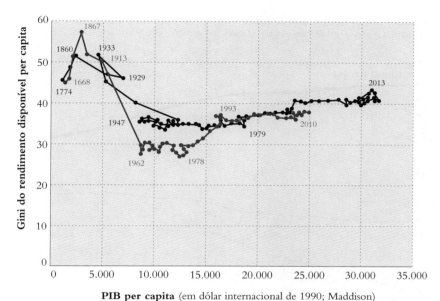

Figura 2.2 Ondas de Kuznets: Como a desigualdade de renda oscila no longo prazo
Fonte: Adaptado de Lindert, P. H., & Williamson, J. G. (1985). *Growth, equality, and history. Explorations in Economic History,* 22(4), 341–377.

Desigualdade de Renda

Há uma ferida ulcerante em nosso sistema econômico global, e essa ferida é a crescente desigualdade de renda.

A história começa com uma reviravolta inesperada. A desigualdade de renda global, medida por meio de um mapa das rendas de todas as pessoas ao redor do mundo, na verdade tem caído de modo consistente nos últimos trinta anos[37] (ver Figura 2.3) — o que pode ser uma surpresa para muitos leitores, dada a percepção de que o oposto é verdadeiro em muitos países. Mas a tendência global é clara: em todo o mundo, as pessoas ganham mais rendas iguais, não menos.

---

[37] "Global Inequality is Declining—Largely Thanks to China and India", Zsolt Darvas, Instituto Bruegel, abril de 2018, https://bruegel.org/2018/04/global-income-inequality-is-declining-largely--thanks-to-china-and-india/.

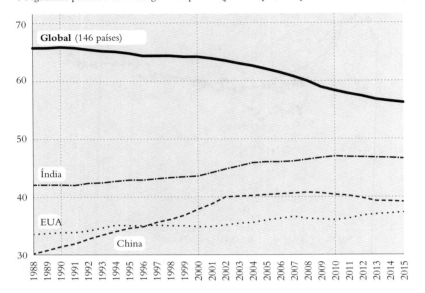

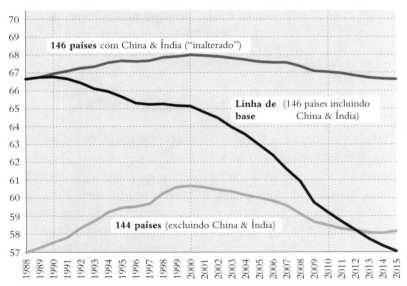

Figura 2.3 O Impacto da China e da Índia na Desigualdade de Renda Global (Medido em Índices Gini)

Fonte: Adaptado de Zsolt Darvas, *Global income inequality is declining – largely thanks to China and India*, 18 de abril de 2018.

A Maldição de Kuznets: Os Problemas da Economia Mundial Hoje 41

O declínio na desigualdade deveu-se a uma força incrivelmente poderosa: os saltos econômicos gigantescos na renda de alguns dos maiores (e anteriormente mais pobres) países do mundo. A China, particularmente, era um país de renda baixa e passou a ser um país de renda média alta[38] desde a sua reforma e abertura. De acordo com seus próprios cálculos, ela tirou em torno de 740 milhões de pessoas da pobreza.[39] A Índia também passou por vários períodos de crescimento rápido, e portanto conseguiu aumentar a renda de boa parte do seu povo.

O impacto desses dois países na desigualdade global tem sido abrangente: o economista Zsolt Darvas do Instituto Bruegel mostrou que, sem as mudanças na China e na Índia, a desigualdade global teria permanecido exatamente como estava, ou até mesmo se elevado, dependendo do método de cálculo (ver Figura 2.3).

Isso mostra o verdadeiro problema colocado pela desigualdade hoje. A desigualdade global pode ter caído, mas a desigualdade dentro das nações piorou drasticamente.

Na experiência de muitas pessoas, importa muito mais como elas vivem em comparação com seus colegas cidadãos do que em comparação com o resto da população do mundo. Em quase todos os países, a desigualdade nacional tem subido e, frequentemente, com rapidez.

A medida tradicional de desigualdade, o coeficiente de Gini, não faz justiça à gravidade do problema. O coeficiente de Gini traduz o grau de desigualdade em um número de 0 (todo mundo possui a mesma renda) a 1 (uma pessoa tem a renda da economia inteira). Enquanto um número mais alto ao longo do tempo nos diz que a desigualdade cresceu, é difícil entender o que isso significa na prática. Nos EUA, por exemplo, o coeficiente de Gini subiu do seu ponto baixo de 0,43 em 1971 ao ponto alto do pós-guerra de 0,58 hoje.[40] É um aumento, claro, mas o quanto cada número é bom ou ruim, precisamente?

Thomas Piketty, um economista francês, expôs o problema de um jeito melhor. Em seu livro de 2013, *O Capital no Século XXI*,[41] ele revelou como a

---

[38] "Upper-Middle-Income Countries", Banco Mundial, https://datahelpdesk.worldbank.org/knowledgebase/articles/906519-world-bank-country-and-lending-groups.

[39] "China Lifts 740 Million Rural Poor Out of Poverty Since 1978", Xinhua, setembro de 2018, http://www.xinhuanet.com/english/2018-09/03/c_137441670.htm.

[40] Minneapolis Fed, "Income and Wealth Inequality in America, 1949-2016", https://www.minneapolisfed.org/institute/working-papers-institute/iwp9.pdf.

[41] "Piketty's Inequality Story in Six Charts", John Cassidy, *The New Yorker*, março de 2014, https://www.newyorker.com/news/john-cassidy/pikettys-inequality-story-in-six-charts.

parcela de renda que foi para os 10% mais ricos evoluiu ao longo do tempo. Em 1971, seus dados mostravam que os 10% mais ricos levavam para casa um terço da renda nacional. No começo dos anos 2010, eles levavam metade da renda. Isso deixa a grande maioria de trabalhadores — os 90% restantes — com apenas metade da renda nacional para compartilhar entre si.

Números atualizados do Relatório de Desigualdade Mundial, do qual Piketty é um coautor, mostraram como a tendência era ainda mais acentuada para o 1% mais rico. Ao longo do mesmo período, de 1971 ao começo dos anos 2010, sua participação nos lucros dobrou[42] e sua renda mais do que triplicou. Isso significa que, no começo dos anos 2010, mais de 20% da renda nacional foi para o 1% mais rico. Para aqueles na base da pirâmide da renda, a situação era muito mais sombria. Muitos trabalhadores viram suas rendas e poder de compra reais caírem desde o começo dos anos 1980 (Figura 2.4). No Reino Unido, aconteceu uma mudança similar.

As consequências sociais e econômicas dessa desigualdade que se agrava nos EUA têm sido altamente problemáticas. Há de novo muitos trabalhadores pobres nos Estados Unidos, uma consequência dolorosa no país mais rico que o mundo já conheceu. Guy Standing, um economista britânico, até mesmo cunhou o termo *precariat*, para indicar "uma classe emergente, composta do número em rápido crescimento de pessoas enfrentando vidas de insegurança, entrando e saindo de empregos que dão pouco sentido a suas vidas".[43]

Sob essa perspectiva, não é de se espantar que, em 2011, um anúncio em uma revista de ativismo levou a um dos movimentos de protesto norte-americanos mais apoiados deste século. O texto na revista AdBusters dizia: "17 de setembro. Wall Street. Leve Barraca." Manifestantes realmente apareceram na baixa Manhattan naquele dia, levando barracas; com isso, nasceu o Occupy Wall Street. Em referência à desigualdade extrema nos Estados Unidos, o grito de guerra do movimento era "Nós somos os 99%"; os manifestantes condenavam a riqueza, a renda e o poder acumulados pelos 1% de indivíduos e corporações mais ricos nos Estados Unidos. Como você pode ver na Figura 2.4, essa dicotomia entre o 1% e o resto dos ganhadores de renda não era imaginária.

O mesmo padrão existe em outras partes do mundo, e em alguns países, a indignação sobre essas desigualdades entrou em erupção com força se-

---

[42] "World Inequality Report, 2018", https://wir2018.wid.world/files/download/wir2018-summary-
-english.pdf.

[43] *The Precariat: The New Dangerous Class*, Guy Standing, 2011, https://www.bloomsbury.com/uk/the-
-precariat-9781849664561/.

melhante a que ocorreu no mundo anglófono. De fato, foram movimentos no Mediterrâneo e no Oriente Médio que inspiraram o Occupy Wall Street, contou-nos Kalle Lasn, um dos fundadores do Occupy, em uma entrevista em 2012.[44] Nos primeiros anos dessa década, os Indignados espanhóis foram às ruas protestar. Um ano depois, manifestantes da Primavera Árabe na Tunísia, no Egito, na Síria e em outros países tomaram as ruas para expressar sua raiva em relação às desigualdades econômicas em seus países. Na Tunísia, eles forçaram uma mudança de regime.

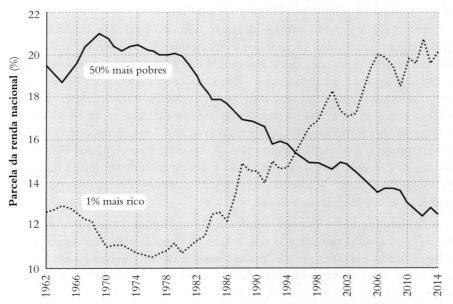

Figura 2.4 Nos EUA, a Desigualdade de Renda Teve um Aumento Brusco
Fonte: Adaptado de Piketty, Saez e Zucman (2018), World Inequality Report 2018.

"Nós vimos o que aconteceu na Tunísia, com a mudança de regime, e começamos a pensar sobre como isso aconteceria nos Estados Unidos", Lasn disse. Uma "mudança suave de regime" nos EUA, acrescentou, seria retirar o poder e o dinheiro de grandes corporações, que decidiam "cada parte da minha vida. Nós sentimos que havíamos alcançado uma situação — com o desemprego de jovens, a dívida estudantil enorme e a falta de bons empre-

---

[44] Entrevista com Kalle Lasn por Peter Vanham, Vancouver, Canadá, março de 2012.

gos — na qual, se não lutássemos pelo futuro, não teríamos um futuro. Esse era o impulso principal por trás do Occupy Wall Street".

Em outros países, particularmente na Ásia emergente, a indignação social com a crescente desigualdade é menos acentuada. Na China, na Índia, e em muitas nações da ASEAN (Associação de Nações do Sudeste Asiático), a desigualdade nacional também subiu. Porém, o crescimento econômico em geral naquela região era muito maior, então uma maré alta de fato levantou a maioria dos barcos. Ainda assim, o espectro das tensões entre classes assoma alguns desses países também (ver Capítulo 3).

Como o autor James Crabtree destacou em seu livro *The Billionaire Raj*, a Índia agora é uma das sociedades mais desiguais do mundo, a ponto de incorporar uma nova sociedade aos moldes da Era Dourada norte-americana. Diferentemente da Índia, na China a maior parte da população começou no mesmo lugar quando o país se abriu para o mundo. Apesar disso, a China também tem visto a sua desigualdade disparar, com os 10% mais ricos agora abocanhando 41% da renda da nação.[45] Em muitos outros mercados emergentes, a situação é ainda pior. Assim como nos Estados Unidos, os 10% mais ricos estão levando para casa mais de metade da renda da nação em países do Oriente Médio, da África subsaariana e em muitos países da América Latina, incluindo o Brasil.

A desigualdade na Europa continental é um pouco menos acentuada, com 37% da renda concentrada nos 10% mais ricos. Embora a desigualdade tenha crescido, ela o fez em um ritmo consideravelmente mais lento do que na maioria das outras economias líderes. Isso ocorre, em parte, devido ao sistema maior de freios e contrapesos da Europa, que facilita a distribuição e redistribuição de renda.

Mas, também na Europa, algumas realidades desconfortáveis permanecem. Em boa parte do Leste e do Sul europeu, por exemplo, o desemprego continua congelado em níveis altos, especialmente no caso dos jovens. Empregos com bons salários são cada vez mais difíceis de conseguir, muitas vezes em detrimento de jovens trabalhadores e com formação superior. Mesmo as economias do norte da Europa, que mantiveram um ritmo decente depois do prejuízo no crescimento amplo da Europa em 2010 devido à crise da dívida, viram seus níveis de desigualdade de renda subirem na

---

[45] "World Inequality Report, 2018", https://wir2018.wid.world/files/download/wir2018-summary--english.pdf.

última década. Contraexemplos, como a Bélgica,[46] a Estônia, a Romênia, a Eslováquia ou a República Tcheca,[47] que experimentaram diminuição da desigualdade, permanecem a exceção.

Riqueza, Saúde e Mobilidade Social

A curva de Kuznets foi refutada quando também se observaram outras métricas de desigualdade. A desigualdade de riqueza, que reflete a poupança, os investimentos e outros estoques de capital dos indivíduos, é ainda mais assimétrica em muitos países. E, seguindo o passo dessa disparidade de riqueza, a educação privada e a saúde de qualidade, que podem demandar grandes quantias, estão se tornando mais um privilégio reservado para as classes média alta e alta. Esse é especialmente o caso em países sem alternativas públicas apropriadas.

Essa realidade talvez seja sentida mais intensamente nos Estados Unidos, que, nesse sentido, se parece mais com os mercados emergentes da Índia e do México do que com a economia avançada que é. Os economistas Emmanuel Saez e Gabriel Zucman calcularam que a riqueza possuída pelo 1% mais rico de norte-americanos subiu de menos de 15% nos anos 1970 para mais de 40% no começo dos anos 2010.[48] Assim, a desigualdade de riqueza é duas vezes mais alta do que a desigualdade de renda.[49]

Essas duas desigualdades — riqueza e renda — são construídas uma sobre a outra e criam um círculo vicioso.[50] Um artigo de 2020 do *Financial Times* concluiu que, até o final de setembro de 2019, um recorde de 56% de todas as ações norte-americanas estavam nas mãos do 1% de lares mais ricos, totalizando US$21,4 trilhões. Leia isso de novo: o "1%" de fato possui mais da metade de todas as ações nos Estados Unidos. A porcentagem tem subido regularmente nas últimas três décadas, e a subida tem sido "impul-

---

[46] "How Unequal Is Europe? Evidence from Distributional National Accounts, 1980–2017", Thomas Blanchet, Lucas Chancel, Amory Gethin, World Economic Database, abril de 2019, https://wid.world/document/bcg2019-full-paper/.

[47] EU income inequality decline: Views from an income shares perspective, Zsolt Darvas, Instituto Bruegel, 2018, https://www.bruegel.org/2018/07/eu-income-inequality-decline-views-from-an-income-shares-perspective/.

[48] "Wealth Inequality in the United States since 1913: Evidence from Capitalized Income Tax Data", Emmanuel Saez e Gabriel Zucman, *The Quarterly Journal of Economics*, maio de 2016, http://gabriel-zucman.eu/files/SaezZucman2016QJE.pdf.

[49] "Share of Total Income going to the Top 1% since 1900, Within-Country Inequality in Rich Countries", Our World in Data, outubro de 2016, https://ourworldindata.org/income-inequality.

[50] "How America's 1% Came to Dominate Equity Ownership", Robin Wigglesworth, *Financial Times*, fevereiro de 2020, https://www.ft.com/content/2501e154-4789-11ea-aeb3-955839e06441.

sionada por salários estagnados para muitos norte-americanos, o que os impediu de participar dos ganhos do mercado de ações da última década".

Os que compõe o 0,1% deram um passo ainda maior. Eles acumularam bem mais de um quinto da riqueza dos Estados Unidos até os anos 2010, uma parcela quase três vezes maior do que em meados dos anos 1970. Aqueles na base da pirâmide, por outro lado, viram sua parcela de riqueza e poupanças despencarem, ao ponto de nem mesmo conseguirem arcar com os custos de emergências de saúde e educação,[51] como se tornou dolorosamente claro durante a pandemia de 2020.

A consequência dessa disparidade crescente de riqueza, afirma o economista vencedor do Prêmio Nobel Joseph Stiglitz, é que a mobilidade econômica nos EUA é cada vez mais uma coisa do passado; até mesmo uma vida longa ou saudável está fora de alcance para muitos. Stiglitz condenou a situação em seu livro de 2019, *Povo, Poder e Lucro: Capitalismo progressista para uma era de descontentamento*, e em um ensaio anterior da *Scientific American*. "As famílias da parte inferior da pirâmide dificilmente têm reservas de dinheiro para lidar com uma emergência", escreveu. "Jornais estão repletos de histórias daqueles para quem um carro quebrado ou uma doença inicia uma espiral descendente da qual nunca se recuperam. Em grande parte por causa da desigualdade alta, a expectativa de vida nos EUA, que já era excepcionalmente baixa, está passando por declínios continuados."[52]

E, de fato, o fenômeno que Anne Case e Angus Deaton chamaram de "mortes de desespero"[53] está aumentando nos Estados Unidos (e cada vez mais no Reino Unido[54]). As pessoas estão caindo da escada econômica e perdem o vigor ou morrem devido a overdoses de opioides, depressão ou outros problemas de saúde associados ao status econômico.

---

[51] Entretanto, é interessante notar, como Branko Milanovic fez, que enquanto a desigualdade de riqueza — movida primariamente pela posse de ações — é grande e está aumentando, não existe mais uma verdadeira classe "capitalista" como Karl Marx alegou no século XIX. Lares bem abastados recebem uma grande parcela de sua riqueza do "capital", mas não toda ela: na verdade, a maioria das pessoas "ricas" trabalha para viver, ocupando cargos bem pagos nas áreas de finanças, direito ou indústrias médicas.

[52] "The American Economy Is Rigged", Joseph Stiglitz, *Scientific American*, novembro de 2018, https://www.scientificamerican.com/article/the-american-economy-is-rigged/.

[53] "Mortality and Morbidity in the 21st Century", Anne Case e Angus Deaton, Instituto Brookings, março de 2017, https://www.brookings.edu/bpea-articles/mortality-and-morbidity-in-the-21st-century/.

[54] "Deaths of Despair, Once an American Phenomenon, Now Haunt Britain", *The Economist*, maio de 2019, https://www.economist.com/britain/2019/05/16/deaths-of-despair-once-an-american-phenomenon-now-haunt-britain.

Nenhum fenômeno exibe essa relação entre "riqueza e saúde" nos Estados Unidos mais do que a Covid-19, que afetou aqueles com menos condições muito mais do que outros. A cidade de Nova York é um exemplo impressionante. Nas primeiras semanas da pandemia, muitos dos moradores mais ricos de Manhattan puderam buscar abrigo em propriedades no Norte do estado ou fora dele, receber cuidado médico em hospitais privados ou se proteger de outra forma do vírus. Os nova-iorquinos mais pobres, em contraste, estavam muito mais expostos. Eles tinham mais chance de trabalhar e morar em ambientes em risco, menos chance de ter acesso a cuidados médicos adequados, e em grande parte não podiam se mudar para outro lugar. Como resultado, um dos primeiros estudos descobriu que "hospitalizações e mortes relacionadas ao coronavírus eram maiores no Bronx, que possui a maior proporção (38,3%) de norte-americanos afrodescendentes, a menor renda média anual por lar (US$38.467) e a menor proporção (20,7%) de residentes com, pelo menos, um diploma universitário".[55] Esse padrão se repetiu em outras partes dos Estados Unidos — e do mundo.

Mas apesar da tendência global de doenças como a Covid atingirem mais as comunidades mais pobres, em outras economias avançadas, as disparidades de saúde se mantiveram até o momento muito mais controladas, e a expectativa de vida continua a subir. O que dificilmente deveria ser uma grande surpresa, já que, fora dos Estados Unidos, virtualmente todas as economias avançadas têm algum tipo de saúde pública universal. Dentre os 36 estados membros da Organização para a Cooperação e Desenvolvimento Econômico, por exemplo, apenas o México tinha uma porcentagem menor de pessoas com acesso à saúde do que os EUA, e a maioria dos países alcançou uma taxa de cobertura de 100%,[56] seja por meio de saúde pública ou de planos de saúde privados.

Os registros globais de mobilidade econômica e social são mais heterogêneos. O Índice de Mobilidade Social Global de 2020 do Fórum Econômico Mundial descobriu que "há apenas um punhado de nações com as condições certas para fomentar a mobilidade social" e que "a maioria dos países performa abaixo da média em quatro áreas: salários justos, proteção social, condições de trabalho e formação contínua", mesmo que atingir níveis altos

---

[55] "Variation in COVID-19 Hospitalizations and Deaths Across New York City Boroughs", *Journal of the American Medical Association*, abril de 2020, https://jamanetwork.com/journals/jama/fullarticle/2765524.

[56] "Total Public and Primary Private Health Insurance", Organização para a Cooperação e Desenvolvimento Econômico, https://stats.oecd.org/Index.aspx?DataSetCode=HEALTH_STAT.

de mobilidade social seja importante para implementar o modelo de capitalismo baseado no stakeholder. Especificamente, o relatório disse:

> Olhando para todas as economias e níveis de renda média, as crianças que nasceram em famílias menos afluentes tipicamente experimentam barreiras maiores para o sucesso do que suas contrapartes mais abastadas. Além disso, as desigualdades estão aumentando mesmo em países que experimentaram um crescimento rápido. Na maioria dos países, indivíduos de determinados grupos se tornaram historicamente prejudicados e a mobilidade social fraca perpetua e exacerba essas desigualdades. Por sua vez, esses tipos de desigualdades podem enfraquecer a coesão de economias e sociedades.[57]

Outros estudos encontraram dinâmicas similares. Um relatório de 2018 do Banco Mundial mostrou que apenas 12% de jovens adultos em regiões como África e Sul da Ásia têm mais educação do que seus pais — um pré-requisito comum para subir a escada socioeconômica.[58] Outras regiões, incluindo o Leste da Ásia, a América Latina, o Oriente Médio e o Norte da África, viram sua mobilidade econômica média melhorar, de acordo com o relatório. Mas também avisou: "Embora a mobilidade tenda a melhorar conforme as economias enriquecem, não há nada inevitável nesse processo. Por outro lado, conforme as economias se desenvolvem, é provável que a mobilidade aumente se as oportunidades se tornarem mais iguais, o que tipicamente requer investimentos públicos maiores e políticas melhores."[59] Em outras palavras: com a falta de investimentos públicos — uma realidade cada vez maior em governos com orçamento apertado —, a mobilidade econômica em muitos países pode *piorar*, ao invés de melhorar.

O que Simon Kuznets diria sobre todas essas descobertas, muitas das quais vão contra sua própria teoria?

---

[57] "Global Social Mobility Index 2020: Why Economies Benefit from Fixing Inequality", Fórum Econômico Mundial, janeiro de 2020, https://www.weforum.org/reports/global- social-mobility-index- -2020-why-economies-benefit-from-fixing-inequality.

[58] "Fair Progress? Economic Mobility across Generations around the World, 2018", Banco Mundial, https://www.worldbank.org/en/topic/poverty/publication/fair-progress-economic-mobility-across- -generations-around-the-world.

[59] Ibidem.

A *Maldição de Kuznets: Os Problemas da Economia Mundial Hoje* 49

Não precisamos especular. De acordo com Robert Fogel, seu colega no Bureau Nacional de Pesquisa Econômica, Kuznets avisou repetidas vezes que suas "alusões a dados fragmentados não eram evidência, mas 'pura adivinhação'".[60] Kuznets, em outras palavras, estava muito consciente de que suas descobertas nos anos 1950 podem ter sido válidas em circunstâncias muito específicas, o que, de fato, a era dourada do capitalismo revelou ser. Fogel percebeu que mesmo na época, Kuznets descobriu "fatores que surgiam durante o crescimento, e que geravam pressões tanto no sentido de aumentar como de reduzir a desigualdade".

Branko Milanovic, um ex-economista chefe no Banco Mundial, recentemente tentou construir uma nova curva de Kuznets à luz desses insights. Kuznets apontou para a tecnologia como um fator que poderia ter um efeito positivo ou negativo na desigualdade. Tendo isso em conta, Milanovic calculou uma curva de desigualdade que parece muito mais completa, dada a evolução que temos observado nas últimas décadas. Denominada onda de Kuznets, essa curva mostra que a desigualdade oscila, enquanto ondas de progresso tecnológico e respostas políticas a elas se instalam (veja a Figura 2.5, a seguir).

Neste gráfico, a Primeira Revolução Tecnológica de Milanovic se iguala mais ou menos às duas primeiras Revoluções Industriais, que viram a implementação de trens e do motor a vapor, e o motor de combustão interna e a eletricidade, respectivamente. A Segunda Revolução Tecnológica equivale aproximadamente à Terceira e à Quarta Revolução Industrial, que nos deram computadores e inteligência artificial, entre outras inovações. O ponto de Milanovic é claro: a tecnologia tem uma tendência a aumentar a desigualdade, mas conforme nos adaptamos *e tomamos medidas para lidar com a desigualdade criada por ela*, podemos atingir uma redução da desigualdade mais tarde. Voltaremos a essa ideia na Parte II deste livro.

---

[60] "Some Notes on the Scientific Methods of Simon Kuznets", Robert Fogel, NBER, dezembro de 1987, https://www.nber.org/papers/w2461.pdf.

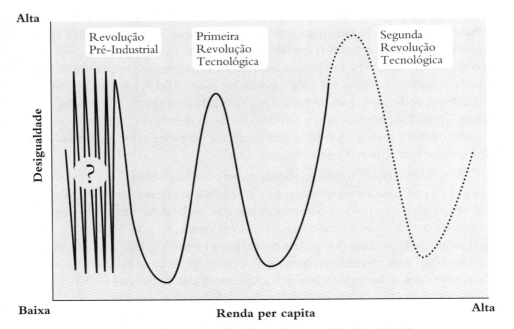

Figura 2.5 Padrão Esperado de Mudanças na Desigualdade versus Renda per Capita, com Base no Estado da Revolução Tecnológica
Fonte: Adaptado de Piketty, Saez e Zucman (2018), World Inequality Report 2018.

Mas apesar dos avisos iniciais de Kuznets e do trabalho mais recente de Milanovic, legisladores ao redor do mundo seguiram em frente e implementaram políticas que favoreciam o crescimento máximo em detrimento do desenvolvimento inclusivo, e a aplicação tecnológica veloz em detrimento de uma governança tecnológica mais cuidadosa. Foi um erro, porque os tempos atuais de rápido desenvolvimento tecnológico têm uma tendência natural a aumentar a desigualdade. Portanto, é muito mais importante para legisladores tomarem contramedidas para desacelerar ou parar essa tendência. O fato de não o termos feito constitui a segunda maldição de Kuznets e significa que muitas pessoas ao redor do mundo estão pagando um preço alto pelo nosso progresso tecnológico.

A Terceira Maldição de Kuznets: O Meio Ambiente

Há uma terceira e última maldição de Kuznets, e ela tem a ver com o meio ambiente. Enquanto a curva de Kuznets ganhava velocidade nos anos 1960 e 1970, algumas pessoas começaram a se preocupar com externalidades causadas pelas altas taxas de crescimento econômico do Ocidente: um aumento na poluição, na degradação ambiental e o esgotamento de recursos. Com o consumismo se consolidando no Ocidente e o crescimento rápido das populações ao redor do mundo, seria razoável se perguntar o quanto o nosso sistema socioeconômico afetou os nossos bens comuns globais. Essa foi a era de carros e fábricas depositando uma camada grossa de fumaça sobre as cidades, da descoberta de um buraco cada vez maior na camada protetora de ozônio na atmosfera, da introdução de lixo e usinas nucleares, e da difusão do plástico e de outros materiais nocivos como o amianto na construção.

Na mesma linha da observação temporária de Kuznets sobre a desigualdade, porém, alguns economistas pensaram que não havia muito com o que se preocupar: assim que descobriram que a poluição ambiental estava aumentando, surgiram sinais esperançosos de que ela também diminuiria com o tempo. De fato, conforme os métodos de produção se tornavam mais sofisticados, eles também se tornavam mais limpos e eficientes no uso de recursos. Produto a produto, o dano ambiental parecia seguir uma curva de Kuznets ambiental. Alguns anos, ou décadas, lá na frente, pensava-se, e esse problema, como a desigualdade antes dele, se resolveria. Infelizmente, não foi assim que as coisas aconteceram.

O Meio Ambiente em Degradação

A realidade final que precisamos confrontar, e talvez a mais devastadora, é a degradação continuada e cada vez maior do meio ambiente gerada pelo nosso sistema econômico, e os riscos de vida representados pelo aquecimento global, pelos eventos climáticos extremos e pela superprodução continuada de lixo e poluição.

Enquanto a maioria dos relatórios sobre o meio ambiente hoje em dia foca o aquecimento global, esse é apenas um subconjunto de um problema muito maior. O sistema econômico que nós criamos é totalmente insustentável, a despeito dos sinais esperançosos nas curvas de Kuznets ambientais. O Fórum Econômico Mundial chamou a atenção para esse problema emergen-

52 CAPITALISMO STAKEHOLDER

te ainda em 1973. Na época, Aurelio Peccei, que era o presidente do Clube de Roma, um think tank, deu uma palestra em Davos sobre o seu famoso estudo "Os Limites do Crescimento". A publicação desse estudo um ano antes havia "causado uma sensação por questionar a sustentabilidade do crescimento econômico global". Os autores, que haviam "analisado vários cenários para a economia global", expuseram em Davos "as escolhas que a sociedade precisava fazer para reconciliar o desenvolvimento econômico e as restrições ambientais".[61]

Eles avisaram que, com a trajetória atual de crescimento, haveria um "deficit repentino e sério" de terra arável nas próximas décadas.[62] Avisaram que havia apenas um fornecimento limitado de água doce na Terra e que, com a demanda crescente, surgiriam competição e conflito sobre quem teria acesso a ela.[63] E avisaram que muitos recursos naturais, como petróleo e gás, estavam sendo usados de modo excessivo, levando a taxas exponenciais de poluição.[64]

Mas seus avisos foram em vão. O pior dos cenários apresentados pelo Clube de Roma não se tornou realidade, então boa parte da mensagem foi esquecida. Após um período de calmaria nos anos 1970, a produção econômica havia alcançado níveis recorde quase todos os anos desde então, deixando uma pegada ecológica cada vez maior. Apesar das imprecisões do Clube de Roma em relação ao esgotamento de recursos em curto prazo, hoje podemos ver o quanto esse think tank previu. Em 1970, apenas dois anos antes de "Os Limites do Crescimento" ser publicado, a pegada ecológica global da humanidade ainda estava um pouco abaixo do que a Terra poderia regenerar. Se tivéssemos continuando a produzir e consumir daquele modo, poderíamos ter continuado em equilíbrio, mantendo a Terra habitável e fértil por muitas gerações por vir.

---

[61] Essas duas frases são adaptadas de "The World Economic Forum, A Partner in Shaping History, The First 40 Years, 1971-2010", http://www3.weforum.org/docs/WEF_First40Years_Book_2010.pdf.

[62] *The Limits to Growth*, p. 51, http://www.donellameadows.org/wp-content/userfiles/Limits-to-Growth-digital-scan-version.pdf.

[63] Ibidem, p. 53.

[64] Ibidem, p. 71.

A Maldição de Kuznets: Os Problemas da Economia Mundial Hoje   53

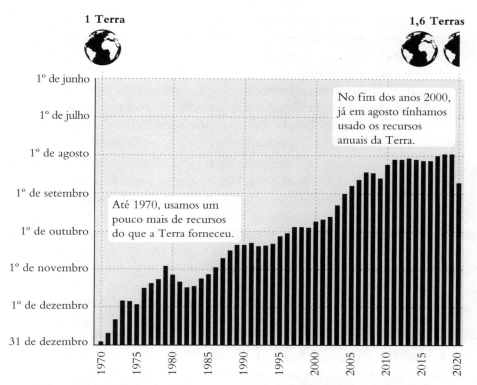

Figura 2.6 O "Dia de Sobrecarga da Terra" Tem Acontecido Cada Vez Mais Cedo Quase a Cada Ano Desde 1970

Fonte: Adaptado de Global Footprint Network and Biocapacity Accounts 2019, Earth Overshoot Day.

Mas as coisas tomaram outro rumo conforme a população global continuou a crescer. Hoje, o mundo tem o dobro do número de pessoas do que no começo dos anos 1970. Com a subida dos padrões de vida, a Global Footprint Network (GFN) calculou[65] que até 2020 a humanidade havia usado "o orçamento de recursos da natureza" para o ano inteiro em meados de agosto, significando que usamos recursos naturais em excesso durante o equivalente a quatro ou cinco meses por ano (ver Figura 2.6). (A crise de Covid-19, incluindo os meses de isolamento mandatório e a parada de mui-

---

[65] "Earth Overshoot Day", Global Footprint Network, https://www.overshootday.org/news-room/press-release-july-2019-english/.

tas atividades econômicas, teve um efeito positivo no "dia de sobrecarga,"[66] apesar de certamente não ter sido sustentável.) A ressalva, como o diretor de ciência da GFN David Lin nos contou, é que a nossa "pegada ecológica" é, obviamente, apenas uma medida de contabilidade: não há como dizer com certeza o quanto nossa produção e consumo econômicos são realmente prejudiciais. Mas está claro que o uso mundial de recursos naturais é insustentável e está exacerbando muitas outras tendências danosas, como o aquecimento global. Qual exatamente é o nosso recorde nessa frente?

Considere primeiro os combustíveis fósseis, que podem se regenerar apenas ao longo de milhões de anos. Mesmo que só possam ser usados uma vez, o carvão, o petróleo e o gás natural ainda constituem em torno de 85% do consumo energético primário do mundo[67] e dois terços de toda produção de eletricidade mundial.[68] De fato, seu uso quase dobrou a cada vinte anos no último século. Apesar de medidas para eliminá-los, sua produção até mesmo aumentou em 2018. É uma estatística que desalentou até mesmo o economista chefe da BP Spencer Dale:[69] "Em uma época em que cresce a demanda da sociedade por uma transição acelerada para o sistema de energia de baixo carbono", ele escreveu no *Statistical Review* de 2019 de seu grupo, "os dados de energia para 2018 criam um cenário preocupante".

Não são apenas os combustíveis fósseis. Mais amplamente, ao longo das últimas cinco décadas, o uso de recursos naturais triplicou, de acordo com o Painel Internacional de Recursos do Programa das Nações Unidas para o Meio Ambiente.[70] Sua extração e seu processamento têm "acelerado" ao longo das últimas duas décadas, e eles "constituem mais de 90% da nossa perda de biodiversidade e estresse hídrico e aproximadamente metade dos nossos impactos na mudança climática", a organização avisou.

Essas tendências coincidem com a poluição crescente de, pelo menos, três tipos: água, ar e solo.

---

[66] "Delayed Earth Overshoot Day Points to Opportunities to Build Future in Harmony with Our Finite Planet", Global Footprint Network, agosto de 2020, https://www.overshootday.org/newsroom/press-release-august-2020-english/.

[67] "Statistical Review of World Energy 2019, Primary Energy", BP, https://www.bp.com/en/global/corporate/energy-economics/statistical-review-of-world-energy/primary-energy.html.

[68] "Fossil Fuels, Fossil Fuels in Electricity Production", Our World in Data, https://ourworldindata.org/fossil-fuels.

[69] "Statistical Review of World Energy 2019, Primary Energy", BP, https://www.bp.com/en/global/corporate/energy-economics/statistical-review-of-world-energy/primary-energy.html.

[70] "Global Resources Outlook 2019", http://www.resourcepanel.org/reports/global-resources-outlook.

A Maldição de Kuznets: Os Problemas da Economia Mundial Hoje   55

Observe primeiro o problema da água. A ONU-Água, agência que coordena o trabalho das Nações Unidas com a água e o saneamento, estimou que 2 bilhões de pessoas ao redor do globo vivem em países em grave estresse hídrico,[71] geralmente devido à mudança climática. Mas mesmo quando há água disponível, ela muitas vezes está fortemente poluída. Globalmente, a agência disse,[72] "é provável que mais de 80% do esgoto seja liberado no meio ambiente sem tratamento adequado", com a poluição muitas vezes acontecendo devido à "agricultura intensiva, produção industrial, mineração e escoamento de água e esgoto não tratados". Isso ameaça o acesso à água limpa em toda parte, de cidades a áreas urbanas, e representa um grande risco de saúde.

Além disso, há o problema do plástico, cujo impacto será mais drástico nas décadas por vir, enquanto o plástico acumulado atualmente nos oceanos pode afetar a vida na Terra de várias maneiras. Microplásticos tornaram-se onipresentes nas águas mundiais, em parte porque levam décadas para se decompor: nos cálculos atuais, estima-se que poderemos acabar com mais plástico do que peixes em nossos oceanos até 2050.[73] O exemplo mais famoso na imaginação popular é a "Grande Porção de Lixo do Pacífico", que consiste principalmente em destroços de microplásticos no oceano Pacífico. Mas o problema é global, afetando todos os corpos de água do mundo.

Em segundo lugar, quase dois terços das cidades do mundo também excedem diretrizes da OMS sobre poluição do ar, de acordo com o Greenpeace.[74] Muitas das grandes metrópoles da Ásia são tão poluídas que nem mesmo andar na rua é saudável,[75] como muitos que vivem ou já viveram por lá podem atestar. Em terceiro, de acordo com a Organização das Nações Unidas para a Alimentação e a Agricultura (FAO),[76] a poluição do solo é uma realidade oculta por todo o mundo e uma ameaça direta à saúde humana.

Essa rápida exploração e poluição também começaram a causar estragos nos ecossistemas naturais do mundo e ameaçaram fazer o aquecimento global sair do controle, com consequências graves para aqueles em regiões

---

[71] "Water Scarcity", ONU-Água, 2018, https://www.unwater.org/water-facts/scarcity/.

[72] Ibidem.

[73] Fórum Econômico Mundial, 2016: https://www.weforum.org/press/2016/01/more-plastic-than-fish-in-the-ocean-by-2050-report-offers-blueprint-for-change/.

[74] "22 of World's 30 Most Polluted Cities are in India, Greenpeace Says", *The Guardian*, março de 2019.

[75] AirVisual https://www.airvisual.com/world-most-polluted-cities.

[76] "Soil Pollution: A Hidden Reality", Rodríguez-Eugenio, N., McLaughlin, M., e Pennock, D., FAO, 2018, http://www.fao.org/3/I9183EN/i9183en.pdf.

CAPITALISMO STAKEHOLDER

seriamente atingidas por mudança climática e para as gerações futuras. Outros dados também revelam o impacto humano no meio ambiente.

A Plataforma Intergovernamental de Biodiversidade e Serviços Ecossistêmicos (IPBES) da ONU concluiu, em um relatório de 2019, que a "natureza está decaindo globalmente a taxas sem precedentes na história humana", com espécies já se extinguindo "a, pelo menos, dezenas de centenas de vezes mais rápido do que a média ao longo dos últimos 10 milhões de anos".[77] Citando a pesquisa, o *Financial Times* também escreveu que "1 milhão dos estimados 8 milhões de espécies de plantas e animais da Terra estão sob risco de extinção".[78]

Outra agência especializada da ONU, o Painel Intergovernamental sobre Mudanças Climáticas (IPCC), emitiu um aviso no final de 2018 de que o caminho atual de emissões de CO_2 levaria a um ciclo imparável de aquecimento global — com grandes perturbações para a vida na Terra — se grandes reduções não forem alcançadas até 2030. Foi dito: "Caminhos limitando o aquecimento global a 1,5ºC com sobrecarga limitada ou sem sobrecarga requereriam transições rápidas e de longo alcance em sistemas de energia, da terra, urbanos, de infraestrutura (incluindo transporte e edifícios) e industriais."[79] Mas a esperança de chegarmos a esse caminho de aquecimento global limitado a 1,5ºC havia basicamente evaporado dois anos depois. A Organização Meteorológica Mundial, outra instituição afiliada à ONU, disse, em julho de 2020, que um aumento de 1ºC já seria uma realidade nos próximos cinco anos (2020 a 2024), e acreditava que havia uma chance em cinco de que o aquecimento já alcançasse 1,5ºC nesse período.[80]

Não há ninguém que não tenha experienciado, pelo menos, uma das realidades da mudança climática. Enquanto escrevo isto, os dois últimos verões mais uma vez estiveram entre os mais quentes já registrados.[81] Mesmo no ponto alto da cidade de Zermatt, nos Alpes Suíços, para onde vou no verão e onde as temperaturas costumam ser moderadas, o aquecimento global e os

---

[77] "Extinctions Increasing at Unprecedented Pace, UN Study Warns", *Financial Times*, maio de 2019, https://www.ft.com/content/a7a54680-6f28-11e9-bf5c-6eeb837566c5.

[78] Ibidem.

[79] Painel Intergovernamental sobre Mudanças Climáticas da ONU, 2018, https://www.ipcc.ch/site/assets/uploads/sites/2/2018/07/sr15_headline_statements.pdf.

[80] "New Climate Predictions Assess Global Temperatures in Coming Five Years," World Meteorological Organization, julho de 2020, https://public.wmo.int/en/media/press-release/new-climate-predictions-assess-global-temperatures-coming-five-years.

[81] "Here Comes the Bad Season: July 2019 Is Likely to Be the Hottest Month Ever Measured", *The Atlantic*, https://www.theatlantic.com/science/archive/2019/07/july-2019shaping-be-warmest-month-ever/594229/.

eventos climáticos extremos já são reais. A geleira Theodul está se retraindo cada vez mais a cada ano, e, quando a visitei no verão de 2019, a geleira em derretimento causou uma inundação no vale, apesar de não ter caído nem uma gota de chuva em dias.[82]

Confrontadas com essas mudanças ao longo do tempo, as pessoas têm respondido com um ato simples: elas começaram a se mudar. Hoje, a Organização Internacional para as Migrações da ONU avisa que "mudanças ambientais graduais e repentinas já estão resultando em movimentações populacionais substanciais. O número de tempestades, secas e enchentes aumentou três vezes ao longo dos últimos trinta anos, com efeitos devastadores em comunidades vulneráveis, particularmente no mundo desenvolvido".[83] É esperado que o número total de migrantes do clima será, até 2050, tão grande quanto o número total de migrantes internacionais no mundo hoje, em torno de 200 milhões de pessoas.[84]

Líderes empresariais sabem que os riscos ambientais estão crescendo, pois os classificam como cada vez maior destaque no Relatório Anual de Riscos Globais do Fórum Econômico Mundial. Pela primeira vez, em 2020 foi dito, "Ameaças graves ao nosso clima são responsáveis por todos os maiores riscos em longo prazo do Relatório de Riscos Globais".[85] Ele apontou para os riscos associados com eventos climáticos extremos, o fracasso na mitigação ou adaptação à mudança climática, danos ambientais causados por humanos, perdas sérias de biodiversidade, resultando em recursos gravemente esgotados e desastres naturais graves.

Não deveríamos fazer pouco-caso desses riscos como fizemos nos anos 1970, especialmente enquanto a próxima geração já olha sobre nossos ombros imaginando qual legado planejamos deixar. Isso seria nada menos do que trair as gerações futuras.

De fato, os perigos representados pelo aquecimento global têm se tornado uma preocupação séria para as gerações de jovens nesses últimos anos, conforme eles começam a exigir uma ação climática mais urgente. Inspirados em grande parte por pares como a estudante sueca Greta Thunberg, cente-

---

[82] Telebasel, Sich entleerende Gletschertasche lässt Bach in Zermatt hochgehen, https://telebasel. ch/2019/06/11/erneut-ein-rekordheisser-hochsommer-verzeichnet/.

[83] "Migration, Climate Change and the Environment, A Complex Nexus," UN Migration Agency IOM, https://www.iom.int/complex-nexus#estimates.

[84] Ibidem.

[85] "Burning Planet: Climate Fires and Political Flame Wars Rage," Fórum Econômico Mundial, janeiro de 2020, https://www.weforum.org/press/2020/01/burning-planet-climate-fires-and-political-flame-wars-rage.

nas de milhares de ativistas do clima têm ido às ruas, proferido discursos para quem quiser ouvir e mudado seus próprios hábitos quando possível. Nós entendemos suas preocupações e por esse motivo convidamos Greta Thunberg para falar no nosso Encontro Anual em 2019. A mensagem principal de Thunberg foi de que a "nossa casa está em chamas"[86] e que devemos agir com um senso máximo de urgência.

Esperamos prestar atenção no apelo da próxima geração para criar um sistema econômico mais sustentável com mais urgência do que em 1973. Desde o discurso de Aurelio Peccei, passaram-se décadas. Desde então, falhamos em agir com resultados suficientes e, ao fazê-lo, pioramos o panorama econômico, ambiental e de saúde para gerações futuras — e ainda deixamos muitas pessoas para trás economicamente. Foi a última maldição de Kuznets. Ele nunca havia sugerido que nosso sistema econômico era indefinidamente sustentável.

■■■

Nós não escutamos os avisos cautelosos de Simon Kuznets: ele nos alertou que o PIB era uma medida fraca para o progresso social amplo, por ser mais voltado para medir a capacidade de produção do que quaisquer outros sinais de prosperidade. Ele não estava convencido de que a desigualdade de renda em queda nos anos 1950 seria uma característica permanente, mas a enxergou como um efeito temporário dos avanços tecnológicos específicos que favoreciam o crescimento inclusivo na época. E ele nunca subscreveu a ideia de qualquer "curva de Kuznets ambiental", que teorizasse que o dano ao meio ambiente diminuiria conforme uma economia se desenvolvesse. Agora estamos pagando o preço por isso.

Mas antes de tentarmos compensar esses erros em nosso pensamento acerca do desenvolvimento econômico, é necessário primeiro indagar: já há outro caminho de desenvolvimento disponível? E em que medida ele pode ser encontrado no Leste, na ascensão da Ásia?

---

[86] "Our house is still on fire and you're fuelling the flames, Agenda do Fórum Econômico Mundial, janeiro de 2020, https://www.weforum.org/agenda/2020/01/greta-speech-our-house-isstill-on-fire--davos-2020/.

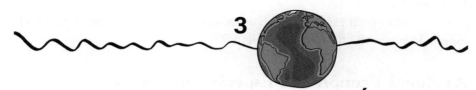

A Ascensão da Ásia

A vista do rio Sham Chun no Sul da China apresenta um contraste forte. Na margem sul, arrozais se estendem quase até onde o olhar é capaz de enxergar. Na margem norte, arranha-céus dominam a linha do horizonte.

Não foi sempre assim. Quarenta anos atrás, não havia quase nada em cada lado do rio. A parte mais desenvolvida estava na margem sul, com a cidade de Hong Kong a alguns quilômetros de distância. Trilhos de trem conectavam os "territórios do Norte", governados pela Grã-Bretanha, com a China continental, vazia do outro lado do rio. Um guarda chinês sozinho inspecionava o ponto de travessia do rio.

Quatro décadas depois, o contraste não é algo que um visitante do passado poderia ter esperado. Os arrozais ao sul ainda pertencem a Hong Kong, há muito tempo a capital financeira da Ásia. Mas os arranha-céus ao norte agora são parte da capital tecnológica da China, Shenzhen, uma cidade que apareceu do nada.

O que aconteceu ao norte do rio Sham Chun naqueles quarenta anos representa talvez o maior milagre econômico de todos os tempos. Em 1979, os que moravam lá tinham uma renda média de menos de um dólar por dia. Hoje, Shenzhen tem um PIB per capita de quase US$30 mil, um aumento de quase cem vezes desde 1979. É o lar de gigantes da tecnologia como Huawei, Tencent e ZTE,[1] e de um "movimento maker" de startups de tecnologia.

---

[1] "Top 5 Tech Giants Who Shape Shenzhen, 'China's Silicon Valley'", *South China Morning Post*, abril de 2015, https://www.scmp.com/lifestyle/technology/enterprises/article/1765430/top-5-tech-giants-who-shape-shenzhen-chinas-silicon.

60 CAPITALISMO STAKEHOLDER

Hong Kong também não ficou parada, mas agora tem uma gêmea formidável ao lado.

Como aconteceu essa virada? E o que ela nos diz sobre a mudança mais ampla da economia mundial no Oriente?

As Zonas Econômicas Especiais da China

Minha primeira visita à China foi em abril de 1979. O novo líder do país, Deng Xiaoping, estava no poder há apenas um ano, e a terra que encontrei ainda estava profundamente empobrecida. A China havia sofrido por um longo período com invasões estrangeiras, guerra civil e políticas públicas que falharam em alcançar qualquer progresso econômico significativo.

Essa situação prejudicial esteve 150 anos em formação. Por boa parte do último milênio, a China havia sido um superpoder econômico, ao lado da Índia, mas as coisas mudaram durante o século XIX. Primeiro, aconteceu o chamado século chinês de humilhação, a partir de 1840. Durante esse período, a orgulhosa e poderosa civilização chinesa foi derrotada em várias guerras do ópio com a Grã-Bretanha. Ela também cedeu portos essenciais, cidades e territórios chineses na Indochina para a Grã-Bretanha, a França e o Japão, e sofreu a ocupação japonesa durante a Segunda Guerra Mundial. Um motivo essencial para essas derrotas foi que a Revolução Industrial não havia se espalhado na China, dando aos seus adversários a supremacia econômica, militar e técnica.

A desordem também levou à queda do regime político estabelecido. A dinastia imperial Qing foi derrubada em 1912. Depois disso, vários grupos políticos competiram pelo poder durante várias décadas, ao longo de toda a ocupação japonesa nos anos 1930 e 1940, e até depois do fim da Segunda Guerra Mundial. Inicialmente, o Partido Nacionalista de Chiang Kaishek prevaleceu. Ele liderou um governo nacional na China nos primeiros poucos anos depois do fim da ocupação japonesa. Mas foi incapaz de tomar as rédeas da situação caótica que se instalou depois da retirada das tropas japonesas e enfrentou uma forte oposição interna. Pelo contrário, a guerra civil continuou e, por fim, os nacionalistas foram derrotados pelo Partido Comunista de Mao.

Sob a liderança do presidente Mao, de 1949 a 1975, o Partido Comunista da China (PCC) se tornou o único partido governante do país, acabando com a turbulência política de modo mais resoluto. O PCC fundou a República

Popular da China como um Estado de partido único, o que trouxe estabilidade ao regime pelo preço da liberdade democrática.

Na frente social e econômica, os primeiros anos da República Popular não conseguiram trazer o progresso desfrutado em outras regiões, como os Estados Unidos, o Oeste Europeu e a União Soviética. O país reverteu à autarquia, tornando-se autossuficiente em termos de produção de comida, recorrendo à planificação da produção industrial e a restrições severas em termos de liberdades políticas e culturais. No final dos anos 1970, quando Deng Xiaoping chegou ao poder como sucessor de Mao, a economia chinesa era uma sombra do seu passado. O Reino do Meio (como a China é chamada às vezes) havia se tornado um país em desenvolvimento, e boa parte do seu povo vivia abaixo da linha da pobreza.

Deng queria mudar isso e, em 1978, ele visitou Singapura. Na época, a ilha cidade-Estado era um dos quatro chamados Tigres Asiáticos (Hong Kong, Taiwan, Singapura e Coreia do Sul), economias que viram um desenvolvimento rápido nos anos 1960 e 1970 baseado em investimento estrangeiro direto (IED), no bloqueio de competição estrangeira para indústrias essenciais e no crescimento liderado por exportação. Inspirado pelo exemplo da cidade-Estado, ele seguiu um novo modelo de desenvolvimento econômico para a China também: a reforma e abertura, começando em 1979. O núcleo da virada econômica nesse modelo era atrair IED de alguns dos vizinhos da China, incluindo Hong Kong, e permitir que esses investidores estabelecessem negócios nas Zonas Econômicas Especiais (ZEEs) em várias faixas ao longo do litoral da populosa Guangdong (Cantão) no Sul da China. Shenzhen, ao norte do rio Sham Chun, era uma delas. As ZEEs foram um ambiente de testes para empresas privadas operarem na China.

Em outros lugares do país, leis sobre propriedade privada, incorporação e lucros permaneceram restringidos por vários anos. Afinal, a China era um país comunista. Mas, nas ZEEs investidores estrangeiros podiam estabelecer uma empresa (contanto que focasse exportação), ter a posse ou, pelo menos, alugar uma propriedade, e desfrutar de tratamentos legais e tributários especiais.

O objetivo, segundo nos contou em 2019 o pesquisador Liu Guohong, do Instituto de Desenvolvimento da China, sediado em Shenzhen,[2] era dar ao país um gosto da "economia orientada ao mercado" (Deng chamaria isso de "socialismo com características chinesas," e seu sucessor Jiang Zemin fala-

---

[2] Entrevista com Liu Guohong por Peter Vanham, Shenzhen, China, junho de 2019.

62 CAPITALISMO STAKEHOLDER

va de uma "economia socialista de mercado"). Mas não havia virtualmente nenhum dinheiro para desenvolver qualquer atividade econômica, então manter as ZEEs próximas a Hong Kong — com sua ampla oferta de dinheiro e fabricação industrial — era a segunda melhor opção.

O plano ousado funcionou. Em 1982, o Nanyang Commercial Bank, uma instituição financeira com sede em Hong Kong fundada por um imigrante chinês, instalou uma filial em Shenzhen, apenas a alguns quilômetros ao norte de Hong Kong. Foi o primeiro banco comercial na China continental,[3] e sua chegada marcou um momento divisor de águas no desenvolvimento do país. O banco de Hong Kong configurou o empréstimo transfronteiriço para sua afiliada chinesa. Isso permitiu que a filial de Shenzhen financiasse o arrendamento de terras no longo prazo para a abertura de fábricas em Shenzhen.

As autoridades de Shenzhen também fizeram sua parte. Anteriormente, a terra na China era propriedade apenas do Estado, significando que não poderia ser acessada por investidores privados. Agora, Shenzhen permitia que investidores estrangeiros usassem a terra com fins comerciais e industriais. Em 1987, a ZEE de Shenzhen até mesmo organizou um leilão de terras públicas, o primeiro na China desde a fundação da República Popular em 1949.[4]

Durante os anos 1980, Shenzhen tornou-se o centro a partir do qual uma economia inteira cresceu. Seguindo o exemplo de Hong Kong e Singapura, Shenzhen primeiro se especializou na fabricação de baixo custo e baixo valor. Com rendas iniciando a menos de um dólar por dia, não era difícil oferecer salários competitivos, com trabalhadores produzindo bens para exportação.

Os Tigres Asiáticos prestaram atenção e foram os primeiros a mudar sua produção. Empresas taiwanesas, de Hong Kong, singapurenses e coreanas mudaram-se para lá, criando empreendimentos completamente estrangeiros com foco em exportação ou parcialmente em conjunto com investidores chineses, o que permitiu que vendessem produtos dentro da China também.

Como resultado, pessoas de todos os lugares da China começaram a se reunir nas ZEEs, atraídas pelos empregos e pelo encanto de ser parte de algo novo e em crescimento. Shenzhen cresceu de mais ou menos 30 mil

---

[3] Nanyang Commercial Bank, https://www.ncb.com.hk/nanyang_bank/eng/html/111.html.

[4] "First Land Auction Since 1949 Planned in Key China Area", *Los Angeles Times/Reuters*, junho de 1987, https://www.latimes.com/archives/la-xpm-1987-06-28-mn-374-story.html.

residentes no começo dos anos 1980 para se tornar uma cidade totalmente desenvolvida de primeira linha, com mais de 10 milhões de pessoas, ao lado de Beijing, Shanghai e da capital de Cantão ao noroeste, Guangzhou. Os dias de Shenzhen como uma "vila de pesca sossegada" ao lado de alguns arrozais estavam acabados.

Como as Zonas Econômicas Especiais foram um sucesso gigantesco, o governo chinês criou mais delas, em sua maioria ao longo da costa leste da China. Cidades como Dalian, próximas à Coreia e ao Japão, e Tianjin, a principal cidade portuária servindo Beijing (e ambas agora são lares dos encontros de Davos de verão do Fórum Econômico Mundial) assim como Fuzhou, lar de muitos imigrantes chineses em Singapura, foram adicionadas em 1984. Em 1990, o distrito Pudong de Shanghai foi adicionado e mais algumas dúzias de ZEEs seguiram. O modelo de exportação funcionava como um catalisador. Centenas de milhões de pessoas se mudaram para as ZEEs litorâneas, confiantes de que melhores salários nas fábricas, empresas de construção ou serviços as aguardavam. As cidades da China explodiram, e o interior rural do país se esvaziou. Taxas de crescimento econômico anual alcançaram picos de 10% ou mais. A China cresceu, passando de um país pobre, com PIB de US$200 bilhões em 1980, a um país de renda média baixa, com um PIB seis vezes maior (US$1,2 trilhão em 2000).

Conforme a China embarcava em suas políticas econômicas de reforma e abertura, alguns dentro e fora do país também esperavam que seu processo político mudasse, como aconteceu na União Soviética e em sua esfera de influência, em regiões como Polônia, Hungria, Tchecoslováquia, Alemanha Oriental e, claro, a própria Rússia. Mas enquanto esse movimento na Europa eventualmente levou à desintegração do regime e ao nascimento de novos regimes democráticos, o governo chinês manteve seu papel central nos assuntos econômicos e políticos. Os anos 1990 tornaram-se anos de *boom* para a China, conforme muitas empresas ocidentais mudavam suas produções para lá, impulsionando o emprego, o pagamento e o consumo.

Em 2001, a China havia crescido tanto e se tornado uma centro de poder da exportação que o momento parecia certo para entrar na Organização Mundial do Comércio (OMS), que alimentava outra onda de crescimento liderado por exportação. Empresas ocidentais, que antes eram cautelosas ou simplesmente desatentas em relação à possibilidade de fabricação industrial na China, seguiram esses passos. Empresas norte-americanas, europeias e japonesas eram alguns dos melhores clientes de fabricantes chineses e taiwaneses, ou criavam seus próprios empreendimentos conjuntos.

64   CAPITALISMO STAKEHOLDER

Mas a estrela original da China não ficou parada. Conforme o tempo passou, o perfil das atividades industriais de Shenzhen mudou. Conhecida pela fabricação de eletrônicos baratos e empresas domésticas de imitações num primeiro momento, a cidade se tornou o Vale do Silício de hardware e a casa do "movimento maker de tecnologia", como disse a *Wired*.[5] Empreendedores de startups de todos os lugares da China, e cada vez mais do mundo, começaram a se encontrar e trocar ideias em Shenzhen, construindo novas empresas inovadoras no meio do caminho. Hoje em dia, muitas empresas estrangeiras ainda possuem bases enormes de fabricação em Shenzhen. As instalações mais famosas podem ser aquelas da Foxconn, uma empresa taiwanesa de eletrônicos que emprega algumas centenas de milhares de funcionários e produz a maior parte dos iPhones da Apple (ou, pelo menos, o fazia até recentemente, quando preocupações geopolíticas forçaram "uma mudança silenciosa e gradual de produção da Apple para longe da China", incluindo uma recém-construída instalação da Foxconn na Índia[6]). Ela é apenas uma de muitas empresas taiwanesas e de Hong Kong que constituem a espinha dorsal do início da expansão industrial de Shenzhen e ainda têm uma influência grande por lá.

Mas Shenzhen agora pode ser mais conhecida por suas empresas domésticas de tecnologia. Huawei, por exemplo, é a maior fabricante de equipamento de telecomunicações do mundo, construindo hardware para alimentar redes móveis da quinta geração (5G) inteiras. Ela também produz smartphones que podem ser encontrados no mundo todo (exceto nos EUA), apesar de a recente guerra comercial entre China e EUA ter freado sua expansão.

O sucesso da Huawei demorou para chegar. Em 1983, seu fundador, Ren Zhenfei, era apenas um de muitos imigrantes tentando a sorte como um trabalhador na florescente indústria de eletrônicos de Shenzhen, depois de uma carreira no exército chinês. Quatro anos depois, ele fundou a Huawei, uma pequena empresa fazendo serviços por contrato para um negociante de equipamentos de Hong Kong. A história da ascensão da empresa nos trinta anos seguintes reflete, de muitas maneiras, a da China como um todo.

---

[5] "The Silicon Valley of Hardware", *Wired*, https://www.wired.co.uk/video/shenzhen-episode-1.

[6] "Exclusive: Apple Supplier Foxconn to Invest $1 Billion in India, Sources Say", *Reuters*, julho de 2020, https://www.reuters.com/article/us-foxconn-india-apple-exclusive/exclusive-apple-supplier-foxconn-to-invest-1-billion-in-india-sources-say-idUSKBN24B2GH.

Há muitos exemplos desse tipo de sucesso de startups em Shenzhen (os anos de fundação em Shenzhen são mostrados em parênteses):

- **ZTE (1985):** Produtora de uma variedade de equipamentos de telecomunicações, incluindo telefones.

- **Ping an Insurance (1988):** A maior empresa de seguros da China e um ator importante na inteligência artificial. Atualmente possui 200 milhões de clientes, quase 400 mil empregados e declarou US$160 bilhões em receita.[7]

- **BYD (1995):** Sigla para "Build Your Dreams" (ou Construa Seus Sonhos), a BYD agora é a maior fabricante de veículos elétricos (EVs) do mundo, de acordo com a Bloomberg, "vendendo 30 mil EVs puros ou híbridos plug-in na China todo mês".[8]

- **Tencent (1998):** Um conglomerado de tecnologia dono do popular aplicativo chinês de rede social QQ, de uma grande parte do site de e-commerce JD.com e desenvolvedor do popular jogo "League of Legends". Foi fundado por um grupo de residentes de Shenzhen, incluindo o atual CEO, Pony Ma. É a maior empresa de jogos do mundo e um dos maiores atores no campo das redes sociais e do e-commerce.

Há muito tempo Shenzhen deixou de ser uma base de fabricação barata, mas ainda é a estrela sul do desenvolvimento da China, que entrou em uma fase inteiramente nova. Depois de uma era na qual ela foi a fábrica do mundo, a China virou a página. Agora ela é a segunda maior economia mundial, e o polo magnético para muitas economias emergentes asiáticas, dentre outras.

Nessa fase, as ZEEs continuam a exercer um papel significativo com foco na exportação. Mas cada vez mais elas são eclipsadas por novos tipos de zonas-piloto: aquelas de parques científicos, incubadoras de startups e centros de inovação. Por lá, startups de tecnologia e inovadores estão incubando produtos para as empresas e para os consumidores ricos e cada vez mais conhecedores de tecnologia da China. Mais uma vez, Shenzhen é uma líder nessa área, mas outras localidades, incluindo o bairro Zhongguancun

---

[7] "Global 500: Ping An Insurance", *Fortune*, https://fortune.com/global500/2019/ping-an- insurance.

[8] "The World's Biggest Electric Vehicle Company Looks Nothing Like Tesla", *Bloomberg*, abril de 2019, https://www.bloomberg.com/news/features/2019-04-16/the-world-s-biggest-electric-vehicle-company-looks-nothing-like-tesla.

de Beijing, no distrito de Haidian (onde a ByteDance, criadora do TikTok, foi lançada), a zona de alta tecnologia Zhangjiang de Shanghai, e outras também são competidores.

O Preço do Progresso

Se você cruzar o rio Sham Chun hoje, entrará em uma selva de concreto, na metrópole extensa que é Shenzhen. Mas, em um dia quente de verão, dificilmente verá mais pessoas nas ruas do que veria na sossegada vila de pesca que a precedeu. Em parte por causa do aquecimento global, as temperaturas no verão costumam ser tão altas que é impossível andar na cidade sem suar. Por isso, as pessoas se mudaram para o subterrâneo. Elas se locomovem por meio dos corredores refrigerados de Link City, uma rua comercial subterrânea, ou permanecem nos escritórios gelados dos muitos arranha-céus da cidade. Em outros momentos, os moradores de Shenzhen sofrem com inundações-relâmpago,[9] outro fenômeno que piorou conforme a mudança climática tem se intensificado. A cidade enriqueceu, mas toda a sua riqueza não poderia salvá-la das forças da natureza.

A ascensão da China representa um marco histórico incrível, mas não deveria nos distrair do cenário ainda maior. As tendências maiores que descrevemos no Capítulo 2 são tão válidas para a Ásia quanto para o resto do mundo ocidental. O mundo inteiro está em um caminho de crescimento insustentável, colocando em perigo o meio ambiente e o destino de gerações futuras. Além disso, o crescimento econômico que a China, a Índia e outros alcançaram nos últimos anos foi compartilhado de modo tão desigual quanto no Ocidente.

Para a China, o desafio da desigualdade também está presente, mas o problema maior pode ser o fardo de dívida que assoma. Até a crise financeira de 2008, a razão total de dívida para o PIB da China de 170% estava de acordo com a razão de outros mercados emergentes, como Martin Wolf do *Financial Times* apontou num ensaio de 2018.[10] Mas na década seguinte ela subiu explosivamente. Em julho de 2019, chegou a 303%, de acordo com

---

[9] "How Shenzhen Battles Congestion and Climate Change", Chia Jie Lin, GovInsider, julho de 2018, https://govinsider.asia/security/exclusive-shenzhen-battles-congestion-climate- change/.

[10] "China's Debt Threat: Time to Rein in the Lending Boom", Martin Wolf, *Financial Times*, julho de 2018 https://www.ft.com/content/0c7ecae2-8cfb-11e8-bb8f-a6a2f7bca546.

uma estimativa do IIF, e depois dos primeiros meses da crise da Covid-19, inflou para 317%.[11]

Essa é uma tendência perigosa, porque boa parte da dívida chinesa está nas mãos de empreendimentos não financeiros controlados pelo Estado e governos locais que podem usar a dívida para impulsionar a produção econômica no curto prazo. Porém, com retornos marginais sobre investimentos privados e públicos diminuindo drasticamente nos últimos anos, o crescimento econômico máximo está desacelerando, e a dívida pendente está se tornando cada vez mais preocupante. Tensões comerciais, um declínio do crescimento populacional ou outros fatores podem deflagrar mais desaceleração no crescimento. Se isso acontecer, uma crise chinesa pode reverberar ao redor do globo.

Finalmente, embora a China tenha liderado o mundo na implementação de instalações solares e eólicas nos últimos anos, e o presidente Xi tenha anunciado na Assembleia Geral da ONU em setembro de 2020 que queria alcançar a neutralidade de carbono antes de 2060,[12] ainda há obstáculos grandes para se transpor. Primeiro, apesar das novas ambições chinesas, a construção de novas instalações de energia renovável no país desacelerou em 2019, uma tendência que continuou na nova década.[13] Segundo, a China viu a sua demanda por petróleo voltar mais rápido do que em outros lugares depois da crise da Covid, com 90% de sua demanda pré-Covid recuperada até o começo do verão de 2020. Foi um bom sinal para a recuperação da economia global, mas nem tanto para as emissões, já que a China é o segundo maior consumidor de petróleo do mundo, atrás dos EUA. E terceiro, a Bloomberg reportou,[14] a parcela da Ásia na demanda global por carvão expandirá de cerca de 77% atualmente para cerca de 81% até 2030. A China, que produz e queima em torno de metade do carvão global, e a Indonésia eram os maiores produtores de carvão do mundo, e cada um também produziu significativamente mais em 2019 do que nos anos anteriores, a BP

---

[11] "China's Debt-to-GDP Ratio Surges to 317 Percent", *The Street*, maio de 2020, https://www.thestreet.com/mishtalk/economics/chinas-debt-to-gdp-ratio-hits-317-percent.

[12] "Climate Change: Xi Jinping Makes Bold Pledge for China to Be Carbon Neutral by 2060", *South China Morning Post*, setembro de 2020, https://www.scmp.com/news/china/ diplomacy/article/3102761/ climate-change-xi-jinping-makes-bold-pledge-china-be-carbon.

[13] "Current Direction for Renewable Energy in China", Anders Hove, The Oxford Institute for Energy Studies, junho de 2019, https://www.oxfordenergy.org/wpcms/wp-content/uploads/2020/06/Current-direction-for-renewable-energy-in-China.pdf.

[14] "Everyone around the World is Ditching Coal—Except Asia", *Bloomberg*, junho de 2020, https://www.bloomberg.com/news/articles/2020-06-09/the-pandemic-has-everyone-ditching-coal-quicker-except-asia.

indicou em seu Statistical Review of World Energy (Relatório Estatístico da Energia Mundial) de 2020.[15]

Mercados Emergentes Alavancados pelo Sucesso da China

A China não foi a única economia a avançar a saltos enormes nas últimas décadas. Alavancados pelo seu sucesso, países da América Latina à África e do Oriente Médio ao Sudeste da Ásia também ascenderam. A China precisava de commodities e muitos mercados emergentes de condições semelhantes podiam fornecê-las.

De fato, enquanto a China é uma gigante em termos geográficos e demográficos, ela é mais modesta na posse dos recursos mais importantes do mundo, com a exceção talvez de minerais de terras raras. Conforme cresceu, construindo novas cidades, operando fábricas e expandindo sua infraestrutura, ela precisou da ajuda de outros para ser abastecida com os insumos necessários.

Isso foi uma bênção para outros mercados emergentes, especialmente aqueles na vizinhança imediata da China (incluindo Rússia, Japão, Coreia do Sul e a região ASEAN, e Austrália) e aqueles que haviam enfrentado dificuldades para obter taxas altas de crescimento (incluindo muitos países em desenvolvimento da América Latina e da África).

A ascensão da China, de fato, alimentou uma grande prosperidade de mercados emergentes. Um vislumbre no banco de dados de comércio do Banco Mundial e da ONU para 2018[16] nos dá um insight sobre como a ascensão chinesa contribui para a de outros países. A China hoje é a segunda maior importadora de bens e serviços do mundo, na ordem de US$2 trilhões. Ao alcançar esse tamanho, ela deu um enorme impulso a mais de uma economia, comprando grandes quantidades de commodities todo ano.

Em 2018,[17] por exemplo, ela importou quantidades enormes de petróleo da Rússia (US$37 bilhões), Arábia Saudita (US$30 bilhões) e Angola (US$25 bilhões). Para minérios, além da Austrália (US$60 bilhões), ela contou com o Brasil (US$19 bilhões) e o Peru (US$11 bilhões). Pedras preciosas, como dia-

---

[15] "Statistical Review of World Energy 2020", BP, https://www.bp.com/en/global/corporate/ energy-economics/statistical-review-of-world-energy.html.

[16] "World Integrated Trade Solution", Banco Mundial, 2018, https://wits.worldbank.org/CountryProfile/en/Country/CHN/Year/LTST/TradeFlow/Import/Partner/by-country/Product/Total#.

[17] "China Imports", Comtrade, ONU, 2018, https://comtrade.un.org/labs/data-explorer/.

mantes e ouro, foram importadas na sua maior parte da Suíça, seguida pela África do Sul. A China também comprou cobre do Chile (US$10 bilhões) e Zâmbia (US$4 bilhões), enquanto vários tipos de borracha vieram na maior parte da Tailândia (US$5 bilhões).

Mas isso era apenas a matéria-prima. Enquanto a China subia na cadeia de valor, ela começou a terceirizar parte de sua produção, mudando fábricas de local para as economias de baixo custo do Vietnã, Indonésia e Etiópia, para nomear alguns. A tecnologia que antes era preciso importar por meio de empreendimentos conjuntos estrangeiros, agora era criada pela China, permitindo que ela se tornasse uma importadora de produtos finais que havia produzido no exterior e uma exportadora desses produtos para consumidores de outros países.

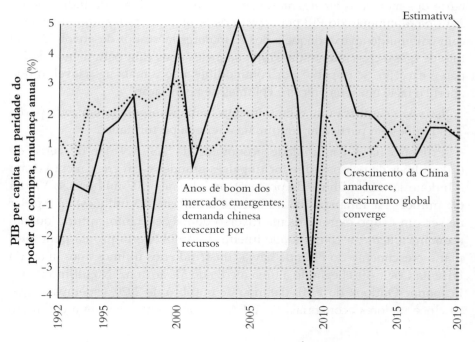

— 30 maiores mercados emergentes (excluindo China & Índia)

···· 22 maiores economias desenvolvidas, como definido pelo IIF

Figura 3.1 Depois de um Boom Impulsionado pela China nos Anos 2000, o Crescimento de Mercados Emergentes Fica para Trás do de Economias Desenvolvidas

Fonte: Adaptado de FMI, Crescimento real do PIB, 2020.

Então não é uma surpresa que, assim como a China, muitos mercados emergentes tenham experimentado seus próprios anos maravilhosos nas últimas duas décadas. A tendência começou devagar nos anos 1990, quando o mundo se deslocou em direção ao livre comércio, e acelerou nos anos seguintes à inauguração da China na OMC, em 2001. Por mais de uma década, de 2002 a 2014, o *Financial Times* calculou,[18] mercados emergentes tiveram performances melhores do que seus colegas do mundo desenvolvido, não apenas em crescimento, mas em crescimento do PIB per capita (Figura 3.1). O resultado foi, como o economista Richard Baldwin apelidou, "a grande convergência":[19] as rendas e PIB dos mercados emergentes mais pobres se aproximaram daqueles dos mercados desenvolvidos mais ricos.

Infelizmente, nos anos recentes essa tendência acabou no caso da maior parte dos mercados emergentes, com exceção da China e da Índia. Desde 2015, o crescimento do PIB per capita nos 30 maiores mercados emergentes caiu para muito abaixo daquele dos 22 maiores mercados desenvolvidos. O fato de que o crescimento da China naqueles anos caiu para menos de 7% não é exceção. Seu apetite por commodities não é mais insaciável, o que aperta o freio em seus preços e volumes de negociação.

Isso não significa que o crescimento tenha se esgotado em toda parte. Três regiões em particular continuam a ter boa performance:

Primeiro há a comunidade econômica da ASEAN, lar de cerca de 650 milhões de pessoas, que inclui países grandes e em crescimento como a Indonésia (264 milhões de pessoas), as Filipinas (107 milhões), o Vietnã (95 milhões), a Tailândia (68 milhões) e a Malásia (53 milhões).[20,21] Apesar de ser um grupo extremamente diverso de nações, tanto cultural quanto economicamente, a comunidade inteira da ASEAN está pronta para retomar o crescimento do PIB que havia construído nos últimos anos antes da crise da Covid-19, chegando a uma média de 5% ao ano.[22] No último World Economic Outlook do FMI, datando de outubro de 2020, esperava-se que as cinco maiores economias da ASEAN experimentassem uma contração

---

[18] "Does Investing in Emerging Markets Still Make Sense?", Jonathan Wheatley, *The Financial Times*, julho de 2019, https://www.ft.com/content/0bd159f2-937b-11e9-aea1-2b 1d33ac3271.

[19] *The Great Convergence*, Richard Baldwin, Editora da Universidade de Harvard, https://www.hup.harvard.edu/catalog.php?isbn=9780674660489.

[20] "Member States", ASEAN, https://asean.org/asean/asean-member-states/.

[21] "Total Population of the ASEAN countries", Statista, https://www.statista.com/statistics/ 796222/total-population-of-the-asean-countries/.

[22] "Economic Outlook for Southeast Asia, China and India 2019", OCDE, https://www.oecd.org/development/asia-pacific/01SAEO2019OverviewWEB.pdf.

econômica menor do que a média global em 2020 (-3,4%) e voltassem a um crescimento de 6,2% em 2021.[23]

Um motivo importante do seu crescimento sustentado é o fato de que, como um grupo, eles estão mais próximos de se tornarem a próxima fábrica do mundo, um título que antes era da China. Salários em países como Vietnã, Tailândia, Indonésia, Mianmar, Laos e Camboja costumam ser menores do que na China, e sua proximidade com esse país e com algumas das rotas marítimas mais importantes do mundo facilita a exportação para consumidores em todo o mundo. Centenas de multinacionais de países incluindo China, EUA, Europa, Coreia e Japão já estão produzindo por lá.

Outro motivo para seu sucesso econômico sustentado é o fato de que eles são um território neutro agradável para os dois maiores poderes econômicos do mundo. Devido às tensões comerciais contínuas entre os EUA e a China, muitas empresas estão buscando mudar sua produção para longe desse país asiático para evitar tarifas. A ASEAN, que até então permaneceu fora das guerras comerciais, provou-se uma alternativa atraente. O Vietnã tem sido um claro vencedor nesse sentido.[24] O terceiro e último motivo para seu panorama positivo continuado é a mistura de integração regional e inovação tecnológica. A ASEAN é possivelmente a comunidade econômica regional mais bem-sucedida depois da União Europeia. O comércio regional está em ascensão e a integração, em crescimento. E ela também criou vários unicórnios tecnológicos domésticos, um termo para descrever empresas privadas com uma avaliação de US$1 bilhão ou mais. O aplicativo de serviços de transporte com sede em Singapura, Grab, é o mais famoso; mas Go-Jek, da Indonésia; Tokopedia e Traveloka; várias startups singapurenses; VNG, do Vietnã; e a Revolution Precrafted, das Filipinas, também alcançaram esse status santificado (pelo menos, antes da crise da Covid-19), de acordo com a empresa de consultoria Bain & Company[25] (Figura 3.2).

---

[23]"World Economic Outlook: Latest World Economic Outlook Growth Projections", Fundo Monetário Internacional, outubro de 2020, https://www.imf.org/en/Publications/WEO/Issues/2020/09/30/world-economic-outlook-october-2020.

[24] "Vietnam Emerges a Key Winner from the US-China Trade War", *Channel News Asia*, https://www.channelnewsasia.com/news/commentary/us-china-trade-war-winners-losers- countries-vietnam-hanoi-saigon-11690308.

[25] "Southeast Asia Churns Out Billion-Dollar Start-Ups", Bain, https://www.bain.com/insights/southeast-asia-churns-out-billion-dollar-start-ups-snap-chart/.

Crescimento na Índia

Outro país que estava experimentando perspectivas fortes de crescimento antes da crise da Covid-19 chegar era a Índia, apesar de ter sido atingida com mais dureza do que a maioria durante a pandemia. Por décadas após a sua independência, o país enfrentou dificuldades com a chamada taxa de crescimento hindu, um modo eufemístico de dizer "crescimento baixo". Apesar do entusiasmo com a sua independência e da força de trabalho jovem, a economia da Índia nunca alcançou o sucesso estrondoso dos Tigres Asiáticos ou da China. As políticas protecionistas que ela seguiu, ao longo da faixa vermelha do chamado sistema de Licença Raj, que efetivamente criou monopólios, impediram-na de fazer esse progresso.

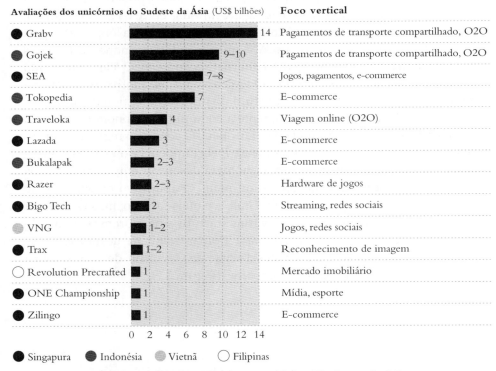

Figura 3.2 Até 2019, o Sudeste Asiático Tinha, pelo Menos, Quatorze "Unicórnios" Tecnológicos
Fonte: Adaptado de Bain & Company, novembro de 2019.

A Índia também permaneceu em grande parte desindustrializada, com centenas de milhões de pessoas morando em áreas rurais, ganhando o mí-

A *Ascensão da Ásia*   73

nimo com a agricultura de pequena escala. O cenário socioeconômico resultante até os anos 1990 era o de uma população rural gigantesca vivendo próxima ou abaixo da linha da pobreza e outra grande fatia da população tentando sobreviver nas megacidades do país, o que, todavia, oferecia menos oportunidades para o avanço do que aquelas no Japão, nos Tigres Asiáticos ou na China.

Porém, já nos anos 1980, alguns empreendedores começaram a mudar gradualmente a aparência dessa Índia rural e subindustrializada. Conforme a revolução dos computadores decolou, alguns empreendedores, geralmente vindos dos Institutos Indianos de Tecnologia (IIT), conseguiram construir algumas das empresas de terceirização de TI mais bem-sucedidas do mundo, como a Infosys e a Wipro. Os principais industriais também somaram à cena tecnológica florescente com a criação de braços como a Tata Consultancy Services (TCS) (fundada em 1968) e a Tech Mahindra.

Várias empresas industriais também surgiram, inicialmente focadas em produtos básicos em matéria-prima, produtos químicos e tecidos, mas depois expandindo-se para tecnologias modernas como telecomunicações e a internet. O maior e mais conhecido exemplo é provavelmente a Reliance Industries, liderada por Mukesh Ambani. Ao diversificar e investir em novos projetos grandes centrados em tecnologias da Quarta Revolução Industrial, a Reliance e outros grandes conglomerados indianos estão exercendo um papel substancial na inauguração da era digital da Índia. Seu escopo é comparável ao das grandes empresas tecnológicas da China, já que oferecem de tudo, desde e-commerce a serviços bancários, e da internet à TV.

Antes de ser atingida pela Covid-19, a Índia fazia esforços estruturais para se livrar de seu legado macroeconômico errático. Sob o primeiro-ministro Modi, no poder desde 2014, o governo central fez reformas de mercado substanciais, incluindo um imposto unificado sobre bens e serviços, permitindo o investimento estrangeiro em uma variedade de indústrias, e fazendo um leilão mais transparente do espectro de telecomunicações.[26] O crescimento do PIB nos anos anteriores a 2020 flutuou entre 6% e 7% por ano, apresentando-se no mesmo nível ou até maior do que aquele da China.

A Covid-19, porém, travou essa ascensão abruptamente. Esperava-se que a economia da Índia se contraísse mais de 10%, no mesmo nível daquela da Espanha e Itália, as economias mais atingidas, disse o FMI no final de

---

[26] "India's Economic Reform Agenda (2014–2019), a Scorecard", Centro de Estudos Estratégicos e Internacionais, https://indiareforms.csis.org/2014reforms.

2020.[27] E esse declínio econômico máximo ocultou uma situação ainda mais dramática no terreno, quando milhões dos moradores das cidades mais pobres do país se sentiram forçados a retornar para suas casas rurais nas vilas a pé quando o país entrou em lockdown, em 24 de março. Com 10 milhões de trabalhadores migrantes voltando para casa,[28] foi uma das maiores migrações dentro do país, do século XXI até então. Muitos andaram por semanas para suas províncias natais, na esperança de viverem melhor durante a crise. Mas a longa jornada trouxe muitos problemas adicionais, ameaçando sua segurança e saúde física.

Mas também existem alguns motivos para permanecer otimista em relação à Índia no longo prazo. O país logo terá a maior população em idade de trabalho do mundo (25 anos em média), e seu governo acabou com alguns dos maiores entraves ao crescimento. A Licença Raj, que efetivamente racionou insumos e limitou a competição para muitos bens antes, foi abolida, e mais passos em direção a um mercado interno unificado estão por vir.

Ainda assim, boa parte de sua população de 1,3 bilhões de pessoas está despreparada para se unir a uma força de trabalho moderna. Um motivo principal disso é a taxa de alfabetização na Índia, que ainda é de apenas 77,7% em 2020,[29] em grande parte por culpa de uma baixa taxa de educação entre meninas. Não precisa ser dessa maneira. Nos EUA, imigrantes indianos já estão liderando algumas das maiores empresas de tecnologia do mundo; são líderes como Sundar Pichai no Google, Satya Nadella na Microsoft e Shantanu Narayen na Adobe Systems. Nos últimos anos, unicórnios tecnológicos como Paytm e Flipkart foram lançados na Índia.

Mas, para realmente alcançar seu potencial, o país precisará fazer grandes avanços na educação, saúde e infraestrutura, para que toda a sua população tenha uma chance de alcançar seu potencial por completo e o país possa acabar com a desigualdade cada vez maior. Porque, mesmo que o crescimento máximo no país tenha acelerado nos últimos anos e décadas, a desigualdade de renda e riqueza também saiu de controle. As reformas ma-

---

[27] "World Economic Outlook", Fundo Monetário Internacional, outubro de 2020, Capítulo 1, p. 9, https://www.imf.org/en/Publications/WEO/Issues/2020/09/30/world-economic-outlook-october-2020.

[28] "India's Harsh Covid-19 Lockdown Displaced at Least 10 Million Migrants", Niharika Sharma, Quartz India, setembro de 2020, https://qz.com/india/1903018/indias-covid-19lockdown-displaced-at-least-10-million-migrants/.

[29] "International Literacy Day 2020: Kerala, Most Literate State in India, Check Rank-Wise List", *The Hindustan Times*, setembro de 2020, https://www.hindustantimes.com/education/international-literacy-day-2020-kerala-most-literate-state-in-india-check-rank-wise-list/story-IodNVGgy5hc7PjEXUBKnIO.html.

croeconômicas ajudaram a destravar uma economia mais competitiva em muitas indústrias, doméstica e internacionalmente. Mas elas fizeram pouco para ajudar os muitos agricultores rurais e a classe trabalhadora urbana a avançarem, seja na educação, na saúde ou na renda.

O Cenário Maior

A década de 2020 também pôde ver a continuação de um aprofundamento dos laços afro-asiáticos, o que pôde complementar a ascensão da China. Infraestrutura básica, educação e saúde, assim como acesso suficiente a financiamento, estão em falta há décadas em muitas economias africanas. Mas graças à transformação da China em uma economia quase avançada e sua vontade de investir na África, algumas dessas restrições estão desaparecendo agora. Assim que as oportunidades no Sudeste Asiático sumirem, a China pode considerar a África como o próximo grande centro de fabricação. De fato, a África pode ser para a China o que a China foi para países ocidentais. Países como Angola, Etiópia e Quênia já são grandes destinatários de investimentos chineses.[30] De acordo com a Instituição Brookings, esses investimentos focam, em grande parte, o transporte e a energia, mas assim que as estradas, ferrovias e eletricidade estiverem disponíveis eles também podem fornecer a base para a fabricação.

Então, enquanto o crescimento de mercados emergentes em geral pode estar diminuindo, alguns dos mercados da África podem continuar a se desenvolver rapidamente,[31] incluindo aqueles onde a China aposta mais. No Leste da África, por exemplo, espera-se que Etiópia, Quênia, Tanzânia e Uganda atinjam entre 6% e 8% de crescimento nos próximos anos, em parte graças aos seus laços com a China. Na África Ocidental, o panorama para Costa do Marfim, Gana e Níger também são positivos. Nigéria e África do Sul, por outro lado, os dois países mais populosos na África, apresentam caminhos mais limitados para o crescimento. A crise da Covid-19 atingiu a África do Sul de modo particularmente duro, e mesmo antes da pandemia a Nigéria crescia mais devagar.

---

[30] "Chinese Investments in Africa", Instituição Brookings, https://www.brookings.edu/blog/africa-in--focus/2018/09/06/figures-of-the-week-chinese-investment-in-africa/.

[31] "Global Economic Prospects, Sub-Saharan Africa", Banco Mundial, janeiro de 2019, http://pubdocs.worldbank.org/en/307811542818500671/Global-Economic-Prospects-Jan2019-Sub-Saharan-Africa-analysis.pdf.

Contrastando com a imagem do crescimento ocidental, que pintamos nos capítulos anteriores, o histórico geral do desenvolvimento econômico em outras partes do mundo, particularmente no Leste e no Sudeste da Ásia, tem sido imensamente positivo. Isso se deu em parte graças à China, que impulsionou a sorte de muitos, tanto interna quanto externamente. Como já vimos neste capítulo, a China, por seu próprio cálculo, tirou 740 milhões de seus cidadãos da pobreza. E ajudou muitos outros mercados emergentes a alcançarem taxas de crescimento altas, levando em seu pico a uma convergência global — apesar de ter baixado um pouco desde então.

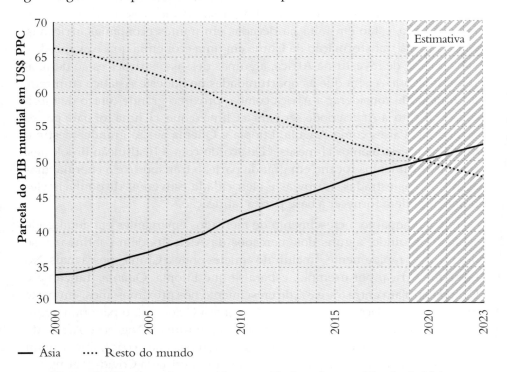

Figura 3.3 De Acordo com Algumas Estimativas, o Século Asiático Já Começou
Fonte: Adaptado de *The Financial Times*, Valentina Romei, Fundo Monetário Internacional.

A maior consequência desse efeito China é que o que muitos chamam de "Século Asiático" já começou, de acordo com alguns cálculos. Em um ensaio de março de 2019,[32] os autores Valentina Romei e John Reed, do *Financial*

---

[32] "The Asian Century Is Set to Begin", *Financial Times*, março de 2019, https://www.ft.com/content/520cb6f6-2958-11e9-a5ab-ff8ef2b976c7.

Times, apontaram para uma estatística notável: com uma parcela do PIB global na paridade do poder de compra (PPC), 2020 marcaria a primeira vez em dois séculos que o PIB asiático seria maior do que o do resto do mundo (Figura 3.3). E a crise da Covid-19 confirmou esse panorama. Em outubro de 2020, o FMI previu[33] que a China seria a única economia grande a ver um crescimento econômico de ano inteiro em 2020, com a ASEAN sendo a única outra região capaz de limitar suas perdas. Esperava-se que a maior parte das economias avançadas ocidentais, em contraste, particularmente aquelas na Europa, veria contrações econômicas históricas.

A importância dessa estatística, ilustrada na Figura 3.3, não deveria ser subestimada: a última vez em que a Ásia dominou a economia mundial foi no começo do século XIX, assim que a Primeira Revolução Industrial se iniciou. Em 2020, a Ásia ainda compunha apenas um terço da produção global. Hoje em dia, no alvorecer da Quarta Revolução Industrial, a Ásia está reconquistando a posição dominante que era sua por milênios. E, de acordo com os avanços na China, ela pode muito bem ter uma performance melhor do que o resto do mundo em tudo, desde a Internet das Coisas até a inteligência artificial, firmando-se em sua vantagem por décadas.

A ascensão da China — e de outros mercados emergentes alavancados por ela — representa um marco histórico incrível. Mas não deveria nos desviar do cenário ainda maior: as tendências globais que descrevemos no Capítulo 2 são tão válidas para a Ásia quanto para o mundo ocidental. O mundo inteiro tem seguido um caminho de crescimento insustentável, colocando o meio ambiente e o destino das gerações futuras em perigo. Além disso, o crescimento que a China, a Índia e outros alcançaram nos últimos anos tem sido tão assimétrico quanto aquele no Ocidente.

Considere primeiro as realidades ambientais na Ásia. Muitas cidades na China, no Sudeste Asiático, e em outros mercados emergentes estão experimentando os piores efeitos da degradação ambiental, da poluição e da mudança climática. Mais de 90% da população do mundo respira um ar que a Organização Mundial da Saúde considera inseguro, segundo a própria organização, em 2019.[34] Mas as vinte cidades mais poluídas estão todas na Ásia: quinze na Índia, incluindo a capital, Nova Déli; duas na China e no Paquistão; e a última é Daca, a capital de Bangladesh. Nos últimos anos, a

---

[33] "World Economic Outlook: Latest World Economic Outlook Growth Projections", Fundo Monetário Internacional, outubro de 2020, https://www.imf.org/en/Publications/WEO/Issues/2020/09/30/world-economic-outlook-october-2020.

[34] "Air Pollution", Organização Mundial da Saúde, https://www.who.int/airpollution/en/.

consciência sobre a gravidade da situação na China tem crescido muito, e mudanças legislativas recentes refletem essas preocupações. Mas não importa a grande cidade industrial na qual você anda, a poluição claramente ainda é um problema principal.

Desigualdade na Índia e na China
(participação de renda dos 10% mais ricos e 50% mais pobres, 1978–2014)

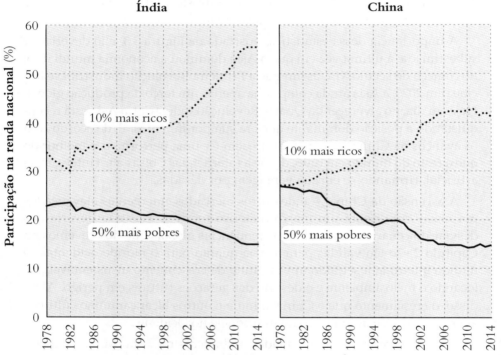

Figura 3.4 A Desigualdade na China e na Índia Subiu Drasticamente nos Últimos Anos

Fonte: Adaptado do Relatório de Desigualdade Mundial, Chancel, Piketty, Yang e Zucman.

A desigualdade também permanece sendo um grande desafio para as economias asiáticas, como pode ser visto na Figura 3.4, que mostra os dois gráficos do World Inequality Lab (WIL). Na Índia, o laboratório relatou que "a desigualdade aumentou substancialmente a partir dos anos 1980, seguindo profundas transformações na economia que focaram a implementação de desregulações e reformas de abertura".[35] Quando o governo atual chegou ao poder em 2014, o país enfrentava níveis de desigualdade de renda "historicamente altos". De modo similar, a desigualdade de renda da China quase aumentou de modo contínuo entre o começo de sua reforma e abertura e em 2010. As políticas públicas, o WIL escreveu, causaram "aumentos sem precedentes na renda nacional", mas também "mudanças significativas na distribuição de renda do país". Quase todo segmento da população avançou, mas os grupos de maior renda estavam se beneficiando da abertura progressivamente mais. Desde quase uma década, porém, essa evolução em direção a uma desigualdade cada vez maior parece ter desacelerado ou parado, mas o cenário resultante ainda é de alta desigualdade.

Finalmente, a crise da Covid-19 causou uma perturbação de curto prazo adicional na economia global inteira, incluindo a Ásia. Se os primeiros indicadores se provarem corretos, a China, algumas economias da ASEAN e o Leste da Ásia se recuperaram dessa crise mais rápido do que muitas nações ocidentais, completando assim uma chamada recuperação em V. Mas, como temos visto, os desafios da desigualdade, a falta de sustentabilidade e a possível falta de resiliência ainda serão compartilhados pelas sociedades ocidentais e asiáticas depois que a crise da Covid-19 retroceder.

Podemos esperar que a Ásia usará sua recuperada força política e econômica para ajudar a lidar com os desafios globais principais que enfrentamos, incluindo a mudança climática, a falta de multilateralismo e as desigualdades econômicas e sociais. Em princípio, o espírito confuciano da busca por harmonia pode ser a contribuição da Ásia para um mundo mais virtuoso. Mas ainda não estamos lá. Nosso sistema econômico global saiu de controle, e, antes que possamos mudar de rumo, precisamos confrontar outra realidade dolorosa. Estamos vivendo em sociedades divididas.

---

[35] "World Inequality Report 2018: Income Inequality in India", World Inequality Lab, https://wir2018.wid.world/.

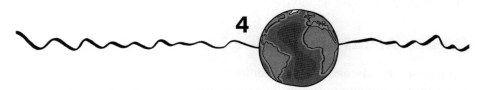

Sociedades Divididas

Na manhã de 12 de agosto de 1961, berlinenses acordaram confrontados com uma nova e dura realidade. Um muro havia aparecido em sua cidade, dividindo-a bem ao meio. Foi a culminação de um longo processo de interesses geopolíticos divergentes — mas um choque brutal para muitos. O Muro de Berlim duraria quase trinta anos e marcaria várias gerações de alemães.

Quinze anos antes, no fim da Segunda Guerra Mundial, a Alemanha havia sido invadida pelos Aliados. A União Soviética, os Estados Unidos, o Reino Unido e a França derrubaram a liderança nazista e acabaram com a guerra mais devastadora da história. Mas o fim de uma guerra também marcou o início de outra. A Alemanha, assim como Berlim, se partiu em duas. Berlim Oriental por fim se tornou parte da Deutsche Demokratische Republik (DDR), um país sob a influência soviética na parte oriental da Alemanha. E Berlim Ocidental, que havia sido ocupada pelos Aliados, tornou-se parte da Bundesrepublik Deutschland (BRD), ocidentalizada, que abarcava as partes do Oeste e do Sul da Alemanha.

Berlim estava em uma posição desconfortável. Como a capital do país inteiro até então, era lar dos *Wessies* (habitantes da Alemanha Ocidental) e dos *Ossies* (cidadãos da Alemanha Oriental), que moravam respectivamente nos bairros americanos, franceses e britânicos e no bairro russo da cidade. Essa situação não duraria. Conforme as tensões entre as duas nações recém-criadas cresceram, e a deserção do Leste comunista para o Oeste livre se tornou um problema cada vez maior, a DDR decidiu, em 1961, construir um muro como fronteira. O muro dividia a cidade bem ao meio e bloqueava o acesso

82 CAPITALISMO STAKEHOLDER

ao lado ocidental para todos os cidadãos da DDR. O muro determinou a divisão geopolítica na região por décadas.

Divisão Alemã e Reunificação

Lembro-me vividamente do momento em que o muro apareceu, como lembram provavelmente todos os alemães e muitas pessoas em todo o mundo. Eu tinha 23 anos e era consciente da realidade política no meu país natal e na Europa como um todo. Em minha juventude, passei muitos meses viajando pela Europa Ocidental e me uni a movimentos que celebravam a identidade europeia comum a todos — fosse alemão, francês, inglês ou italiano. Nós queríamos traduzir essa identidade compartilhada em uma realidade social e política, um projeto materializado pela Comunidade Econômica Europeia, que mais tarde virou a União Europeia.

Mas havia outra realidade emergindo também naquela época, uma realidade na qual países não se uniam, mas seguiam cada um o seu caminho. A construção do Muro de Berlim se encaixava nessa evolução. Era parte da Guerra Fria entre o lado oriental do mundo, liderado pelos soviéticos, e o bloco ocidental, liderado pelos Estados Unidos. O conflito aconteceu no mundo inteiro. Alguns meses antes da construção do muro, cubanos exilados ajudados pelo governo dos EUA tentaram um golpe de Estado na recém-comunista Cuba de Fidel Castro. A tentativa fracassada ficou conhecida como a Invasão da Baía dos Porcos. Ela levou à Crise dos Mísseis de Cuba, dois anos mais tarde. Nos meses e anos que se seguiram, a União Soviética e os Estados Unidos aumentaram seus estoques de armas de destruição em massa e levaram o mundo à beira de uma guerra nuclear. Ela foi evitada por muito pouco.

De volta a Berlim, a divisão austera do Muro entre esses dois mundos estava na frente do Portão de Brandemburgo. O Muro passava bem ao lado do portão icônico, literalmente bloqueando a rua da democrática Berlim Ocidental até a província oriental de Brandemburgo, que rodeava a cidade. Inacessível por trás do Muro e do arame farpado, o Portão se tornou um verdadeiro ponto de referência. Líderes políticos da Alemanha e do resto do mundo deram discursos tendo o Portão de Brandemburgo simbolicamente como cenário. Foi aqui que o presidente norte-americano John F. Kennedy disse em 1963 *"Ich bin ein Berliner"*, sinalizando seu apoio a todos os berlinenses.[1] Foi aqui que Richard von Weiszacker, o prefeito de Berlim Ocidental, disse em 1985 que "a questão alemã está aberta enquanto o Portão de Brandemburgo estiver fechado". E foi aqui que o presidente norte-americano Ronald Reagan pediu ao líder soviético Mikhail Gorbachev em 1987 para "abrir esse portão" e "derrubar esse muro[2]".

Mas, durante quase três décadas, foi em vão. Os Wessies, habitantes da Berlim Ocidental, podiam apenas ver o Portão de Brandemburgo a distância, e aqueles que tinham amigos ou família Ossie no estado de Brandemburgo na Alemanha Oriental não os veriam por décadas. Nos anos seguintes à sua construção, centenas de pessoas até mesmo morreram tentando atravessar o Muro. Desse modo, o Muro era uma manifestação física da Cortina de Ferro que logo dividiria não só Berlim e a Alemanha, mas a Europa como um todo. Apenas os berlinenses ocidentais continuariam a experimentar a liberdade e a democracia. Berlinenses orientais e aqueles morando nas regiões vizinhas, como Brandemburgo, viveriam sob circunstâncias muito diferentes. Essa era literalmente uma sociedade dividida.

Tudo mudou em 9 de novembro de 1989. Nesse dia, milhares de pessoas subiram no Muro pelos dois lados, depois de se espalhar um rumor de que a fronteira poderia reabrir em algum momento no futuro. A União Soviética havia se tornado uma gigante com pés de barro, e da Polônia à Hungria suas fronteiras começavam a ruir. Em uma sociedade dividida por tanto tempo, foi a gota d'água. Enquanto a guarda militar observava, uma multidão agitada subia no Muro com vista para o Portão de Brandemburgo, alcançando o outro lado pela primeira vez em duas gerações. Ao escalar o Muro, esses homens e mulheres escalaram mais do que uma barreira física. A mensagem que os Ossies e Wessies enviaram foi clara: a partir de agora, somos um povo unido. As imagens das pessoas sobre o Muro se espalharam pelo mundo — e por toda a Alemanha Oriental, ainda sob o regime comunista.

Aquela noite em novembro deflagrou uma cascata de eventos históricos de que muitos leitores se lembrarão. Nos meses seguintes, a chamada Cortina de Ferro se desmanchou, assim como o governo por trás dela, incluindo aqueles das nações europeias do leste e do centro do Pacto de Varsóvia. A reviravolta na Alemanha Oriental foi particularmente impressionante. Em dezembro de 1989, o Muro de Berlim foi completamente der-

---

[1] "Rede von US-Präsident John F. Kennedy vor dem Rathaus Schöneberg am 26. Juni 1963", Cidade de Berlim, https://www.berlin.de/berlin-im-ueberblick/geschichte/artikel.453085.php.

[2] "Ronald Reagan, Remarks at Brandenburg Gate, 1987", Universidade de Bochum, https://www.ruhr-uni-bochum.de/gna/Quellensammlung/11/11_reaganbrandenburggate_1987.htm.

84 CAPITALISMO STAKEHOLDER

rubado e o Portão de Brandemburgo foi oficialmente reaberto. Centenas de milhares de pessoas cruzaram do Leste ao Oeste e vice-versa, muitas delas vendo amigos e família pela primeira vez em décadas. Também foi um momento importante na história do Fórum Econômico Mundial. Como recordei em um livro anterior sobre a história do Fórum:[3]

> O Encontro Anual [em Davos] de 1990 se tornou uma plataforma importante para facilitar o processo da reunificação alemã. Os primeiros encontros entre o chanceler federal da Alemanha Ocidental, Helmut Kohl, e o recém-eleito primeiro-ministro da Alemanha Oriental, Hans Modrow, em Davos foram decisivos para determinar o rumo do processo de reunificação da Alemanha. Kohl reconheceu que era urgente agir. A [DDR] estava em processo de implodir e precisava de apoio econômico imediato para manter a estabilidade financeira. Da sua parte, o profundamente abalado Modrow percebeu que não poderia mais insistir na neutralidade da pós-reunificação alemã. Durante seu retorno a Bonn, o chanceler Kohl agiu com rapidez. Dias depois, em 7 de fevereiro, seu gabinete confirmou oficialmente a proposta para a união monetária das duas Alemanhas. Oito meses mais tarde o processo estava completo e, no dia 3 de outubro de 1990, a Alemanha foi reunificada.[4]

Nos anos seguintes à reunificação da Alemanha, o povo apoiou políticas governamentais para reatar de verdade os laços entre o Leste e o Oeste e reunificar um país dividido. Em Brandemburgo, a província que circunda Berlim, as pessoas votaram em massa para os dois maiores partidos pega-tudo, os democratas cristãos da CDU (a União Democrata Cristã) e os social-democratas do SPD (o Partido Social-Democrata da Alemanha). Juntos, eles conseguiram dois terços do voto de Brandemburgo nas primeiras eleições livres (os antigos comunistas ficaram em terceiro lugar). Aconteceu o mesmo em outros estados alemães. Graças a esse amplo apoio popular, a Alemanha podia se tornar uma única união política, social e econômica. A Alemanha Oriental precisava de ajuda financeira substancial para se recuperar do choque da integração econômica, e as pessoas haviam inevitavel-

---

[3] "A Partner in Shaping History, The First 40 Years", Fórum Econômico Mundial, http://www3.weforum.org/docs/WEFFirst40YearsBook2010.pdf.

[4] "A Partner in Shaping History, German Reunification and the New Europe", Fórum Econômico Mundial, p. 108, http://www3.weforum.org/docs/WEF_A_Partner_in_Shaping_History.pdf.

mente se afastado durante os quarenta anos de separação. Mas o entusiasmo pela união era irresistível.

Nessas circunstâncias, ninguém podia prever que, nos próximos trinta anos, as correntes mudariam mais uma vez e a divisão retornaria. E foi o que aconteceu.

Depois de duas décadas de apoio aos principais partidos do centro e do progresso compartilhado defendido por eles, as coisas tomaram um rumo dramaticamente diferente nos antigos estados da Alemanha Oriental. No espaço de apenas dois anos, o centro político colapsou. Após as últimas eleições, em setembro de 2019, o que era impensável aconteceu. Os dois maiores partidos receberam bem menos do que metade dos votos, chegando a 42%. Mesmo adicionando o terceiro partido tradicional, a Esquerda (os antigos comunistas), não alteraram muito o cálculo. Do ápice ao zênite ao ponto mais baixo, os Três Grandes perderam quase metade dos seus eleitores em Brandemburgo.

Os vencedores foram dois partidos de lados opostos no espectro social e político. O partido focado no clima *Die Grünen* (os Verdes) recebeu em torno de 10% dos votos em Brandemburgo. Eles incorporaram a preocupação crescente da sociedade com a mudança climática, e sua entrada na arena política foi muito bem recebida pelos outros partidos. Porém o mais preocupante é que o partido radical de direita e anti-imigração Alternativa para a Alemanha (AfD) recebeu históricos 23,5% dos votos também — o maior resultado para um partido radical de direita desde as últimas eleições democráticas da Alemanha dos anos 1930.

Na Alemanha como um todo, a evolução foi similar, até que uma resposta bem gerenciada à crise da Covid-19 permitiu que a União Democrata Cristã (CDU) da chanceler Merkel, tradicionalmente o partido de centro na Alemanha, reemergisse nas eleições. Mas até o ressurgimento do centro não podia esconder a radicalização crescente na direita e a fragmentação da esquerda. Apesar de sua gestão da crise da Covid-19 ter recebido grandes aclamações críticas e populares, uma parcela significativa da população ficou cética em relação ao governo como um todo e às medidas de saúde pública em particular, incluindo o uso de máscaras, o distanciamento e a perspectiva da vacinação.

Dessa maneira, as eleições estaduais de 2019 e a crise de Covid-19 tamparam um ciclo de trinta anos. Brandemburgo, cujo Portão já foi símbolo de unidade e esperança, agora simbolizava uma realidade totalmente diferente: a de uma sociedade mais polarizada e altamente cética. Não há mais um muro dividindo a sociedade ao meio, porém muitas pessoas fugiram do centro político, buscando refúgio em partidos mais extremos, radicais ou divisivos.

O que aconteceu?

O colapso do centro político e o surgimento do populismo, da política de identidades e outras ideologias divisivas não está limitado a Brandemburgo ou mesmo à Alemanha. Em todo o mundo, um número cada vez menor de pessoas vota nos maiores partidos de centro, e um número cada vez maior vota em partidos e candidatos com visões mais extremas ou divisivas, o que acaba polarizando e paralisando a política e a sociedade. Isso representa a quebra de uma tendência pós-guerra de longa data no Ocidente, em que a maioria dos partidos de liderança tende a ser inclusiva, tanto no conjunto de membros quanto nas visões. E como deveríamos saber por experiência, escolher alternativas mais divisivas costuma levar a rachaduras maiores, em vez de um futuro mais harmonioso. Assim que começam a se movimentar, é difícil parar essas forças centrífugas.

É difícil destacar um único fator que explique essa polarização por inteiro. (Vamos analisar alguns motivos econômicos e sociais na próxima parte deste livro.) Mas a polarização é provavelmente tanto uma consequência de problemas socioeconômicos existentes quanto uma contribuição a eles.

Então, o quanto essa divisão social que enfrentamos está disseminada e de onde ela vem? Para responder a essas questões, vamos olhar para mais alguns exemplos da Europa e do mundo.

A Erosão do Centro Político

A maioria das pessoas tem familiaridade com os desenvolvimentos sociais e políticos nos Estados Unidos e no Reino Unido, duas das sociedades mais midiatizadas no Ocidente. Nos Estados Unidos, uma figura que não é do cenário tradicional foi eleita presidente pela primeira vez, desde que há memória, em 2016. E no Reino Unido, o voto popular sobre a permanência ou saída da União Europeia (Brexit) em 2016 também dividiu a sociedade quase na metade. Em ambos os países, a divisão social persistiu e até mesmo cresceu desde então. Mas a tendência em direção à polarização vai além do mundo anglo-saxão, e é mais intensa e profunda do que pode parecer à primeira vista.

Considere a situação na Europa Continental, com suas democracias parlamentares. Aqui, o cenário político foi por muito tempo dominado por

Sociedades Divididas   87

partidos de centro-esquerda e centro-direita, similares aos da Alemanha. Mas nos últimos anos o *Volksparteien*, que liderava, tem se desintegrado e sido substituído por partidos mais extremos. Ou então eles passaram por uma transformação interna e reencarnaram como versões mais radicais deles mesmos.

Considere primeiro a centro-esquerda. Seguindo a queda da Cortina de Ferro e a desintegração do comunismo na Europa, muitos antigos partidos socialistas na Europa inicialmente se reformularam como partidos mais pragmáticos e alinhados à centro-esquerda. Eles receberam votos de uma ampla gama de pessoas e, ao fazê-lo, se tornaram verdadeiros partidos pega-tudo: forças políticas principais com um apelo amplo e muitas vezes não ideológico. Mas esse recém-descoberto equilíbrio não durou. Já no fim dos anos 2000, os social-democratas em muitos países europeus começaram a perder território. Por ter participado do governo durante a crise da dívida pública europeia ou na intensificação que a precedeu e na íngreme recessão econômica que veio em seguida, os eleitores perderam a confiança na linha centro-esquerda da política.

A queda subsequente nas eleições foi nada menos que dramática. Na Alemanha, o SPD do chanceler Gerhard Schröder recebeu mais de 40% dos votos em 1998, uma alta pós-reunificação. Em 2019, em contraste, ele atingiu menos de 15%. Na França, o social-democrata *Parti Socialiste*, que conquistava com regularidade a maioria e a presidência até 2012, quase se desintegrou em 2017. (Apesar de ter surgido uma nova força de centro, na *La Republique en Marche* do presidente Macron.) Na Itália, o colapso do Partido Democrata de centro-esquerda foi ainda mais rápido. Em 2013, quase metade dos cargos parlamentares eram do *Partito Democratico* social-democrata do primeiro-ministro Renzi, e sua coalizão de centro-esquerda tinha uma maioria confortável no parlamento. Cinco anos mais tarde, o partido ruiu, vencendo apenas um sexto dos assentos no parlamento.

Para onde foram esses votos varia em cada país, mas os partidos que ganharam mais costumam vir de fora do centro tradicional, advogando por reformas domésticas radicais e desdenhando da União Europeia e do sistema econômico global fora do país. Na França, por exemplo, o partido populista de esquerda *La France Insoumise*, ou "França Insubmissa", quase conseguiu um lugar no segundo turno das eleições presidenciais de 2017, recebendo um percentual de votos três vezes maior do que o candidato do PS. Um de seus objetivos é instalar uma Sexta República para substituir a "Quinta República" do pós-guerra. Na Grécia, o partido de esquerda antiausteridade Syriza chegou ao poder depois de a crise de dívida do país sair do controle, no começo de 2010. O partido notoriamente batalhou com seus credores, incluindo o FMI e a UE, fazendo objeções às suas condições financeiras. E na Espanha um novo partido político chamado *Podemos* foi bem-sucedido ao desafiar os social-democratas espanhóis à sua esquerda, chegando à frente logo depois dos protestos de rua da juventude indignada. O que uniu todos esses partidos foi um desejo de se retirar dos acordos de comércio internacional existentes, as demandas para reformar ou deixar a União Europeia e um desgosto geral com as elites.

O segundo e mais drástico movimento para longe do centro na Europa aconteceu na centro-direita. Durante boa parte da história recente, os partidos conservadores democratas cristãos eram o verdadeiro *Volksparteien* da Europa. Eles não aderiam a nenhuma das ideologias nascidas da Revolução Industrial ou do Iluminismo — socialismo ou liberalismo —, mas, em vez disso, propunham uma visão humanística da sociedade, assim como um papel mais centrista na política. Nenhuma pessoa encarna melhor esse estilo pragmático de política na história recente do que a chanceler Angela Merkel. Mas muito antes de Merkel chegar ao poder, sua aliança CDU-CSU era o principal *Volkspartei* da Alemanha. A história da dominação desse partido remontava aos anos 1980 e 1990, com Helmut Kohl como chanceler alemão por dezesseis anos, e até mesmo ao chanceler Konrad Adenauer, que liderou a Alemanha durante quase quinze anos após a Segunda Guerra Mundial, muitas vezes com apoio de quase metade ou mais dos votos nas eleições (um feito impressionante na democracia representativa de muitos partidos).

Mas nos últimos anos o CDU tem sido pressionado pela direita a abandonar seus traços humanistas e centristas. A crise de refugiados europeia forneceu um gatilho importante. Em 2015 e 2016, mais de um milhão de refugiados políticos e econômicos fugiram do Oriente Médio e da África para a Europa, apresentando um enorme desafio social e político para os países que os receberam. Merkel e sua aliança CDU-CSU inicialmente reagiram de braços abertos. Ela advogou por manter as fronteiras abertas, tendo em mente, sem dúvida, o drama da Cortina de Ferro e do Muro de Berlim apenas décadas atrás. *"Wir Schaffen Das"* ou "Vamos dar um jeito", declarou a chanceler. Nós já fizemos isso antes, durante a migração leste-oeste que se seguiu à reunificação alemã, e podemos fazer de novo. Mas o apoio popular a essa abordagem inclusiva e acolhedora erodiu rápido, conforme os desafios de integração se provaram ser mais do que muitas comunidades locais podiam suportar. Muitos imigrantes são homens jovens que não falam alemão, e tiveram que passar por um longo processo de adquirir habilidades, aprender o idioma e lidar com obstáculos administrativos antes que pudessem integrar a força de trabalho, colocando uma pressão nos programas sociais de muitas cidades. Além disso, uma pesada cobertura midiática de crimes cometidos por imigrantes[5] no começo da crise de migração, incluindo relatos de estupros coletivos de mulheres[6] durante as celebrações do ano-novo em várias cidades, viraram a opinião pública contra os novos imigrantes. O partido Alternativa para a Alemanha (AfD) surgiu, exigindo fronteiras fechadas e políticas mais duras de integração, o que levou a uma subida nos votos. Flanqueada pela direita, a CDU-CSU foi forçada a tomar uma posição mais dura também e, em 2016, a chanceler Merkel recolheu o slogan *"Wir Schaffen Das"*. "Às vezes eu penso que essa frase foi um pouco exagerada, que muito foi feito em nome dela — ao ponto de eu preferir não repeti-la", Merkel enfatizou à revista *Wirtschaftswoche*. Parecia que poderia ser o começo do fim para a liderança do *Volkspartei* na Europa e do Partido Popular Europeu ao qual ele pertencia, conforme eventos similares aconteceram em outras partes da União Europeia. Mas a abordagem pragmática e inclusiva de Merkel retornou de maneira inesperada em 2020, quando sua liderança durante a crise da Covid se provou notavelmente bem-sucedida. Merkel, uma cientista treinada, seguiu uma abordagem rigorosa baseada em dados e evidências para gerenciar a crise de saúde pública. Como resultado, o país sentiu as consequências da pandemia de modo muito menos grave do que muitos outros países, incluindo França, Espanha e Itália, e o público voltou a se reunir ao redor de sua líder pragmática e centrista.

Partidos democratas cristãos em outros países europeus, porém, não se recuperaram tão bem durante a crise da Covid-19, com a falta de um aparato de governo e de um sistema público de saúde igualmente resilientes e a mão firme de uma líder experiente como Merkel. Em vez disso, os principais grandes partidos de centro-direita, em toda parte no continente, foram confrontados com um dilema impossível: faça uma virada brusca para a direita para manter o apoio popular ou perca a maioria dos eleitores para um partido alternativo linha-dura. Qualquer um desses resultados significa o fim dos democratas cristãos como o principal centrista *Volksparteien*.

---

[5] "Reality Check: Are Migrants Driving Crime in Germany?", *BBC News*, setembro de 2018, https://www.bbc.com/news/world-europe-45419466.

[6] "Germany Shocked by Cologne New Year Gang Assaults on Women", *BBC*, janeiro de 2016, https://www.bbc.com/news/world-europe-35231046.

O resultado tem sido um esvaziamento do centro humanista. Na Itália, uma coalizão de centro-direita em teoria permanece sendo a força política mais poderosa até os dias de hoje, como tem sido por grande parte da história do pós-guerra italiano. Mas sua configuração interna mudou drasticamente. Nas primeiras eleições pós-fascistas, a coalizão foi liderada pelo *Democrazia Cristiana*, um partido conservador de centro-direita, mas nos anos 2000 o populista *Forza Italia* de Silvio Berlusconi tomou conta.

Nos últimos anos, a principal coalizão da Itália, mantida unida por Giuseppe Conte, um primeiro-ministro independente com um forte apoio popular,[7] deu uma virada ainda mais brusca para a direita. O nacionalista de direita *Lega* (Liga), anteriormente o parceiro júnior na coalizão *Forza Italia*, dominou de modo estrondoso as eleições gerais da Itália em 2018. Ao mesmo tempo, o Five Star Movement, sem ideologia e contra a política tradicional, tornou-se outro partido de liderança na Itália, dando ao país uma coalizão de governo não testada de partidos alinhados à direita e que são contra a política tradicional.

Em muitas outras democracias europeias, aconteceu algo similar. Na Polônia, onde o movimento sindical Solidariedade, liderado por Lech Walesa, havia aberto as portas para a democracia nos anos 1980, o partido de direita Law and Justice surgiu nos últimos anos como o partido político de liderança. O partido tecnicamente ainda se autodenomina cristão-democrata, mas é muito mais alinhado à direita e muito mais popular e populista do que qualquer outro partido anterior na Polônia. Na Hungria, o cenário parece semelhante. "Fidesz-KNDP", a coalizão de direita e dos partidos democratas cristãos, é de longe a força política dominante. Fidesz também é tecnicamente um partido cristão-democrata, e, como tal, é afiliado ao Partido Popular Europeu no Parlamento Europeu. Mas a linha dura do partido contra a imigração e sua campanha anti-UE nas eleições passadas resultaram em um atrito considerável com os partidos mais de centro no EPP.

O economista Branko Milanovic resumiu essa tendência cada vez mais preocupante em um gráfico (veja a Figura 4.1). Ele mostrou que, além dos partidos de centro-direita estarem se movendo mais para a direita, partidos radicais de direita, que estavam nas margens das democracias até os anos 2000, agora se tornam rapidamente populares em toda a Europa.

---

[7] "Why Italy's Technocratic Prime Minister Is So Popular", *The Economist*, junho de 2020, https://www.economist.com/europe/2020/06/25/why-italys-technocratic-prime-minister-is-so-popular.

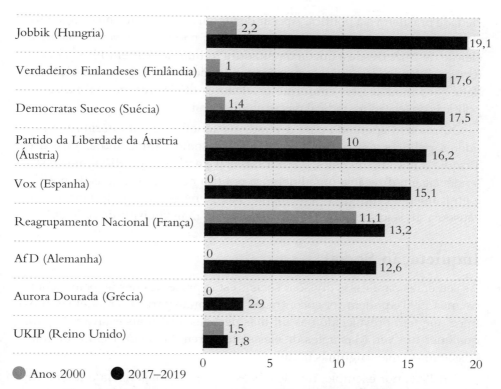

Figura 4.1 Porcentagem dos Votos para Partidos Populistas de Direita em Eleições Parlamentares nos Anos 2000 e as Eleições Mais Recentes (2017–2019)
Fonte: Adaptado de Branko Milanovic.

Alguns paralelos podem ser traçados com o que está acontecendo em outros lugares do mundo, com o nacionalismo, o populismo e um estilo mais autoritário de liderança em ascensão em muitos lugares. Enquanto é difícil comparar tendências políticas de regiões diferentes, especialmente quando as circunstâncias socioeconômicas diferem, em muitos lugares os eleitores parecem estar se inclinando mais em direção ao nacionalismo, em vez de ao humanismo; ao protecionismo, em vez de à abertura; e a uma visão de mundo de "nós" contra "eles", com aparentes estranhos dentro da sociedade e no mundo como um todo.

No Brasil, por exemplo, o país mais populoso da América Latina, o deputado conservador Jair Bolsonaro foi eleito presidente com base na premissa de ser alguém de fora da política, que traria "a lei e a ordem" de volta à so-

CAPITALISMO STAKEHOLDER

ciedade brasileira e à política. Apesar de ter vários mandatos no Congresso, suas posturas nacionalistas e tradicionalistas não eram majoritárias até a eleição de 2018. Desde a queda da ditadura militar no país em 1988, o Brasil teve presidentes de centro-esquerda ou alinhados à esquerda. A eleição de Bolsonaro mudou isso, conforme os eleitores oficializaram sua marca de política conservadora radical nas urnas eleitorais.

Outros têm apontado para a virada nacionalista e autoritária feita por líderes políticos em outros países do G20 como China, Índia, Rússia e Turquia. Em cada um deles, o cenário social e econômico é diferente, mas a tendência em direção a uma liderança política mais forte e mais doméstica e etnicamente centrada é semelhante. Faz-se necessário perguntar: o que causou a divisão social que levou a esse estilo mais divisivo de política?

Inquietação Social

As sementes para essas divisões sociais estão presentes desde, pelo menos, os anos 1990 e podem ser encontradas, em grande parte, no modelo econômico que tem prevalecido nas últimas décadas. Os sinais estavam lá para qualquer um ver. Mas antes de eles se tornarem bem conhecidos de fato, passaram-se mais algumas décadas.

Em 1996, por exemplo, um de nós (Klaus Schwab) já havia dito em um artigo de opinião no *New York Times* que "a globalização econômica entrou em uma fase crítica. Uma reação crescente contra seus efeitos, especialmente nas democracias industriais, está ameaçando impactar de forma disruptiva a atividade econômica e a estabilidade social em muitos países. O clima nessas democracias é de ansiedade e desamparo, o que ajuda a explicar o aumento de um novo tipo de político populista".[8] Essa observação surgiu no momento em que os partidos centristas ainda enfrentavam desafios leves, e a maioria das pessoas ainda estava bem economicamente, deixando as vozes de protesto nas margens.

Mas, conforme os governos centristas ignoravam os problemas subjacentes, a divisão estava destinada a crescer ainda mais. Nos anos seguintes, falei com muitos dos manifestantes e ativistas presentes nos eventos do Fórum Econômico Mundial. Percebi que eles eram os canários na mina de carvão, sinais de um descontentamento social amplo que viria, e que

---

[8] "Start Taking the Backlash Against Globalization Seriously", Klaus Schwab e Claude Smadja, *The International New York Times*, fevereiro de 1996, https://www.nytimes.com/1996/02/01/opinion/IHT--start-taking-the-backlash-against-globalization-seriously.html.

reformas sistêmicas no capitalismo, na globalização e nos nossos modelos de desenvolvimento econômicos eram necessárias. Como indicado anteriormente, porém, os apelos por um capitalismo stakeholder e por outras políticas mais inclusivas que propomos não receberam muita atenção. E, olhando para trás, podíamos e deveríamos ter feito mais para convencer. Mas até a crise financeira global iniciada em 2008, as rachaduras que apareceram em muitas sociedades industrializadas ainda eram ofuscadas pela prosperidade da maioria.

Quando a crise financeira de 2008 chegou, porém, uma longa e profunda recessão se iniciou, e o levante popular contra o sistema, as elites e os imigrantes se tornou uma avalanche imparável. Muitas das sociedades que sofreram com a crise financeira viram protestos inspirados pelos *Indignados* e Occupy Wall Street. Na Itália, por exemplo, "caminhoneiros, agricultores, donos de pequenos negócios, estudantes e desempregados" foram às ruas em dezembro de 2013 protestar contra a classe política em liderança na Itália, a União Europeia, a tributação e a globalização.[9] Os chamados manifestantes da Forquilha haviam começado como um movimento nacionalista de agricultores na Sicília, mas logo ganharam velocidade no Norte da Itália e por lá também "atraíram grupos de direita e superfãs 'roxos' de futebol", relatou a agência italiana de notícias ANSA.[10]

Em 2017, mais outro fator veio à tona: a crise ambiental. Mas aqui nem todo mundo estava do mesmo lado do debate. Olhe o exemplo da França. Por lá, por um lado, manifestantes jovens do movimento Juventude pelo Clima advogaram por uma ação muito mais forte sobre o clima por parte de governos e legisladores. A mais proeminente dentre eles, a suíça Greta Thunberg, foi até convidada para defender seu caso no parlamento francês. Mas, por outro lado, os *Gilets Jaunes*, ou Coletes Amarelos, foram às ruas de Paris para se opor a um aumento de imposto no combustível por motivos ambientais do governo Macron. Os Coletes Amarelos também não eram motivados ideologicamente. Eles não reivindicavam políticas tradicionalmente de esquerda ou direita e repudiavam partidos políticos.

---

[9] "Italy Hit by Wave of Pitchfork Protests as Austerity Unites Disparate Groups", Lizzie Davies, *The Guardian*, dezembro de 2013, https://www.theguardian.com/world/2013/dec/13/italy-pitchfork-protests-austerity-unites-groups.

[10] "Clashes with fans as Pitchfork protests enter third day", *ANSA*, dezembro de 2013, http://www.ansa.it/web/notizie/rubriche/english/2013/12/11/Clashes-fans-Pitchfork-protests-enter-third--day_9763655.html.

Mas conforme o movimento ganhou tração fora do país, foi muitas vezes cooptado pela alt-right.[11]

Em 2020, por último, um grupo final de vozes divergentes emergiu: o dos que sentiram raiva e exasperação com as respostas governamentais globais à pandemia da Covid-19, que causou a maior devastação de vidas e sustentos desde a Gripe Espanhola de 1918 a 1919. Em todo o mundo, espalharam-se teorias da conspiração sobre a suposta verdadeira natureza da pandemia. Alguns acreditavam que ela havia sido intencionalmente criada e disseminada pela China. Outros a enxergavam como um esforço por parte de seus próprios governos para suprimir a população e se opunham às medidas de saúde pública com base nessa crença. Alguns até mesmo sugeriram que o Fórum Econômico Mundial, a organização para a qual trabalhamos, tinha culpa na pandemia. Na Alemanha, a mídia relatou que elementos neonazistas estavam envolvidos nos protestos por liberdade em relação às medidas do governo contra a pandemia.

Olhar para os muitos manifestantes, eleitores e partidos que emergiram nos últimos anos apenas com uma lente ideológica, porém, não explica por completo o que está acontecendo. Não é tanto o fato de a extrema direita ou extrema esquerda estar substituindo a centro-direita ou a centro-esquerda na sociedade e na política. É que os eleitores muitas vezes simplesmente não apoiam nem acreditam mais em qualquer partido político tradicional ou mesmo no próprio sistema democrático atual. Muitos não aparecem para votar ou escolhem partidos não democráticos. Mais problemáticos ainda, os ataques às instituições democráticas são amplos em todo o mundo. Isso deveria ser uma preocupação crucial para todos os defensores da democracia, independentemente de sua ideologia econômica. Somando-se às fundações econômicas erguidas na era pós-guerra, a noção de um governo democrático fazia parte da fundação das sociedades ocidentais prósperas nas quais passamos a viver. Essa fundação agora está mais frágil do que nunca.

Na Itália, por exemplo, o parceiro de coalizão júnior no governo na época, o Five Star Movement, apoiou o movimento dos Coletes Amarelos — o que pode parecer estranho para um partido governante, já que o movimento se opunha precisamente ao governo. Mas não foi nem sequer um movimento antinatural. O próprio partido havia se originado a partir de um

---

[11] No Canadá, por exemplo, o movimento ganhou muita velocidade online, ao unir pessoas que se opunham à imigração, ao multiculturalismo e às elites no poder. Ver: « Le mouvement "gilet jaune" s'enracine à droite au Canada », *Le Courrier International*, janeiro de 2019, https://www.courrierinternational.com/article/le-mouvement-gilet-jaune-senracine-droite-au-canada.

movimento popular antielite e estava no governo pela primeira vez em sua jovem história. O parceiro de coalizão sênior, o *Lega*, de direita, subsequentemente também se manifestou em apoio aos protestos. Ou olhe o caso da Alemanha. Por lá, o movimento dos Coletes Amarelos foi endossado tanto pela esquerda quanto pela direita, dificultando a categorização dos protestos em um alinhamento político específico. *Pegida*, um movimento alt-right, viu nos Coletes Amarelos uma oportunidade para reforçar sua mensagem anti-imigração. *Aufstehen*, por outro lado, usou-o para apelar para clamar pela solidariedade internacional e pelo fim às guerras. Casos assim mostram a complexidade da nova divisão social e as aplicações limitadas de velhas ideologias nessas novas linhas divisivas.

Como indicado anteriormente, será difícil encontrar um terreno comum em uma sociedade dividida. Precisamente nos assuntos que mais interessam a elas, as vozes mais barulhentas costumam tomar posições opostas. E mesmo quando se unem em torno de um assunto específico, colocar em prática as soluções propostas pode na verdade enfraquecer as instituições democráticas e o sistema político como o conhecemos.

A Lição que Se Tira de uma Sociedade Dividida

Há uma importante lição que devemos tirar das vozes mais radicais que emergem de sociedades divididas, concorde-se mais ou por completo com um lado ou com outro, ou com nenhum. A lição é que a principal classe política e econômica falhou em incluí-las, tanto econômica quanto socialmente. A resposta inicial, então, deve ser de humildade e introspecção, em vez de total condenação ou indignação.

Passaram-se 75 anos desde que a Segunda Guerra Mundial chegou ao fim, e do compromisso de "Guerra Nunca Mais" ter sido feito. Cinquenta anos também se passaram desde o primeiro Encontro Anual do Fórum Econômico Mundial em Davos. Por boa parte de sua história, o chamado Manifesto de Davos aprovado pelos participantes em 1973 foi a inspiração principal para a reunião. No Manifesto, líderes de negócios prometeram cuidar de todos os seus stakeholders, não apenas dos shareholders. E vinte anos se passaram desde a queda do Muro de Berlim. Na época, acreditávamos que logo alcançaríamos a prosperidade para todas as pessoas em todas as nações.

Mas, como vimos em capítulos anteriores, a desigualdade de renda em muitos países alcançou níveis jamais vistos na história recente,[12] nosso modelo de crescimento está falido, e o meio ambiente está sendo degradado cada vez mais a cada dia, levando à devastação e a conflitos. Nós precisamos reconhecer que não realizamos as expectativas das gerações atual e futura.

Não deveria ser uma surpresa que muitas sociedades ocidentais têm se tornado profundamente polarizadas; as pessoas têm demonstrado desconfiança em relação a suas instituições e líderes, e, cada vez mais, essas várias facções interagem apenas dentro de suas próprias câmaras de eco. Durante décadas, seus líderes prometeram que as coisas melhorariam para todo mundo, e muitos observadores privilegiados os apoiaram. Se deixássemos o livre mercado agir por conta própria, eles disseram, a mão invisível organizaria todos os recursos do melhor modo. Se as empresas estivessem livres da regulação, elas criariam uma prosperidade sem igual. E se os inovadores tecnológicos e financeiros pudessem florescer, alcançaríamos um crescimento sem fim do PIB, o que beneficiaria a todos.

Muitos economistas importantes acreditaram nesses dogmas, que influenciaram cada vez mais os governos e bancos centrais. Alguns líderes empresariais praticaram o capitalismo stakeholder, cuidando de todos aqueles que são importantes para os negócios, mas a maioria aderiu ao capitalismo shareholder, maximizando lucros sobre outras prioridades. E, especialmente no advento da queda do Muro de Berlim, muitos líderes políticos se tornaram cada vez mais indistinguíveis na frente econômica, acreditando que havia apenas um único conjunto certo de políticas econômicas, um que favorecia o crescimento máximo do PIB sobre o desenvolvimento inclusivo. O resto deste livro explora as causas desse erro fundamental para que possamos encontrar um caminho adiante.

Como uma das pessoas que teve um assento na primeira fileira da criação do sistema econômico global atual, a retrospectiva oferece um veredito ambivalente. Nossas melhores intenções nem sempre levam aos resultados desejados. Mas falhas passadas não deveriam nos impedir de criar um sistema econômico melhor para os próximos cinquenta anos e além. Isso não

---

[12] Para uma discussão completa acerca do estado da desigualdade global, dentro de vários países e no mundo, eu consulto o excelente livro *A Desigualdade no Mundo: uma nova abordagem para a era da globalização*, de Branko Milanovic. Ele discute o estado e a evolução da desigualdade de renda, riqueza e oportunidade no contexto histórico e global, e inclui muitas qualificações que deixei de fora da minha análise em prol da brevidade e clareza.

será fácil. Muitas sociedades não possuem mais um centro político majoritário, e veem figuras radicais tomarem conta do sistema político, uma consequência da divisão social que temos visto em muitos lugares. E essa divisão social, em contrapartida, é consequência das crises em nossos sistemas econômicos e ambientais, assim como um obstáculo para superá-las.

Isso nos leva de volta ao Portão de Brandemburgo. Trinta anos atrás, alemães do Leste e Oeste, gerações jovens e mais velhas, da esquerda e da direita, se reuniram lá para celebrar sua unidade. Mas, nos últimos anos, o Portão viu protestos a favor e contra a ação pelo clima, a favor e contra abrir as sociedades, a favor e contra a comunidade, a favor e contra políticas públicas de saúde relacionadas à Covid-19. O Portão atrás deles já uniu alemães, europeus e cidadãos globais de todas as crenças políticas, de cada geração, de cada história de vida. Não une mais. Se quisermos reconstruir esse tipo de sociedade unificada, primeiro teremos que concordar nas causas das nossas mazelas sociais e econômicas e então agir coletivamente para resolvê-las. É o que faremos nos próximos capítulos deste livro.

PARTE II

MOTORES DE PROGRESSO E PROBLEMAS

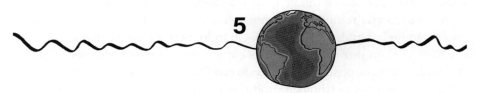

Globalização

No verão de 2012, três estudantes universitários, Annisa, Adi e Arekha, estavam em Bandung, na Java Ocidental. Os estudantes compartilhavam uma gana empreendedora e descobriram que seus talentos individuais eram naturalmente complementares. Annisa estava estudando economia, Adi estudava arquitetura e Arekha, biotecnologia. Bandung é uma vasta cidade da Java Ocidental com aproximadamente 2,5 milhões de pessoas. Apesar de ser o lar de muitas mentes criativas, seu raio de ação era em grande parte limitado à própria Indonésia. Se Annisa, Adi e Arekha tivessem seguido os passos dos pais, teriam virado servidores públicos, professores ou autônomos oferecendo consultorias. Mas sua curiosidade, ambição e conexões acadêmicas com o mundo além de Bandung mudou gradualmente seus horizontes. Logo depois de se conhecerem, o trio de jovens tornou-se um trio de estudantes empreendedores: começaram a cultivar cogumelos, com o objetivo de ajudar seus compatriotas a obter segurança alimentar, e vendiam um kit de cultivo de cogumelos comestíveis. Em 2014, o sonho deles cresceu ainda mais: após trabalhar todos aqueles anos com cogumelos, perceberam o potencial dos fungos também como material sustentável. Eles queriam usá-los para produzir todo tipo de bens de consumo e potencialmente vendê-los pelo mundo.

Para alcançar esse sonho, os jovens estudantes de Bandung encontraram apoio fora do país. Por meio de um contato acadêmico, o Instituto Suíço de Tecnologia (também conhecido como ETH) decidiu financiar a pesquisa científica e os testes. Depois de alguns anos, 500 Startups, uma empresa de capital de risco com sede em São Francisco, tornou-se a primeira investi-

102 CAPITALISMO STAKEHOLDER

dora estrangeira de Annisa, Adi e Arekha. Hoje, a empresa deles, MYCL, é uma PME (pequena e média empresa) bem-sucedida. Suas instalações ficam em uma vila remota a uma hora e meia de distância de Bandung, mas eles estão fervilhando de atividade. Quando meu colega os visitou no verão de 2009, viu um punhado de jovens estudantes universitários sentados em uma sala multipropósito, trabalhando em P&D nos seus notebooks. Eles estavam criando novos tipos de produtos baseados em cogumelos, incluindo um couro de baixo impacto e material de construção, o foco atual da empresa. Nas instalações de fabricação ao lado, trabalhadoras — todas jovens mulheres — transformavam os cogumelos produzidos industrialmente em "couro" cru. Mais adiante na rua, mais ou menos uma dúzia de cultivadores de cogumelos trabalhavam para fornecer à empresa a matéria-prima de que ela precisava para produzir seus produtos. Os clientes da MYCL variavam de empresas parceiras na região de Bandung a compradores de lugares tão distantes quanto a Austrália, o Reino Unido e outros quatorze países, que compraram o relógio de cogumelo e madeira pelo Kickstarter.

A história dos empreendedores de Bandung não é excepcional na Indonésia. Em torno da mesma época em que a MYCL decolou, Winston e William Utomo buscavam o seu próprio sonho empreendedor. Nascidos e criados em Surabaia, outra grande cidade indonésia a aproximadamente 700km a leste de Bandung, os irmãos de vinte e poucos anos se inspiraram em novas empresas norte-americanas de mídia como Disney e BuzzFeed, empresas de tecnologia como Google e Facebook, e empresas de capital de risco como Andreessen Horowitz e Sequoia Capital. Os irmãos Utomo estavam maravilhados com o Vale do Silício e questionaram se seriam capazes de replicar uma empresa na Indonésia que seguisse o modelo de startup que tanto admiravam. Estavam determinados a descobrir. Após completar seus estudos universitários nos Estados Unidos, na Universidade da Califórnia do Sul e na Universidade de Columbia, em Nova York, Winston conseguiu um emprego como estrategista de contas no Google, em Singapura, e William, o irmão mais novo, trabalhou em um banco de investimentos. Trabalhar para empresas que admiravam foi inspirador, e logo os dois irmãos decidiram que era hora de iniciar uma empresa própria.

Com o salário de Winston, eles contrataram dois jovens talentos em Surabaia e configuraram sua empresa, IDN Media, no apartamento de seis metros quadrados de Winston em Singapura. O objetivo era "democratizar a informação e se tornar a voz dos millennials e da geração Z na Indonésia".[1] Eles queriam preencher a lacuna de informação que reinava

---

[1] Entrevista com Winston e William Utomo por Peter Vanham, Jacarta, Indonésia, outubro de 2019.

Globalização 103

há décadas na Indonésia. A empreitada se provou mais bem-sucedida do que os irmãos Utomo poderiam ter imaginado. Investidores de Singapura, Nova York, Hong Kong, Japão, Coreia e Tailândia logo se uniram, graças às conexões dos irmãos em Singapura e na Califórnia, assim como vários escritórios locais de famílias indonésias. Seis anos após a fundação, a plataforma de conteúdo da empresa havia se tornado uma das principais plataformas de conteúdo na Indonésia, com mais de 60 milhões de usuários únicos por mês.[2] Ela contava com mais de quinhentos empregados e centenas de milhares de membros da comunidade. Quando a visitamos, a empresa havia acabado de abrir seu novo espaço em Jacarta: um arranha-céu com seu nome, IDN Media HQ.

Considere mais um exemplo de millennials indonésios fazendo um sucesso estrondoso na economia global. Enquanto o negócio dos irmãos Utomo se expandia, Puty Puar refletia sobre seu próprio futuro. Amiga de Annisa (a empreendedora de cogumelos de Bandung) da época da faculdade, Puty havia estudado engenharia geológica e agora trabalhava na ilha de Bornéu como geóloga para Total, a multinacional de energia francesa. Não era uma vida fácil. Seu marido trabalhava em Jacarta, e os dois só se viam a cada quinze dias. Então, quando Puty ficou grávida, ela tomou uma decisão importante. Ela se demitiria, se mudaria de volta para Jacarta com o marido e passaria a trabalhar em casa e cuidar do filho. Em vez de geologia, tentaria trabalhar com ilustração e design gráfico. Poderia não ganhar o mesmo que quando trabalhava para a Total, mas seu novo plano permitiria que seguisse seu hobby artístico e ficasse em casa com o filho.

Para Puty, essa escolha funcionou melhor do que esperava. Seus blogs e ilustrações sobre a vida de uma jovem mãe rapidamente inspiraram mães de sua idade por toda a Indonésia, e até fora dela, graças ao poder viral do Instagram. Um de seus projetos até mesmo lhe rendeu uma viagem a Nova York. O Prêmio Emmy internacional organizou uma competição para um vídeo de um minuto, do qual Puty foi finalista. Isso impulsionou a sua carreira internacional como freelancer e artista de sucesso. Por trabalhar em casa, conseguiu um serviço com o diretor de arte do Facebook em São Francisco. A empresa queria "stickers" adaptados localmente para a enorme base de usuários indonésios da rede social. Em um projeto separado, uma mulher dos Emirados Árabes Unidos a contratou para criar cartões de visita personalizados. Puty nunca conheceu sua cliente na vida real, mas as interações online eram perfeitas e a cliente pagou direitinho pelo projeto através do PayPal. Depois disso, uma empresa de Singapura entrou em contato

---

[2] IDN Times, IDN Media, acessado em outubro de 2020, https://www.idn.media/products/idntimes.

para encomendar ilustrações para sua marca de roupas. Puty havia largado seu emprego na Total, mas ganhou uma base grande de seguidores que fez com que clientes nacionais e internacionais a encontrassem.

Todas essas histórias da Indonésia têm algo em comum. Elas mostram como a globalização funciona em seu melhor estado. Redes globais de comércio, tecnologia, investimentos, contatos e conhecimento podem ajudar pessoas a criarem negócios bem-sucedidos, oportunidades de emprego e ajudar regiões e países a se desenvolverem, enquanto também é benéfica para o país do outro lado da barganha. Annisa e seus cofundadores usaram uma universidade global e a rede de startup para obter conhecimento e financiar sua pesquisa e empresa em uma área rural da Indonésia. Winston e William usaram seus laços com empresas de tecnologia globais e de capital de risco para construir uma empresa semelhante em um mercado novo e em rápida ascensão, contratando dúzias de jovens jornalistas, engenheiros e profissionais de marketing. E Puty utilizou-se de redes sociais que cobrem o globo inteiro para construir uma carreira como ilustradora freelancer e influencer. Os investidores e clientes do outro lado do mundo também se beneficiaram ao trabalhar com eles. Confrontados na maioria das vezes com opções limitadas para investir em casa, eles encontraram nesses empreendedores indonésios o crescimento que procuravam ou o fornecedor capaz de lhes dar produtos únicos por um bom preço. O dinheiro ajuda esses jovens empreendedores a ir atrás de seus sonhos e rende aos contratantes — se tudo der certo — um ótimo retorno sobre o investimento.

Se todo mundo tem a ganhar, por que a globalização ficou com uma reputação ruim em algumas partes do mundo? Para responder a essa questão, vamos nos aprofundar um pouco mais nos dois lados da globalização.

Indonésia e Globalização

Considere primeiro o caso da Indonésia. O que é verdadeiro para os fundadores da MYCL, os irmãos Utomo e Puty também é verdadeiro para a Indonésia como um todo. Com uma média de idade em torno de 29 anos e um PIB per capita de apenas US$4 mil, o país de 266 milhões de pessoas tem muitos jovens querendo ser bem-sucedidos. Para tornar isso possível, a Indonésia abraçou a globalização ao longo das últimas décadas,[3] antes de a

---

[3] O texto a seguir foi adaptado e atualizado do artigo da Agenda do Fórum Econômico Mundial, de Peter Vanham, "Why Indonesians Fight like Avengers for Globalization", https://www.weforum.org/agenda/2018/12/why-indonesians-fight-like-avengers-for-globalization/.

Covid-19 pausar essa abertura, pelo menos temporariamente, em 2020. De onde veio esse entusiasmo?

Começando nos anos 1980 e 1990, a nação do Sudeste da Ásia se abriu gradualmente para comércio e investimento estrangeiros, depois de um longo período de protecionismo. Ela abaixou suas tarifas de exportação, atraiu investimento estrangeiro, e começou a expandir seus setores de fabricação e serviços. A abertura deu retorno. Desde o começo dos anos 2000 até os dias de hoje, as taxas de crescimento do PIB da Indonésia eram consistentes entre 4% e 6% ao ano. E, como uma porcentagem do PIB, o comércio dobrou em importância: de 30% nos anos 1980 a 60% nos anos 2000.

Essa abertura para o comércio e o investimento estrangeiro fizeram da Indonésia uma nação recém-industrializada e membro do G20. Seus empreendedores se tornaram mais conhecedores de tecnologia e seu povo, mais orientado internacionalmente. Hoje, o país é lar de unicórnios (startups com uma avaliação de mais de US$1 bilhão) de tecnologia locais e estrangeiras: a empresa de transportes Gojek foi fundada na Indonésia, e sua rival com sede em Singapura, Grab, é igualmente popular por lá. Sites indonésios de agendamento de viagens Traveloka e a empresa de varejo online Tokopedia estão deixando a Booking e a Amazon para trás, alimentadas por investidores locais e estrangeiros. Enquanto isso, indonésios estão entre as pessoas mais propensas à globalização em qualquer lugar. A uma pesquisa de 2018 feita por YouGov e Bertelsmann (a mais recente que está disponível), a grande maioria (74% de indonésios) disse que considera a globalização uma força para o bem no mundo. Na mesma pesquisa, seus semelhantes no Reino Unido (47%), nos Estados Unidos (42%) e França (41%) mostraram-se muito menos entusiastas.[4]

Isso não quer dizer que a Indonésia seja a prova de que a globalização é sempre boa. Há exemplos amplos de quando o comércio internacional não funcionou para o arquipélago. As especiarias cultivadas nas ilhas Molucas, particularmente, foram os primeiros produtos a serem comercializados no exterior. E o que era verdade nos tempos antigos permaneceu verdadeiro até o alvorecer da era moderna. Noz-moscada, macis e cravo-da-índia indonésios eram tão desejados na Europa que inspiraram mercadores descobridores como Cristóvão Colombo e Vasco da Gama a encontrarem rotas pelo leste ou pelo sul para "as Índias". A descoberta dessas rotas inaugurou a era da globalização "mercantilista"; aquela que favorecia nações europeias

---

[4] Ibidem.

comerciantes individuais, enquanto a maioria dos outros atores sofria (leia mais a seguir). De fato, os portugueses e holandeses foram bem-sucedidos em alcançar a Indonésia, mas a população local pagou o preço. Em vez de fazer comércio de modo justo, os recém-chegados subjugaram e colonizaram os indonésios. Foi apenas depois da Segunda Guerra Mundial que a Indonésia se tornou uma nação independente, livre desse comércio unilateral e da ocupação estrangeira. E mesmo assim, ela aguentou mais quatro décadas de governo autoritário e isolacionista antes de entrar em sua era democrática e liberal. Finalmente, a primeira tentativa da Indonésia de se beneficiar dos mercados globais foi um tiro que saiu pela culatra em 1997, quando a crise financeira asiática empurrou sua economia para uma recessão grave: começando na Tailândia, especuladores apostaram em massa contra a capacidade das nações do Sudeste Asiático de manter o câmbio fixo, levando a uma desvalorização grave, a uma dívida pública em disparada e a uma recessão econômica da Indonésia à Malásia e às Filipinas. Era a globalização financeira dando errado.

Ainda assim, a história da Indonésia nos últimos anos pode ser chamada de uma história de sucesso da globalização. De acordo com o Banco Mundial, a gestão econômica prudente da Indonésia ajudou a empurrar a pobreza para um nível mínimo histórico de menos de um em dez até o fim de 2018, e o comércio era um dos setores que mais contribuíam para o crescimento do país.[5] Nem todas as pessoas nas ruas de Jacarta e Bandung necessariamente vão dizer que o motivo de seu otimismo foi a abertura do país ao comércio — elas só estão felizes porque a vida melhorou. Mas os dois fatos andam lado a lado. O investimento financeiro e os compradores somam ao estoque de capital disponível para os setores público e privado, o que contribui para o desenvolvimento do país. Se um novo metrô ou nova ponte são construídos em Jacarta, há uma melhora visível na qualidade de vida de muitos habitantes da capital. Se Gojek e Grab, as empresas de transporte, adquirem mais investidores, isso ajuda as empresas a expandirem seu alcance e contratarem mais motoristas, fornecendo uma renda a mais indonésios comuns. E se a MYCL encontra compradores estrangeiros para seus produtos, ela pode contratar mais agricultores e trabalhadores para fabricar seus produtos para exportação. É uma opinião que se ouve por toda

---

[5] "Indonesia Maintains Steady Economic Growth in 2019", Relatório Econômico Trimestral do Banco Mundial, junho de 2019, https://www.worldbank.org/en/news/press-release/2019/07/01/indonesia-
-maintains-steady-economic-growth-in-2019.

parte na Indonésia — do motorista da Grab ao engenheiro civil: a vida está melhorando, então nossas políticas econômicas devem estar acertando.

Uma tendência similar se desenrolou em outras partes do mundo, e mais drasticamente ainda na Ásia. Como foi apresentado no Capítulo 3, a abertura da China ao mundo foi a história macroeconômica mais importante das últimas décadas, rivalizada apenas pelo colapso da União Soviética e a emergência de seus ex-Estados-membros como economias independentes. Muitas outras economias asiáticas foram capazes de seguir a ascensão da China, como os quatro Tigres Asiáticos (a região administrativa especial Hong Kong, Singapura, Coreia do Sul e Taiwan). No geral, a transformação da Ásia possivelmente foi o maior triunfo da globalização até agora. Mas o cenário positivo da Indonésia e do resto da Ásia está em contraste com o aparente papel do comércio e da globalização em outras partes do mundo. Em áreas industriais nos Estados Unidos, no Reino Unido e na Europa Continental, as pessoas se sentem cada vez mais negativas em relação à globalização, à abertura e ao livre comércio. É notável que tenhamos chegado a esse ponto. O Ocidente era a força motriz por trás das verdadeiras primeiras ondas da globalização — e o maior beneficiário. Para apreciar isso, vamos olhar brevemente para a história da globalização e seu efeito nas vidas das pessoas.

Os Primeiros Começos e a Rota das Especiarias[6]

A troca de produtos é praticada desde que há humanidade. Mas na época do 1º século a.C. ocorreu um fenômeno notável. Pela primeira vez na história, produtos de luxo da China começaram a aparecer na outra margem do continente eurasiano, em Roma. Eles chegaram lá depois de serem arrastados por milhares de quilômetros ao longo do que passou a ser conhecido mais tarde como *Seidenstrassen*, ou Rota da Seda. Comerciantes ao longo dessas rotas apenas viajavam uma distância limitada. Mas os artigos que compravam e vendiam viajavam metade do mundo. Isso não quer dizer que a globalização havia começado de fato. A seda era sobretudo um produto de luxo, assim como as especiarias adicionadas ao comércio intercontinental entre Ásia e Europa. Como uma porcentagem da economia total, o valor dessas exportações era minúsculo, e muitos intermediários eram necessários para fazer os produtos chegarem a seus destinos. Mas conexões de co-

---

[6] Esta seção foi adaptada de "How Globalization 4.0 Fits into the History of Globalization", Peter Vanham, Agenda do Fórum Econômico Mundial, janeiro de 2019, https://www.weforum.org/agenda/2019/01/how-globalization-4-0-fits-into-the-history-of-globalization.

108   CAPITALISMO STAKEHOLDER

mércio global foram estabelecidas, e, para aqueles envolvidos, poderia ser uma mina de ouro.

A Rota da Seda podia prosperar em parte porque dois grandes impérios dominaram boa parte da rota: Roma e China. Quando o comércio era interrompido, era devido aos bloqueios de seus inimigos locais. Se a Rota da Seda eventualmente fechasse, como aconteceu muitos séculos mais tarde, a queda dos impérios seria uma das razões principais. Ela reabriu no tempo de Marco Polo, no fim da era medieval, devido à ascensão de um novo império hegemônico, o dos Mongóis. É um padrão que veremos ao longo da história: o comércio prospera quando nações o protegem e falha quando isso não acontece.

O próximo capítulo do comércio aconteceu graças aos mercadores islâmicos. A nova religião se espalhava em todas as direções a partir do coração da terra árabe no século VII, e o comércio também. O fundador do islamismo, o profeta Mohammed, era ele mesmo um mercador, assim como sua esposa, Khadija. O comércio, portanto, estava no DNA da nova religião e de seus seguidores, e isso era visível. No começo do século IX, comerciantes muçulmanos já dominavam o comércio do Mediterrâneo e do Oceano Índico; mais tarde, eles poderiam ser encontrados tão ao leste quanto na Indonésia, que ao longo do tempo se tornou uma região de maioria muçulmana, e tão a oeste quanto na Espanha moura.

Como vimos anteriormente, o foco principal do comércio islâmico na Idade Média eram as especiarias. Diferentemente da seda, as especiarias eram comercializadas, em sua maioria, por rotas marítimas, com uma porção terrestre menor da Arábia ao Mediterrâneo. Destaque entre essas especiarias eram o cravo-da-índia, a noz-moscada e o macis das fabulosas Ilhas Molucas na Indonésia. Elas eram extremamente caras e tinham alta procura, tanto localmente quanto na Europa, onde eram usadas sobretudo para preservar e temperar alimentos. Como a seda, as especiarias eram um produto de luxo, e o comércio permaneceu relativamente de baixo volume. Na Idade Média, a globalização ainda não havia decolado, mas o cinturão original (a Rota da Seda terrestre) e as estradas (a Rota Ultramarina das Especiarias) do comércio entre o Oriente e o Ocidente haviam sido estabelecidas. (A ideia desse "Cinturão e Rota" seria revivido centenas de anos mais tarde pelo presidente chinês Xi Jinping, quando ele revelou a moderna "Iniciativa do Cinturão e Rota" para conectar melhor a China com a Europa,

África e Ásia Central por meio de ferrovias, portos marítimos, oleodutos, estradas e conexões digitais.[7])

Era da Descoberta (Séculos XV a XVIII)

Figura 5.1 Nova Totius Terrarum orbis Geographica ac
Hydrographica Tabula, Jan Janssonius Novus atlas i 1647–50
Fonte: Nasjonalbiblioteket/Biblioteca Nacional da Noruega.

O comércio global de verdade começou na Era da Descoberta. Foi nessa era, a partir do fim do século XV, que exploradores europeus conectaram o Oriente e o Ocidente — e acidentalmente descobriram as Américas. Com a ajuda das invenções da chamada Revolução Científica nos campos da astronomia, mecânica, física e construção de embarcações, os portugueses e espanhóis, e mais tarde os holandeses e ingleses, primeiro "descobriram", então subjugaram e, finalmente, integraram novas terras em suas economias.

---

[7] "The Belt and Road Initiative", Missão Permanente da República Popular da China para o Escritório das Nações Unidas em Genebra e outras Organizações Internacionais na Suíça, http://www.china-un.ch/eng/zywjyjh/t1675564.htm.

110 CAPITALISMO STAKEHOLDER

A Era da Descoberta abalou o mundo. O evento mais famoso — e infame — do período[8] foi a viagem de Cristóvão Colombo à América, que acabou com as civilizações pré-colombianas, mas a exploração mais importante foi a circunavegação de Magellan. Ela abriu as portas para as Ilhas das Especiarias Indonésias, dispensando intermediários árabes e italianos. E enquanto o comércio mais uma vez permaneceu pequeno comparado ao PIB total, ele certamente alterou as vidas das pessoas. Nas Américas, milhões de pessoas morreram de doenças ou foram assassinadas ou subjugadas após a chegada dos conquistadores. Batatas, tomates, café e chocolate foram introduzidos na Europa e o preço das especiarias caiu bastante, mudando a dieta e a longevidade das pessoas para sempre. A ideia de que o mundo definitivamente não era plano e a descoberta de que existiam outros povos e culturas pelo mundo também trouxe um choque para a vida social, religiosa e política da época. Na Europa, guerras religiosas eclodiam, em parte por causa da agitação advinda da Era da Descoberta. Em 1648, poucos Estados-nação dominantes surgiram da rede de centenas de pequenas cidades-Estado que costumavam caracterizar a Europa.

Enquanto a Europa abria os olhos para a vastidão do mundo, os motores do desenvolvimento econômico foram ligados pelo comércio internacional. Usando sociedades por ações, comerciantes e investidores financeiros agruparam seus riscos para garantir os resultados mais vantajosos do comércio marítimo. As mais famosas foram a Companhia Britânica das Índias Orientais e a Companhia Holandesa das Índias Orientais. Governos europeus costumavam conceder privilégios de monopólio, dando a determinadas empresas acesso exclusivo de comércio às colônias. Isso permitia que as sociedades por ações operassem como Estados para se tornarem, por algumas medidas, as maiores empresas que o mundo já viu. Isso ajudou a alimentar a criação dos mercados de ações, como em Antuérpia e Amsterdã, e de produtos financeiros de crédito e câmbio monetário. Não seria exagero dizer que o capitalismo moderno foi fundado nessa era.

Apesar disso, os economistas de hoje não consideram essa era como uma era da globalização de verdade. O comércio certamente começava a se tornar global, e a busca por novos horizontes comerciais havia até sido o principal motivo para o início da Era da Descoberta. Mas a economia global

---

[8] Evitamos o termo "descoberta" porque povos indígenas nativos haviam se estabelecido nas Américas muito antes de qualquer europeu saber da existência desses continentes entre eles e a Ásia. Atualmente, também é amplamente entendido e aceito que Colombo foi precedido pelo viking Leif Erikson, que recebe o crédito por ter sido o primeiro a fazer a viagem da Europa até a América.

resultante ainda era bastante isolada e desigual. Os impérios europeus configuraram cadeias de suprimento globais, mas a maioria delas era limitada a suas próprias colônias e áreas de controle. Além disso, o modelo colonial era principalmente um modelo de exploração. Não só as civilizações e sociedades locais foram subvertidas e desmontadas, mas o comércio escravagista era integral à nova economia global. Os impérios, portanto, criaram uma economia mercantilista e colonial, mas não uma economia de fato globalizada: as trocas que aconteciam em escala global não eram mutuamente benéficas ou até mesmo acordadas por todas as partes envolvidas. A maior parte das trocas também não ocorria livremente entre nações independentes, mas apenas entre poderes imperiais e suas próprias colônias.

Primeira Onda da Globalização (Século XIX até 1914)

Esse panorama começou a mudar com a primeira onda da globalização, que ocorreu ao longo do século, acabando mais ou menos em 1914. No final do século XVIII, a Grã-Bretanha começava a dominar o mundo geograficamente, por meio do estabelecimento do Império Britânico e, tecnologicamente, com inovações como o motor a vapor, a máquina de tecelagem industrial e mais. Foi a era da Primeira Revolução Industrial. A Grã-Bretanha, em particular, posicionou-se como um fantástico motor duplo do comércio global. Por um lado, navios a vapor e trens podiam transportar produtos ao longo de milhares de quilômetros, tanto dentro quanto entre países. Por outro lado, a industrialização permitiu que a Grã-Bretanha produzisse produtos com grande demanda no mundo todo, como ferro, tecidos e produtos industrializados. Como a BBC descreveu: "Com suas tecnologias industriais avançadas, a Grã-Bretanha foi capaz de atacar um mercado internacional enorme e em rápida expansão."[9]

A globalização resultante era óbvia em números. Ao longo de um século, o comércio cresceu em média 3% ao ano.[10] Essa taxa de crescimento propulsionou exportações de uma participação de 6% do PIB global no começo do século XIX a 14% na véspera da Primeira Guerra Mundial.[11] Como John Maynard Keynes, o economista, notoriamente observou em *The Economic Consequences of the Peace*:[12] "Que episódio extraordinário no progresso eco-

---

[9] http://www.bbc.co.uk/history/british/victorians/victorian_technology_01.shtml.

[10] https://ourworldindata.org/international-trade.

[11] https://edatos.consorciomadrono.es/file.xhtml?persistentId=doi:10.21950/BBZVBN/U54JIA&version=1.0.

[12] John Maynard Keynes, *The Economic Consequences of the Peace*, 1919, a citação original pode ser encontrada em https://www.theglobalist.com/global-man-circa-1913/.

nômico do homem foi a era que terminou em agosto de 1914! [...] O habitante de Londres podia encomendar pelo telefone, bebericando seu chá matinal na cama, diversos produtos da Terra inteira, na quantidade que quisesse, e razoavelmente esperar a entrega rápida na sua porta de entrada." Keynes também percebeu que uma situação semelhante era verdadeira no mundo do investimento. Aqueles com condições financeiras em Nova York, Paris, Londres ou Berlim também podiam investir em sociedades por ações internacionalmente ativas. Uma delas, a francesa Compagnie de Suez, construiu o Canal de Suez conectando o Mediterrâneo ao Oceano Índico e abriu mais uma artéria do comércio mundial. Outras construíram ferrovias na Índia ou gerenciaram minas nas colônias africanas. Investimento direto estrangeiro também estava se globalizando.

Figura 5.2 Os trabalhos à máquina de Richard Hartmann em Chemnitz. Hartmann foi um dos empreendedores mais bem-sucedidos e o maior empregador no Reino da Saxônia
Fonte: Nortbert Kaiser, cópia do original de 1868.

Enquanto a Grã-Bretanha, por ter mais capital e a melhor tecnologia, era quem mais se beneficiava dessa globalização, outros também se beneficiavam, ao exportar outros produtos. A invenção do cargueiro refrigerado ou navio frigorífico nos anos de 1870, por exemplo, permitiu que países como Argentina e Uruguai entrassem em sua era dourada. Eles começaram a exportar em massa a carne do gado criado em suas vastas terras. Outros países também começaram a especializar sua produção nas áreas nas quais eram mais competitivos.

Mas a primeira onda da globalização e industrialização também coincidiu com alguns eventos mais obscuros. No final do século XIX, "a maior parte das nações europeias [globalizadas e industrializadas] agarrou um pedaço da África, e em 1900, o único país independente que sobrou no continente foi a Etiópia".[13] Países grandes como Índia, China, México ou Japão, que na maior parte dos séculos anteriores eram poderes econômicos a se considerar, não eram capazes de se adaptar às tendências industriais e globais ou não tinham permissão para tal. A política pública britânica na Índia, por exemplo, "era focada não só em manter os mercados indianos abertos para tecidos de algodão britânicos, mas também em prevenir a emergência da Índia como um competidor de exportação".[14] Nações independentes como o Japão, por outro lado, não tinham acesso ao capital ou à tecnologia necessária para competir com as forças comerciais europeias.

Mesmo dentro de nações industrializadas, nem todos os cidadãos se beneficiaram da globalização. Trabalhadores, alguns dos quais haviam sido artesãos com habilidades únicas, tornaram-se apenas outra commodity, trabalhando nas linhas de produção fordistas no ritmo do novo maquinário industrial, ou seus resultados eram rebaixados por importações estrangeiras. Keynes pode ter escrito que um "habitante de Londres" podia participar do comércio globalizado, mas ele certamente sabia que apenas as classes privilegiadas poderiam fazê-lo: os 5% mais ricos do Reino Unido eram donos de 90% da riqueza do país na virada do século XX.[15] A maioria dos homens e mulheres e até mesmo das crianças eram recursos para a era industrial, na maior parte como trabalhadores com salários baixos. (Para mais sobre os efeitos sociais da globalização, veja o Capítulo 6.)

Essa situação estava fadada a acabar em uma grande crise. Em 1914, o início da Grande Guerra trouxe um fim a praticamente tudo a que a classe alta em ascensão do Ocidente havia se acostumado, incluindo a globalização. A devastação foi completa. Milhões de soldados morreram em batalha, milhões de civis morreram como dano colateral, a guerra substituiu o co-

---

[13] "The Industrial Revolution", Khan Academy, https://www.khanacademy.org/humanities/big-history-project/acceleration/bhp-acceleration/a/the-industrial-revolution.

[14] "India in the Rise of Britain and Europe: A Contribution to the Convergence and Great Divergence Debates", Bhattacharya, Universidade Prabir Heriot-Watt, maio de 2019, https://mpra.ub.uni-muenchen.de/97457/1/MPRA_paper_97457.pdf.

[15] "Top Wealth Shares in the UK, 1895–2013, Figure 4.6.1", World Inequality Lab, https://wir2018.wid.world/part-4.html.

mércio, a destruição substituiu a construção, e países fecharam suas fronteiras mais uma vez. Os escritos de Karl Marx e outros acerca da natureza exploratória dessa primeira era capitalista globalizada também levaram a revoltas em muitos países e à derrubada de regimes existentes. Nno espaço de poucas décadas, isso resultou em um mundo marcado por dois sistemas: um no qual a propriedade privada e a gestão dominavam os meios de produção (capitalismo) e outro no qual instalações de produção eram propriedade do Estado, que também definia os objetivos (comunismo). Nos anos entre as Guerras Mundiais, os mercados financeiros, que ainda estavam conectados à rede global, causaram uma demolição maior da economia global e suas conexões. A Grande Depressão nos EUA levou ao fim do *boom* na América do Sul e uma grande demanda nos bancos em muitas outras partes do mundo. Outra guerra mundial seguiu-se de 1939 a 1945. No final da Segunda Guerra Mundial, o comércio como porcentagem do PIB mundial havia caído para 5% — o menor nível em mais de cem anos.

Segunda e Terceira Ondas da Globalização

A história da globalização, porém, não havia acabado. O fim da Segunda Guerra Mundial marcou um novo começo para a economia global. Uma nova hegemonia, os Estados Unidos da América entraram no palco. O país tinha visto um grande afluxo de imigrantes majoritariamente europeus no século XIX e início do século XX. Teve um *baby boom* no meio do século XX. E foi ajudado por sua dominação nas indústrias da Segunda Revolução Industrial, como carros, aviação e indústrias de fabricação modernas. Como consequência, o comércio global começou a subir mais uma vez. Primeiro, aconteceu em duas faixas separadas, enquanto a Cortina de Ferro dividia o mundo em duas esferas de influência: a liberal e democrática, liderada pelos EUA, e a comunista, liderada pela União Soviética. Nas primeiras décadas depois da Segunda Guerra Mundial, instituições como a União Europeia e outros veículos de livre comércio defendidos pelos EUA foram responsáveis por boa parte do aumento no comércio internacional. Na União Soviética, houve um aumento semelhante no comércio, que, no entanto, se deveu à economia planificada, e não ao livre mercado. O efeito foi profundo. Em todo o mundo, o comércio subiu de novo aos níveis de 1914. Em 1989, a exportação mais uma vez era responsável por 14% do PIB global. Esse índice era acompanhado por uma subida íngreme na renda da classe média no Ocidente.

Após a queda do Muro de Berlim e o colapso da União Soviética, a globalização se tornou uma força conquistadora. A recém-criada Organização

Mundial do Comércio (OMC) encorajou nações ao redor do mundo a entrar em acordos de livre comércio, e a maioria o fez,[16] incluindo muitas nações recém-independentes. Como vimos no Capítulo 2, mesmo a China, que por boa parte do século XX havia sido uma economia agrária fechada, em 2001 se tornou membro da OMC e começou a fabricar para o mundo. Nesse novo mundo econômico, os EUA ainda estabeleciam o tom e lideravam o caminho, mas muitos outros se beneficiaram pegando carona no seu sucesso. Ao mesmo tempo, novas tecnologias da Terceira Revolução Industrial, como a internet, conectaram pessoas ao redor do mundo inteiro de modo ainda mais direto. Os pedidos que Keynes podia fazer pelo telefone em 1914 agora podiam ser feitos pela internet e entregues por meio de uma rede global de grandes navios, trens e aviões. E o importante: membros da classe média tinham acesso aos produtos produzidos na cadeia global de suprimentos. O comércio global não era mais um luxo. Em vez de receber os produtos em algumas semanas, eles chegariam à porta de casa em alguns dias. Além disso, a internet também permitia uma integração global maior de cadeias de valor. Você poderia fazer P&D em um país, abastecer em outros, produzir em outros e distribuir no mundo inteiro.

O resultado foi uma globalização com esteroides. Nos anos 2000, exportações globais alcançaram um marco histórico, enquanto subiram até mais ou menos um quarto do PIB global.[17] O comércio — e a soma das importações e exportações, por consequência — cresceu até em torno de metade do PIB mundial. Em alguns países, como Singapura, Suíça, Bélgica e nos Países Baixos, o comércio vale mais do que 100% do PIB (isso é possível porque o PIB mede o produto interno, adicionando apenas a diferença entre exportações e importações). E boa parte da população global se beneficiou disso: mais pessoas do que nunca pertencem hoje à classe média global, e centenas de milhões alcançaram esse status ao participar da economia global.

Globalização 4.0

E assim chegamos aos dias de hoje, quando uma nova onda da globalização mais uma vez nos atinge, em um mundo agora dominado por um novo par de poderes mundiais, os EUA e a China. Desta vez, as novas fronteiras da globalização são o mundo ciber (incluindo o cibercrime), o aquecimento global e a ameaça crescente apresentada pelos vírus.

---

[16] https://www.wto.org/english/res_e/booksp_e/anrep_e/world_trade_report11_e.pdf.

[17] https://edatos.consorciomadrono.es/file.xhtml?persistentId=doi:10.21950/BBZVBN/U54JIA&version=1.0.

A economia digital, em sua infância durante a terceira onda da globalização, tornou-se uma força reconhecida, com e-commerce, serviços digitais e impressão 3D. A globalização digital, na verdade, se tornou um poder econômico global se escondendo a olhos vistos. Enquanto a maioria dos países ainda foca o comércio físico quando negocia acordos comerciais ou busca políticas públicas industriais, o comércio digital, segundo alguns cálculos, tão grande ou até mesmo múltiplas vezes maior do que o comércio físico — apesar de não termos como saber. Não existe nenhum método uniforme atualmente para calcular o comércio digital, e muitas agências de estatística nem sequer tentam mensurá-lo. (A melhor tentativa, possivelmente, vem da OCDE em seu relatório "Comércio da Era Digital" de 2019.[18]) Mas como o exemplo de Puty Puar mostra, não é mais incomum para um indivíduo ou empresa vender seus produtos e serviços inteiramente online. Esse método comercial está se tornando mais comum a cada dia.

Ao mesmo tempo, uma globalização negativa também está se expandindo, por meio do efeito global da mudança climática e da propagação de vírus. Elas caminham de mãos dadas com o nosso modelo de desenvolvimento econômico global. A poluição em uma parte do mundo leva a eventos climáticos extremos em outra parte. O desmatamento de florestas nos poucos "pulmões" que ainda restam no planeta Terra, como a floresta Amazônica, tem um efeito maior não apenas na biodiversidade do mundo, mas na capacidade de lidar com emissões de gases de efeito estufa perigosos (veja também os Capítulos 1 e 8).[19] A emergência de um novo coronavírus em 2019 deveria ser considerada no contexto da nossa falta de sustentabilidade. É provável que a invasão humana em habitats naturais seja a causa da propagação de muitos novos vírus para humanos a partir de animais, do Ebola ao coronavírus que causa a Covid-19. A propagação rápida da pandemia pelo mundo foi possível graças à viagem internacional, que conecta fisicamente quase todas as nações. Ambas essas tendências são insustentáveis.

Enquanto essa nova onda de globalização digital, climática e viral nos atinge, muitos povos do mundo estão virando suas costas para ela. Como uma porcentagem do PIB, as exportações globais já começaram a reverter nos anos seguintes à crise financeira global. O globalismo como ideologia

---

[18] "Trade in the Digital Era", OCDE, março de 2019, https://www.oecd.org/going-digital/trade-in-the-digital-era.pdf.

[19] Como o Centro de Ecologia e Hidrologia do Reino Unido explicou: "Florestas tropicais costumam ser chamadas de "pulmões do planeta" porque geralmente absorvem dióxido de carbono e expiram oxigênio", https://www.ceh.ac.uk/news-and-media/news/tropical-rainforests-lungs-planet-reveal-true-sensitivity-global-warming.

política, ou a ideia de que se deve tomar uma perspectiva global, está em declínio, especialmente nas sociedades ocidentais que tão apaixonadamente aderiram a ele no fim do século XX. Os Estados Unidos, o poder que impulsionou o mundo aos seus níveis mais altos de globalização, estão se retraindo do papel de polícia internacional e defensor do comércio.

Todas essas tendências já estavam em andamento antes de 2020. Então, o novo coronavírus que causa a Covid-19 colocou o sistema econômico global inteiro em pausa. O vírus praticamente parou as viagens internacionais, rompeu as cadeias globais de suprimento e fez muitas pessoas, empresas e governos reconsiderarem sua atitude em relação à globalização. De fato, eles não apenas pausaram e refletiram sobre suas próprias vidas e carreiras, mas sobre os méritos e as deficiências do nosso sistema econômico global como um todo, e o potencial de outros modos de produzir e consumir bens e serviços necessários. Europeus e norte-americanos ainda deveriam buscar produtos da China ou outros destinos em outros continentes, dada sua pegada ambiental e a fragilidade das cadeias de suprimento? Ou eles podem terceirizar sua produção em países mais baratos e próximos ou até trazê--la de volta ao seu país de origem, graças aos avanços na automação e na impressão 3D? Países com mão de obra, competição e políticas industriais diferentes deveriam comercializar entre si, dado o campo enviesado que resulta dessas políticas? E, aliás, a globalização deixou de ser uma força para o bem? Ou, no fim das contas, ela nunca foi?

A Globalização Hoje

A história da globalização nos mostra, na verdade, que o comércio pode ser uma força incrivelmente poderosa, que pode conectar pessoas e gerar uma prosperidade enorme. Mas também nos diz que nenhum de seus efeitos positivos é garantido. A opulência trazida pelas Companhias do Leste da Índia combinava com a exploração dos habitantes das colônias com as quais ela comercializava. As conexões de comércio globais estabelecidas na Primeira Revolução Industrial pouco contribuíram para o desenvolvimento econômico de países como México e Índia, enquanto beneficiavam os industrialistas da Grã-Bretanha e dos Estados Unidos. Mesmo quando mais países tiveram participação nos ganhos em estágios tardios da globalização, os benefícios eram normalmente distribuídos de modo extremamente desigual. Finalmente, a conectividade crescente e a interdependência de um mundo globalizado trazem consigo novos riscos e uma perda de soberania, mesmo se os ganhos econômicos são muito difundidos. Foi essa a lição que

118 CAPITALISMO STAKEHOLDER

aprendemos com os medos recentes em relação à cibersegurança e à rápida propagação do coronavírus.

Aprendemos a lição de que a globalização é, em teoria, uma força para o bem, mas, na prática, só pode ser uma força positiva se grades de segurança garantirem que ela beneficie todo mundo e garanta resiliência e soberania. Na história da globalização, foram poucas as décadas em que a maré alta comercial levantou todos os barcos e não causou ondas perigosas ao mesmo tempo. Para o Ocidente e um punhado de países asiáticos, como o Japão, esse período começou imediatamente após a Segunda Guerra Mundial e durou até os anos 1980. Para o Leste, e mais amplamente os chamados mercados emergentes, esse período começou nos anos 1990, e mesmo na época foi gravemente ameaçado durante a crise financeira asiática de 1997. Nos países como Indonésia, Etiópia e Vietnã, ainda está em andamento, apesar da crise da Covid-19 ter causado mais do que um soluço. Se os considerarmos juntos, a globalização durante esse período aumentou estruturalmente salários de uma grande maioria de trabalhadores e permitiu que um número recorde de pessoas se tornasse parte da classe média, enquanto permitia que uma classe ainda mais seleta ascendesse ainda mais.

Em geral, a globalização econômica funciona melhor para todo mundo quando, pelo menos, três condições são alcançadas. Primeiro, a globalização só pode decolar se existir um contrato social. No pós-guerra na Europa e no Japão, por exemplo, a experiência devastadora da guerra fez com que as pessoas entendessem que estavam todas juntas nessa situação e que, para progredir economicamente como nação, era importante que todos fizessem a sua parte e todos participassem dos benefícios. Uma ampla base tributária, com alta conformidade por empresas e altas taxas marginais para indivíduos ricos, apoiava investimentos públicos em educação, saúde e moradia. Também fornecia as condições sob as quais empresas e pessoas podiam trabalhar juntas e permanecer competitivas. A longevidade do contrato social significava que os indivíduos estariam dispostos a deixar suas considerações egoístas de lado no curto prazo, sabendo que ganhariam em longo prazo, assim como os outros stakeholders, contribuindo para esse contrato. Mais recentemente, as sociedades coesas da Escandinávia (incluindo Dinamarca, Suécia, Finlândia e Noruega) fornecem um exemplo de como países podem continuar a se beneficiar e favorecer o comércio global quando os interesses de todos os cidadãos são bem cuidados (veja o Capítulo 6 para o exemplo da Dinamarca).

Em segundo lugar, a globalização prospera quando, por um lado, líderes políticos encontram um equilíbrio entre direcionar a economia e cuidar de seu povo e, por outro, se abrir para o mundo em termos de comércio e investimento.[20] De fato, economistas como Dani Rodrik têm discutido de modo convincente que as políticas públicas ideais de globalização não necessariamente consistem em uma liberalização em escala completa de comércio, investimentos e câmbio monetário, mas em um processo mais gerenciado, no qual um governo soberano retém um grau de controle sobre sua economia. A respeito disso, políticas mais graduais seguidas pela China e pela Indonésia hoje, e pela Europa, pelo Japão e os Estados Unidos durante os *Trente Glorieuses* depois da guerra, são mais propensas ao progresso compartilhado do que as mais dogmáticas que favorecem a liberalização e o livre comércio em detrimento de todas as outras considerações.

E terceiro, as sociedades se beneficiam da globalização quando a tecnologia reinante da era é congruente com as vantagens comparativas que uma economia e sociedade possuem. No âmbito macro, isso explica por que a Argentina se tornou — por um curto período de tempo — uma das economias mais ricas do mundo depois da invenção do navio frigorífico. O país podia refrigerar e exportar sua carne ao redor do mundo. No âmbito micro, isso também explica por que alguém como Puty Puar, na Indonésia, pode prosperar como ilustradora freelancer hoje. A tecnologia existe para que ela explore mercados estrangeiros a partir do conforto de sua casa.

Na ausência de quaisquer desses três fatores, porém, a globalização costuma levar ao progresso desigual e, às vezes, até mesmo à decadência e ao rompimento da ordem. Esse foi o caso em muitos mercados emergentes na América Latina, África e Ásia em ondas anteriores da globalização. Mais recentemente, os Estados Unidos, o Reino Unido e outras nações industrializadas também têm enfrentado os efeitos adversos da globalização. E, mesmo quando existe um contrato social, a globalização e a soberania nacional estão bem equilibradas e avanços da tecnologia exercem um papel a favor do país, as coisas ainda podem dar errado. Um sistema global mais conectado é inerentemente mais instável, e as ondas em um país podem se propagar mais facilmente para outros lugares. Essa é uma das lições que devemos extrair das crises financeiras, de saúde e ambientais dos últimos anos. Portanto, é crucialmente importante garantir que a globalização seja um processo gerenciado, no qual todas as precauções são

---

[20] "The Globalization Paradox: Democracy and the Future of the World Economy", Dani Rodrik, W.W. Norton, 2011, https://drodrik.scholar.harvard.edu/publications/globalization-paradox-democracy-and-future-world-economy.

120 CAPITALISMO STAKEHOLDER

tomadas para tornar o sistema econômico resultante estável, resiliente e justo. Infelizmente, porém, não tem sido esse o caso. Vamos olhar de novo para os fatores previamente identificados e nossa performance em relação a eles nos últimos anos.

Em muitas grandes nações industrializadas — o G7, consistindo do Canadá, França, Alemanha, Itália, Japão, Reino Unido e Estados Unidos —, o contrato social entre pessoas, governo e empresas tem se partido nas últimas décadas. Empresas que antes tinham orgulho de exercer um papel crucial nas comunidades que ajudaram a desenvolver e construir, cada vez mais viraram as costas para elas, preferindo ir atrás de lucros maiores e salários menores em outras partes do mundo. A indústria automobilística, por exemplo, que era centrada em Detroit, Michigan, mudou boa parte de sua produção para mercados de mão de obra mais barata que também poderiam atender clientes norte-americanos, como o México, ou mercados que eram próximos a novos clientes internacionais, como a China. Aconteceu a mesma coisa no coração industrial da Europa — Alemanha, Bélgica, França e Itália —, onde fabricantes mudaram a produção e os empregos para novos membros da União Europeia com salários significativamente menores, como a Eslováquia, a República Tcheca ou a Romênia, causando estragos econômicos para seus antigos trabalhadores com altos salários e para as cidades onde eles moravam. Antigas cidades da indústria automobilística, como Genk, na Bélgica, até hoje ainda não se recuperaram da perda de suas montadoras de carros, sofrendo de altas taxas de desemprego, salários baixos e uma trajetória mais fraca de crescimento econômico. Para muitas empresas cujos lucros derivavam, em boa parte, da propriedade intelectual, o preço de transferência e as regras fiscais em legislaturas diferentes permitiram que movessem os lucros separadamente da produção, privando governos do tão necessário imposto de renda.

Livre comércio, é claro, implica que as empresas devem ser capazes de buscar oportunidades onde elas surgirem, e, de fato, precisam fazê-lo a uma taxa saudável para a globalização funcionar. Mas há um ponto no qual essas ações deixam de ser saudáveis para as comunidades nas quais essas empresas surgem ou operam. Se o contrato social é quebrado por uma das partes envolvidas, há um efeito dominó nas outras. Foi o que aconteceu em muitas nações industrializadas, nas quais muitos trabalhadores comuns deixaram de se beneficiar da globalização em sua última onda — a dos anos 1990 e 2000. Quando os empregos desapareceram, as bases tributárias locais erodiram, deixando muitos governos locais, regionais e às vezes até mesmo federais incapazes de cumprir sua parte do contrato social, incluindo pa-

Globalização 121

gar pela aposentadoria ou fornecer saúde pública, moradia e educação de qualidade. A cidade de Detroit, particularmente, teve que declarar falência em 2013, quando deixou de ser capaz de pagar seus títulos, incluindo aqueles que garantiam pensões para servidores públicos aposentados. Embora não fosse uma consequência direta da globalização, o fato de que sua base de fabricação industrial havia colapsado nas décadas anteriores certamente não ajudou. E países como Japão, Itália e França tinham cada vez mais dificuldades em fazer investimentos necessários para garantir não apenas o funcionamento dos serviços para as pessoas e empresas hoje, mas também os investimentos necessários para permanecerem competitivos no futuro. Frente a isso, não é de se espantar que o povo tenha se revoltado cada vez mais contra o sistema econômico e político nesses países — e cada vez mais também contra as multinacionais que dominam a economia global e às vezes driblam, com muita facilidade, o pagamento de impostos.

Uma segunda lacuna da globalização hoje é o ambiente de políticas públicas que os governos criaram nas últimas três décadas. Convencidos dos benefícios orgânicos de um mundo globalizado, muitos governos optaram por abraçar o livre comércio e as taxas de câmbio flutuantes e eliminar barreiras para o investimento estrangeiro a um ritmo acelerado desde o começo dos anos 1990. Isso parecia algo óbvio a se fazer depois da vitória do modelo capitalista liderado pelos Estados Unidos sobre o comunista liderado pelos soviéticos — o que Francis Fukuyama notoriamente chamou de "o fim da história". Mas ignorava a realidade de que o mercado nem sempre sabe o que é melhor — ou,[21] pelo menos, não cuida automaticamente dos interesses de todos os envolvidos. Economistas como Joseph Stiglitz, Mariana Mazzucato, Dani Rodrik e muitos outros observaram em trabalhos recentes que a financeirização crescente e a globalização financeira na verdade aumentam a instabilidade no sistema econômico, bem como a probabilidade e a profundidade das crises financeiras. Um país que pode atestar os riscos da globalização financeira desenfreada é a Hungria. Zsolt Darvas, um nativo da Hungria e economista no think tank Bruegel (cujos gráficos sobre desigualdade foram vistos previamente no Capítulo 2), nos explicou por que acreditava que essa era a raiz de muitos problemas sociais, políticos e econômicos enfrentados pelo país atualmente. Como ele escreveu no ápice da crise financeira global em 2008:[22]

---

[21] "The End of History and the Last Man", Francis Fukuyama, Penguin Books, 1993.

[22] "The Rise and Fall of Hungary", Zsolt Darvas, *The Guardian*, outubro de 2008, https://www.theguardian.com/business/blog/2008/oct/29/hungary-imf.

122 CAPITALISMO STAKEHOLDER

Já que a inflação na Hungria estava muito mais alta do que na zona do euro, taxas de juros cobradas em empréstimos no florim húngaro também estavam muito altas. Então, para obter taxas menores, muitos consumidores e empresas foram em busca de empréstimos em moeda estrangeira — 90% das novas hipotecas agora são feitas em moedas estrangeiras. Na República Tcheca e na Eslováquia, onde as taxas de juros eram próximas à taxa da zona do euro, empréstimos em moedas estrangeiras constituem apenas menos de 2% do total dos lares.

A crise financeira global chegou em alta velocidade no final de setembro [de 2008]. Muitos economistas, incluindo este escritor, pensaram que os efeitos da crise em países do Centro e do Leste Europeu, pertencentes à União Europeia, não seriam dramáticos. Nossos bancos não estavam expostos às perdas subprime dos EUA e eram bem capitalizados. Mas logo ficou claro que nenhum país pode se isolar dos efeitos dessa crise financeira global. Com a aversão a riscos crescente e o medo do contágio, investidores começaram a vender e sair de investimentos em economias emergentes.

A Hungria foi a mais duramente atingida dentre os membros da Europa central pertencentes à UE, porque boa parte da sua gigantesca dívida pública era estrangeira. Esses estrangeiros queriam vender seus títulos em florins húngaros, mas não apareceram novos compradores no mercado. Taxas de juros de maturidade longa saltaram dos já altos 8% para cerca de 12%, e o mercado de títulos do governo secou. Leilões para emitir novos títulos do governo não foram bem-sucedidos. Blue-chips húngaras no mercado de ações também foram vendidas em peso. A pressão sobre o florim se intensificou e, na semana passada, o Banco Central aumentou a taxa de juros em três pontos percentuais. A subida da taxa ajudou a fortalecer o florim, mas a situação permaneceu frágil e o mercado de títulos do governo ainda estava paralisado.

Os eventos que Darvas descreveu aconteceram há mais de uma década. Mas eles continuam a reverberar até os dias de hoje. Nos anos que se seguiram ao abraço catastrófico desse tipo de globalização financeira pela Hungria, seus banqueiros e cidadãos, o país experimentou uma enorme crise econômica e de dívida em 2008 e uma crise menor cinco anos depois. Apesar do posterior retorno ao crescimento, húngaros descontentes

Globalização   123

mostravam cada vez mais a sua antipatia por políticos mais liberais e europeus, que eles acreditavam serem os responsáveis pela situação. Nos últimos anos, eles votaram contra a integração econômica europeia, contra a imigração e contra o comércio liberal e políticas financeiras. A Hungria notavelmente fechou suas fronteiras para imigrantes e, em 2016, recusou-se a participar de uma solução para a crise de migração que abarcasse toda a Europa. Em um ambiente cada vez mais hostil, a Universidade Centro-europeia, fundada por George Soros, foi forçada a deixar o país. O caso da Hungria é peculiar e único, mas mostra como até mesmo políticas bem-intencionadas a favor da globalização podem levar a resultados muito indesejados. A globalização é uma força poderosa e pode melhorar uma nação e a vida de seu povo, mas deve ser abraçada de modo pragmático, não como uma ideologia cega.

Finalmente, os efeitos adversos da globalização podem ser amplificados pela tecnologia. Se as pessoas não têm habilidades ou educação formal para fazer o melhor uso das tecnologias mais recentes, outras em outros países tomarão o seu lugar em uma economia globalizada. Em alguns casos, há forças macro no jogo contra as quais é difícil uma comunidade se armar e se defender. Quando a internet foi apresentada, Richard Baldwin observou, os custos de comunicação caíram drasticamente, e fez sentido para empresas em busca de lucro separarem trabalhos de colarinho branco dos de colarinho azul. Você podia produzir em um país (o país com o menor custo combinado de produção), enviar o produto finalizado e vendê-lo em outro país. Isso levou à globalização avançada e veloz dos anos 1990 e 2000, que beneficiou muitos países, mas danificou comunidades industriais no Ocidente — algo sobre o qual elas poderiam fazer muito pouco. Mas isso não significa que países são impotentes frente à globalização movida pela tecnologia. Economias pequenas e abertas como Singapura, Dinamarca, Países Baixos e Bélgica, que costumam comercializar produtos que valem bem mais do que 100% do seu PIB, entendem que vivem e morrem apostando na habilidade de se adaptar às últimas tecnologias que movem a globalização. Se investirem nessas tecnologias, ou nas habilidades para aproveitá-las, podem sair vencedoras. O porto de Roterdã, nesse caso, é um bom exemplo. Entendendo que tecnologias digitais como o blockchain apenas se intensificariam em suas aplicações, a autoridade do porto investiu pesado nessa tecnologia.[23] Isso faz de Roterdã agora pos-

---

[23] "How Rotterdam Is Using Blockchain to Reinvent Global Trade," Porto de Roterdã, setembro de 2019, https://www.portofrotterdam.com/en/news-and-press-releases/how-rotterdam-is-using-blockchain-to-reinvent-global-trade.

124 CAPITALISMO STAKEHOLDER

sivelmente o porto com a tecnologia mais avançada na Europa, o que dá a ele e seus trabalhadores uma vantagem digital sobre os competidores em cidades como Hamburgo e Antuérpia.

No futuro, não apenas o comércio físico será afetado pela tecnologia. Como indicado anteriormente, o comércio digital começou uma ascensão que não foi estimada por completo em lugar algum e é improvável que ela pare a qualquer momento. Hoje em dia, países e comunidades com visão de futuro ainda têm uma janela de oportunidade para planejar se beneficiar da ascensão na globalização digital, mas precisam agir rápido. Alguns aspectos, como a infraestrutura física do 5G, podem ser implementados relativamente rápido, assim que os fundos estejam disponíveis. Mas outros, como o treino da força de trabalho atual e futura para se tornarem as Puty Puars de amanhã, dependem de muito mais planejamento antecipado.

■■■

Considerando essas realidades, acredito que a globalização deveria ser abraçada, não de modo tolo ou cego, mas de modo pragmático e tendo em mente cuidar dos interesses do maior número de stakeholders — pessoas e empresas — primeiro.

É claro que uma abordagem dessas pode funcionar. Annisa e seus colegas fundadores da MYCL são um exemplo disso, assim como Puty e os irmãos Utomo, que fundaram a IDN Media. Apoiados por um investimento substancial do seu governo em educação, eles foram capazes de colher os benefícios dos mercados globais em casa e ajudar outros a avançarem também em seus próprios países. Isso os convence dos benefícios da globalização, assim como convence a maioria dos seus compatriotas. Ou como William, o mais jovem dos irmãos Utomo, nos contou, ao olhar Jacarta do escritório da empresa:[24] "Comércio e tecnologia são como um país cresce. Se você se especializar, você pode crescer." Se todos os stakeholders de um país têm uma mentalidade semelhante e são conscientes de suas responsabilidades e das armadilhas da globalização, podemos garantir que os benefícios da globalização mais uma vez prevaleçam sobre os riscos. Mas para fazer isso, como William indica, é importante acertar também a segunda parte dessa equação: tecnologia.

---

[24] Entrevista com William e Winston Utomo por Peter Vanham, Jacarta, Indonésia, 16 de outubro de 2020.

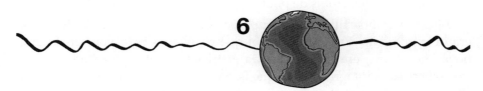

Tecnologia

Um Mercado de Trabalho em Mudança

O comunicado de imprensa exibia um título dos mais extraordinários: **"Dinamarca no top 10 mundial dos robôs."**[1]

A organização por trás do comunicado não era uma firma de tecnologia dinamarquesa, um meio de comunicação ou um político. Era o Dansk Metal, o sindicato representando os trabalhadores de colarinho azul na indústria metalúrgica. Estava claro que o sindicato tinha orgulho dessa conquista: "Um número crescente de empregados na indústria trabalha lado a lado com robôs", dizia o comunicado de imprensa. "Dansk Metal tem o objetivo de alcançar 10 mil robôs industriais até 2020."

Fiquei intrigado com essa postura. Por ter visitado outras partes do mundo e lido sobre outros períodos da história, eu sabia de muitas outras ocasiões nas quais trabalhadores se opunham a novas tecnologias, especialmente quando elas ameaçavam substituir seus empregos. O caso mais famoso pode ter sido o dos luditas na Inglaterra, um grupo de trabalhadores têxteis na Inglaterra do século XIX que destruiu o novo maquinário que estava rompendo com sua indústria. Mas em todo o mundo, e também na nossa época, muitos protestaram contra as novas tecnologias e os novos modos de trabalhar que elas promoviam, seja por meio de manifestações

---

[1] "Danmark i verdens robot top-10", Dansk Metal, janeiro de 2018, https://www.danskmetal.dk/Nyheder/pressemeddelelser/Sider/Danmark-i-verdens-robot-top-10.aspx.

de rua contra empresas de transporte compartilhado, como a Uber, ou de manifestações intelectuais de políticos[2] ou acadêmicos[3] na mídia.

Também compartilho a preocupação com o futuro do trabalho nessa era de automação. Em 2015, percebi que estávamos no alvorecer de uma nova era — uma era de inteligência artificial, robótica avançada e sistemas ciberfísicos integrados — e que isso tudo junto constituía uma Quarta Revolução Industrial. As novas tecnologias que testemunhávamos, incluindo impressão 3D, a computação quântica, a medicina de precisão e outras, passei a acreditar, estavam no mesmo nível daquelas da Primeira Revolução Industrial — o motor a vapor —, da Segunda Revolução Industrial — o motor a combustão e a eletricidade — e da Terceira Revolução Industrial — a tecnologia da informação e a computação. Elas estavam levando a uma disrupção da força de trabalho, alterando a natureza não apenas do que fazemos, mas de quem somos, algo que eu havia descrito em meu livro *A Quarta Revolução Industrial*.[4]

Em seu estudo de referência de 2013 "The Future of Employment", Carl Frey e Michael Osborne, de Oxford, já alertaram sobre o tipo de disrupção que isso poderia causar.[5] Eles notoriamente estimaram que metade dos empregos seria alterada nos próximos anos devido às novas tecnologias e que muitos desapareceriam de vez. Em 2019, Frey deu prosseguimento ao seu estudo original com o livro igualmente revelador *The Technology Trap*,[6] mostrando como as tecnologias atuais de substituição da mão de obra se encaixam na história maior das revoluções industriais. Não é de se admirar, portanto, que muitas pessoas na economia global atual temam o futuro e prefiram se agarrar ao mundo mais conhecido do passado. O que explica por que líderes políticos ao redor do mundo, instigados por eleitores, estão tentando salvar ou reviver empregos da fabricação industrial e por que estão se retraindo para modos mais autárquicos de gerir suas economias. A tecnologia é uma força incrível, em cada sentido da palavra.

---

[2] "Why American Workers Need to Be Protected From Automation", Bill de Blasio, *Wired*, setembro de 2019, https://www.wired.com/story/why-american-workers-need-to-be- protected-from-automation/.

[3] "Robots Are the Ultimate Job Stealers. Blame Them, Not Immigrants", Arlie Hochschild, *The Guardian*, fevereiro de 2018, https://www.theguardian.com/commentisfree/2018/feb/14/resentment-robots-job-stealers-arlie-hochschild.

[4] *The Fourth Industrial Revolution* (*A Quarta Revolução Industrial*, no Brasil), Klaus Schwab.

[5] "The Future of Employment: How Susceptible Are Jobs to Computerization?" Carl Frey e Michael Osborne, Universidade de Oxford, setembro de 2013, https://www.oxfordmartin.ox.ac.uk/downloads/academic/The_Future_of_Employment.pdf.

[6] *The Technology Trap: Capital, labor, and power in the age of automation*, Carl Frey.

Mas a notícia da Dinamarca parecia sugerir que esses medos podem ser superados e que as melhores e mais novas tecnologias também podem ajudar os trabalhadores, sem necessariamente substituí-los. Como seria possível? Para descobrir, pedi a um colega para ir a Copenhague descobrir o que explicava essa atitude.

O presidente do Dansk Metal, Claus Jensen, nos deu um primeiro argumento convincente.[7] "Você já ouviu falar em um país ou empresa", ele perguntou, "que tenha implementado tecnologia *antiga* para ficar rico?". Ele estava convencido de que isso não era possível. E não compartilhava da visão sombria e melancólica de alguns acerca do futuro do trabalho: "Talvez a Singularity University pense que todo mundo será substituído por tecnologia", ele disse.[8] "Talvez pensem que todo mundo estará na beira da praia, olhando para os robôs fazendo tudo. Mas nem todo mundo acreditaria nisso." Ele certamente não acreditava. Era uma visão que ia contra sua própria experiência e a de seus antecessores no sindicato nos últimos 150 anos. "Toda vez que introduzimos uma nova tecnologia na Dinamarca no passado", disse, "tivemos mais empregos". Então, para Jensen, estava claro. "Nós não deveríamos ter medo da tecnologia *nova*", afirmou. "Deveríamos ter medo da tecnologia *antiga*."[9]

Essa perspectiva otimista não era consistente apenas entre a liderança do sindicato ao longo de um século (o sindicato foi fundado em 1888, e seu primeiro presidente tinha a mesma visão de Jensen hoje); ela também era compartilhada em grande escala pela base da organização — os próprios membros do sindicato. Robin Løffmann, um técnico de equipamento naval de 32 anos para a MAN Energy Solutions em Copenhague, era um exemplo disso. Filho de um mecânico de carros, Løffmann tinha o amor por carros e motores no sangue. Quando chegou a hora de escolher uma profissão aos 18 anos, escolheu se tornar um técnico da indústria. Ajudado por uma edu-

---

[7] "If Robots and AI Steal Our Jobs, a Universal Basic Income Could Help", Peter H. Diamandis, Singularity Hub, dezembro de 2016, https://singularityhub.com/2016/12/13/if-robots-steal-our-jobs-a-universal-basic-income-could-help/.

[8] Entrevista com Claus Jensen por Peter Vanham, maio de 2019

[9] Mesmo se os empregos desaparecessem em uma parte da indústria, o que aconteceu quando a maioria dos navios não era mais construída por humanos, mas por robôs, ter uma visão de longo prazo da mudança o ajudou a manter um horizonte positivo e construtivo. Trabalhadores ainda precisam supervisionar a construção, ainda precisam consertar os motores e ainda precisavam conferir se todas as partes estavam se encaixando. Se trabalhadores dinamarqueses eram os melhores no mundo, a Dinamarca poderia continuar sendo o centro global da construção e reparo de navios. Estava no DNA de seu sindicato ter uma perspectiva tão positiva. "Meu sindicato foi fundado em 1888, e nosso primeiro presidente disse as mesmas coisas que digo hoje", afirmou. "Nós mudamos a tecnologia, mas não mudamos nossa opinião."

cação técnica de quatro anos e uma aprendizagem prática em uma pequena fabricante, ele encontrou trabalho com facilidade depois da graduação, fazendo bombas injetoras de combustível para MAN.

Quatro anos depois, em 2012, as coisas poderiam ter ido pelo caminho errado para ele. Seu chefe disse que a empresa compraria novo maquinário, que diminuiria o tempo de construção das peças de vinte minutos para cinco ou seis e reduziria drasticamente a necessidade de intervenção humana no controle de qualidade. Mesmo assim, Løffmann não se opôs ao novo maquinário. Ele amou. "Em outros lugares, eles não querem que máquinas façam o trabalho pesado", ele nos disse, em entrevista para este livro,[10] "mas não na Dinamarca". Aqui, "a empresa dirá: podemos ensinar você a ser operador de um tipo diferente de máquina?". Em seu caso específico, Løffmann foi enviado a Bielefeld, na Alemanha, onde o novo maquinário era produzido, para "assinar" o novo equipamento em nome de sua empresa. Um mês depois, um especialista da empresa alemã veio a Copenhague e o requalificou junto com outros três trabalhadores para trabalharem com o novo maquinário.

A história de Løffmann é típica para a indústria em geral. O economista chefe do Dansk Metal, Thomas Søby, nos disse: "As pessoas não têm medo de perder seus empregos, porque têm possibilidades de retreinamento. Nós temos um sistema muito funcional. Quando você perde o emprego, nós do sindicato vamos enviar um e-mail ou ligar para você em um ou dois dias. Teremos uma reunião para conversar sobre sua situação, ver se você precisa de requalificação, se há empresas na área em busca do seu perfil. E somos muito bem-sucedidos em alocar nossos membros em outro emprego, imediatamente ou depois da requalificação. Estabelecemos escolas em todo o país. O currículo é decidido pelos empregadores e empregados. E elas são abertas para o retreinamento e a reeducação da força de trabalho."[11]

A relação construtiva e de confiança entre trabalhadores e empresas está valendo a pena para a Dinamarca. Embora o país tenha deixado há muito tempo de ser o estaleiro do mundo — esse lugar foi ocupado por megaempresas na Coreia do Sul, Japão, China e Turquia —, ele ainda produz os motores que mantêm navios antigos e novos em funcionamento no mundo todo (o motor de navio mais antigo que a empresa de Løffmann mantém é de 1861; os mais novos ainda estão sendo produzidos). E a vantagem de cus-

---

[10] Entrevista com Robin Løffmann por Peter Vanham, Copenhague, novembro de 2019.
[11] Entrevista com Thomas Søby por Peter Vanham, Copenhague, novembro de 2019.

to que se perde em altos salários é compensada pela produtividade e atitude proativa dos trabalhadores.

Logo antes de a pandemia da Covid-19 estourar, no começo de 2020, a Dinamarca tinha uma taxa de desemprego de 3,7%,[12] taxa essa que era ainda menor (2%) no sindicato metalúrgico (o fato de que o sindicato paga seguro-desemprego e, portanto, tem incentivos para ter a menor quantidade possível de desempregados certamente exerce um papel). Mas talvez o mais importante seja o fato de que os salários da Dinamarca são altos e relativamente iguais. Um membro do sindicato de metalúrgicos, Søby disse, faz em torno de US$60 mil a US$70 mil por ano, por um máximo de quarenta horas de trabalho por semana, enquanto a participação do sindicato continua em torno de 80%. Em geral, a Dinamarca também é um dos países mais igualitários do mundo em termos de renda, apesar de a desigualdade estar subindo nos últimos anos.[13]

A história da Dinamarca é mais notável porque contrasta com a narrativa de outras nações industrializadas. Os dinamarqueses olham para isso com espanto. Algum tempo atrás, os sistemas de educação e previdência social norte-americanos, alemães, franceses, espanhóis e italianos estavam no mesmo nível dos escandinavos. Mas hoje, Søby nos disse, ele olha com espanto para o que aconteceu nesses países. Enquanto a Dinamarca manteve e atualizou seu sistema de educação e segurança social, outros fizeram muito menos. O sistema dinamarquês, ele diz, funciona bem para empresas e trabalhadores. O "pacto" entre eles é que as empresas podem despedir trabalhadores com relativa facilidade, mas elas pagam salários altos, contribuem com impostos e participam dos esforços de requalificação. Com os salários descontados em até 52%, certamente há um preço a se pagar por esse modelo de "flexigurança". Mas ele disse: "Em países escandinavos, nós oferecemos requalificação para trabalhadores despedidos, e somos capazes de alocar a maioria dos trabalhadores em um novo emprego. Você não tem isso [a esse nível] na Alemanha, Espanha, Itália ou França."

O país que mais o deixa chocado é os Estados Unidos. Os Estados Unidos dominaram as duas Revoluções Industriais anteriores. Com sua grande sociedade, também era um lugar onde trabalhadores de colarinho azul po-

---

[12] Desemprego, estatísticas da Dinamarca, acessado em outubro de 2020, https://www.dst.dk/en/Statistik/emner/arbejde-indkomst-og-formue/arbejdsloeshed.

[13] "Inequality in Denmark through the Looking Glass", Orsetta Causa, Mikkel Hermansen, Nicolas Ruiz, Caroline Klein, Zuzana Smidova, OECD Economics, novembro de 2016, https://read.oecd-ilibrary.org/economics/inequality-in-denmark-through-the-looking- glass_5jln041vm6tg-en#page3.

deriam alcançar o sonho americano. Mas hoje não é mais a Meca para os trabalhadores — pelo menos, não na perspectiva de Søby. É claro, o declínio na fabricação industrial e a ascensão do setor de serviços são uma megatendência global, se espalhando por décadas e afetando o mundo industrializado inteiro. Mas o ritmo no qual as pessoas perderam empregos no setor de fabricação industrial nos EUA é extraordinário. Entre 1990 e 2016, o *Financial Times* calculou, em torno de 5,6 milhões de empregos foram perdidos na fabricação industrial.[14] A força de trabalho de cidades industriais inteiras foi arrasada. Algumas cidades operárias, que dependiam basicamente de um único empregador industrial, foram muito atingidas. E enquanto muitos desses empregos não desapareceram de vez, mas foram realocados para a China ou o México, cerca de metade dos empregos se perdeu por causa da automação avançada. Na melhor das hipóteses, empregos da área de serviço com baixos salários substituíram esses empregos de colarinho azul bem pagos. Na pior das hipóteses, nenhum emprego novo ficou disponível, pelo menos não para os trabalhadores sem ensino superior. Salários ajustados para a inflação desde 1980 mal tiveram aumento em determinados setores. E, apesar de ter números de desemprego oficiais muito baixos até o início da pandemia, a participação da mão de obra dos EUA caiu de uma alta histórica de mais de 67% em 2000 para cerca de 62% em 2020,[15] significando que muitas pessoas pararam de vez de procurar por trabalho. Na Dinamarca, em contraste, a participação da mão de obra continuou em torno de 70% mesmo depois da pandemia no começo de 2020.[16]

Por que isso aconteceu? "Um dos maiores problemas na economia norte-americana", disse Søby, "é a falta de educação formal da força de trabalho".[17] Diferentemente da Dinamarca, nos EUA não há um sistema amplo para a requalificação de trabalhadores. É um problema que se torna óbvio nos números da Organização para a Cooperação e Desenvolvimento Econômico (OCDE).[18] A Dinamarca é o país da OCDE que mais gasta por

---

[14] "How Many US Manufacturing Jobs Were Lost to Globalisation?", Matthew C. Klein, *Financial Times*, dezembro de 2016, https://ftalphaville.ft.com/2016/12/06/2180771/how-many-us-manufacturing--jobs-were-lost-to-globalisation/.

[15] Trading Economics, Taxa de Participação na Força de Trabalho dos Estados Unidos, com números fornecidos pelo US Bureau of Labor Statistics, https://tradingeconomics.com/united-states/laborforce-participation-rate.

[16] Trading Economics, Taxa de Participação na Força de Trabalho da Dinamarca, https://tradingeconomics.com/denmark/labor-force-participation-rate.

[17] Entrevista com Thomas Søby por Peter Vanham, Copenhague, novembro de 2019.

[18] OCDE, Diretoria de Emprego, Trabalho e Assuntos Sociais, Políticas de Emprego e Dados, Painel de Competências e Trabalho, http://www.oecd.org/els/emp/skills-and-work/xkljljo-sedifjsldfk.htm.

pessoa com as chamadas "políticas ativas do mercado de trabalho" para ajudar desempregados a voltarem para o mercado de trabalho. Falando comparativamente, os EUA gastam cerca de quinze vezes menos. O sistema dinamarquês também é mais inclusivo (acessível a uma porcentagem maior de pessoas, independentemente de idade, gênero, nível de educação ou status de emprego) e mais flexível. E o mais significativo, o sistema dinamarquês é o mais bem adaptado ao mercado de trabalho de todos os países da OCDE, enquanto os EUA ficam atrás de 19 dos 32 países estudados.

Isso leva a uma incompatibilidade crônica no mercado de trabalho norte-americano. Mesmo quando a requalificação está disponível nos EUA, disse-nos a jornalista econômica Heather Long, do *Washington Post*, os trabalhadores não costumam receber incentivo para se inscrever, com medo de que ela não os leve a um emprego, ou se inscrevem em alguns dos cursos de TI mais básicos, que ensinam a trabalhar com Microsoft Word ou Outlook. "Isso é revelador para mim", disse Long,[19] lembrando uma anedota.

> Localizei trabalhadores que foram demitidos de uma fábrica automotiva em Ohio. Todos eles se qualificavam para o retreinamento "Cadillac", recebendo pagamentos por dois anos para estudar e retreinar. Eles poderiam obter uma licença de caminhoneiro ou enfermagem, ir à faculdade comunitária, se tornar um maquinista avançado ou operar uma impressora 3D, um dos empregos de colarinho azul mais avançados. As pessoas que se qualificavam e tinham entre vinte e poucos e trinta e poucos anos se sentiam ótimas. Mas aqueles com quarenta e poucos anos, que não entravam em uma sala de aula há vinte anos, não se sentiam assim. Havia uma lacuna enorme de habilidades. Alguns deles nem sequer sabiam o que era um pen drive. Quando eu vou a Davos e ouço um CEO dizer: precisamos apenas requalificar! Isso parece ótimo, mas não é nem um pouco possível. Eu não acho que seja pernicioso. Mas na fábrica de Ohio, 2 mil trabalhadores eram elegíveis. Menos de 30% se inscreveram. E apenas 15% completaram o programa.[20]

O problema aqui, para ser claro, não é com a atitude dos trabalhadores mais velhos. É que quando uma cultura de retreinamento constante não existe e os trabalhadores nunca foram requalificados nem uma vez em sua carreira, mesmo uma terapia de choque bem financiada não bastará. É as-

---

[19] Entrevista com Heather Long por Peter Vanham, Washington, D.C., abril de 2019.
[20] Ibidem.

sim que Thomas Søby também pensa, olhando a situação da Dinamarca: "Eu entendo por que trabalhadores têm algo contra tecnologia nova e robôs, porque, caso percam seus empregos, estarão basicamente condenados. Suas habilidades são muito específicas para a empresa. Se você não tem um sistema de reeducação ou requalificação, uma raiva poderosa emerge. É muito difícil de resolvê-la, e estão tentando fazer isso do jeito errado. O que você precisa é de educação melhor e maior sindicalização.[21]" Ao defender esse tipo de solução, Søby não está sozinho. Do outro lado do oceano, em Washington, D.C., é isso que economistas como Joseph Stiglitz também propõem, ou think tanks como o Economic Policy Institute (EPI, fundado por um grupo de economistas incluindo o antigo secretário do Trabalho norte-americano Robert Reich). Josh Bivens, diretor de pesquisa no EPI, argumentou em um estudo de 2017 que enquanto na Dinamarca a participação em sindicatos continua muito alta, garantindo que as demandas de trabalhadores em questões como pagamento e treinamento sejam consideradas, nos EUA ela caiu de cerca de um terço de trabalhadores nos anos 1950, para cerca de 25% em 1980 e mal atinge 10% hoje. Essa queda na participação em sindicatos coincide com um aumento na desigualdade econômica e, como o EPI discute, com uma queda nos programas de treinamento que mantêm os trabalhadores qualificados nessa era da Quarta Revolução Industrial, bem como na força de trabalho norte-americana produtiva e competitiva.[22]

Nos Estados Unidos e no Reino Unido, dois países onde trabalhadores foram mais atingidos pelas mudanças no sistema econômico, defender sindicatos e educação se tornou algo politicamente polarizado. Nos anos 1980, a primeira-ministra conservadora Margaret Thatcher, no Reino Unido, e o presidente republicano Ronald Reagan, nos EUA, abraçaram a agenda neoliberal que se provou anátema ao investimento público em áreas como educação e o poder de sindicatos. Sob essa ideologia, acordos de trabalho coletivos por parte de sindicatos eram uma barreira para estabelecer o livre mercado, e o Estado, com seus impostos e serviços, era um peso no crescimento econômico alto. Nos EUA, o presidente Reagan notoriamente demitiu todos os controladores de tráfego aéreo que participaram de uma greve organizada pelo sindicato, quebrando, portanto, a espinha dorsal dos sindicatos nos EUA. E, no Reino Unido, a primeira-ministra Margaret Thatcher terminou

---

[21] Entrevista com Thomas Søby por Peter Vanham, Copenhague, novembro de 2019.

[22] "How Today's Union Help Working People: Giving Workers the Power to Improve Their Jobs and Unrig the Economy", Josh Bivens *et al.*, Economic Policy Institute, agosto de 2017, https://www.epi. org/publication/how-todays-unions-help-working-people-giving-workers-the-power-to-improve--their-jobs-and-unrig-the-economy/.

Tecnologia 133

com uma greve importante de mineiros, acabando com a dominação dos sindicatos no país. Ambos os líderes também abaixaram significativamente as taxas de impostos. Isso deveria liberar dinheiro para o investimento por empresas e indivíduos com alto patrimônio líquido e contribuir para uma redistribuição econômica. Mas também privou o Estado de renda para financiar serviços públicos, incluindo programas de educação. Por um longo tempo, parecia que esses tipos de políticas de fato ajudavam as economias do Reino Unido e dos EUA. Os anos seguintes marcaram um período de crescimento alto em ambos os países e, nos anos 1990, a ideologia neoliberal foi até mesmo adotada pelos democratas e o novo trabalhismo. Mas na Grande Recessão de 2008 a 2009, ficou claro que políticas neoliberais já haviam vivido anos melhores. Como vimos na Parte I, o crescimento econômico permaneceu lento nos últimos anos, e salários para muitos nos EUA e em outros lugares do mundo industrializado pararam de subir, com muitos também saindo do mercado de trabalho. Hoje, como os exemplos contrastantes da Dinamarca e dos Estados Unidos mostram, qualquer país industrializado faria bem ao abraçar de novo soluções focadas no stakeholder e no investimento público em educação. Cores políticas ou ideologias deveriam exercer um papel menor nesse debate do que a ideia de que essas soluções simplesmente funcionam.

Singapura é um exemplo de como isso funciona na Ásia. Em termos de abertura ao comércio, tecnologia e imigração, a cidade-Estado no Sudeste da Ásia é um dos países mais economicamente liberais do mundo. Em termos de suas políticas sociais, é um país solidamente conservador,[23] com diretos LGBTQ[24], de casamento e direitos humanos em geral regulados com mais rigidez do que em muitos países ocidentais. Mas em termos de suas políticas econômicas, segundo o que seu ministro sênior Tharman Shanmugaratnam nos disse,[25] o governo adota políticas que funcionam, e não aquelas movidas por ideologia. Como uma nação insular cuja riqueza dependia da sua competitividade econômica global, ela quase não tinha chance.

Singapura começou sua ascensão econômica aguda como um dos Tigres Asiáticos, ao lado de Hong Kong, Coreia do Sul e Taiwan nos anos 1960. Nos

---

[23] "Singapore Society Still Largely Conservative but Becoming More Liberal on Gay Rights: IPS Survey", *The Straits Times*, maio de 2019, https://www.straitstimes.com/politics/singapore-society-still-largely-conservative-but-becoming-more-liberal-on-gay-rights-ips.

[24] "Singapore: Crazy Rich but Still Behind on Gay Rights", *The Diplomat*, outubro de 2018, https://thediplomat.com/2018/10/singapore-crazy-rich-but-still-behind-on-gay-rights/.

[25] Entrevista com o ministro sênior Tharman Shanmugaratnam por Peter Vanham, Singapura, julho de 2019.

estágios iniciais, a ilha apostou com sucesso na fabricação industrial com mão de obra intensiva como um de seus polos de crescimento. A participação da fabricação industrial no PIB cresceu de 10% em 1960 para 25% no fim dos anos 1970, em um período no qual o PIB cresceu mais de 6% ao ano.[26] A chegada de empresas japonesas e outras empresas globais em busca de um centro de manufatura barato ajudou muitos singapurenses a conseguir trabalhos decentes de colarinho azul e permitiu que o país se desenvolvesse rápido: enquanto seu PIB per capita eram meros US$500 em 1965, ele explodiu para US$13 mil em 1990[27] (veja a Figura 6.1).

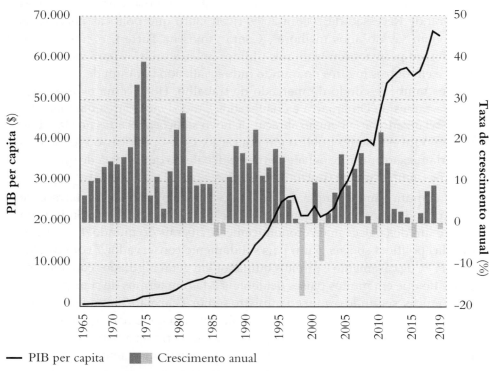

Figura 6.1 Crescimento do PIB per Capita de Singapura (1965–2019)
Fonte: Banco Mundial, Macrotendências.

---

[26] "Singapore's Economic Transformation", Gundy Cahyadi, Barbara Kursten, Dr. Marc Weiss e Guang Yang, Global Urban Development, junho de 2004, http://www.globalurban.org/GUD%20Singapore%20MES%20Report.pdf.
[27] "An Economic History of Singapore—1965–2065", Ravi Menon, Banco de Compensações Internacionais, agosto de 2015, https://www.bis.org/review/r150807b.htm.

Mas já nos anos 1980, com economias asiáticas recém-desenvolvidas como a China em seu encalço, Singapura precisava requalificar seus trabalhadores, na esperança de que uma economia mais orientada ao serviço e ao conhecimento poderia ajudá-la a ascender na cadeia de valor e a dar o salto em direção ao status de uma nação totalmente desenvolvida. Com esse propósito, Singapura investiu pesado em novos tipos de educação, para crianças e adultos. De acordo com um relatório do Global Urban Development, "mais centros de treinamento eram focados em indústrias de qualificação alta como a de eletrônicos", e um novo sistema de educação foi instalado "para garantir que Singapura pudesse formar uma força de trabalho qualificada e de altíssima qualidade a partir das universidades e, ao mesmo tempo, garantir que o treinamento técnico continuasse disponível para aqueles que não puderam se sobressair no sistema de educação formal".[28] Mais uma vez, o sistema funcionou. Enquanto sua parte de emprego de fabricação industrial caiu, o setor de serviço cresceu rapidamente nas décadas seguintes, contribuindo com um quinto do PIB no começo dos anos 1980, mas com quase um terço em meados dos anos 2010. Em 2015, Singapura tinha um PIB per capita que excedia o da Alemanha, carro-chefe econômico da Europa, e o dos EUA, a nação mais rica da Terra.

Embora Singapura seja uma das histórias de sucesso mais notáveis do último meio século, a nação do Sudeste Asiático entende que precisará continuar se adaptando às mudanças na economia global hoje, quando novas tecnologias e empregos de serviço estão se tornando cada vez mais importantes. É por isso que ela recentemente estabeleceu uma iniciativa liderada pelo governo, SkillsFuture. Através desse sistema de aprendizado continuado, singapurenses de qualquer idade podem aprender novas habilidades para garantir que estão preparados para o mercado de trabalho da Quarta Revolução Industrial. Mas, diferentemente da Dinamarca, o sistema não é alcançado ao estabelecer um Estado com vasto poder social e programas de longo alcance. "Nós temos um governo forte, mas não um governo grande", disse Shanmugaratnam. Uma das características da iniciativa SkillsFuture, portanto, é que a maior parte dos participantes pode escolher livremente em quais programas se inscrever. Em uma oficina organizada para nós por James Crabtree na Universidade Nacional de Singapura, alguns pensadores de políticas públicas deram uma declaração que levou a uma discussão em

---

[28] "Singapore's Economic Transformation", Gundy Cahyadi, Barbara Kursten, Dr. Marc Weiss e Guang Yang, Global Urban Development, junho de 2004, http://www.globalurban.org/GUD%20Singapore%20MES%20Report.pdf.

CAPITALISMO STAKEHOLDER

círculos do governo. Os trabalhadores devem mesmo ser subsidiados para aprenderem a se tornar floristas ou cozinheiros, por exemplo? Atualmente em Singapura a ideia prevalecente é a de que, embora incomuns, os programas valem o custo. Uma das características da Quarta Revolução Industrial em curso, diz o raciocínio, é que é difícil prever o mercado de trabalho do futuro. Quem imaginou que alguns dos profissionais de vinte e poucos anos mais bem-sucedidos de hoje seriam youtubers jogando videogames ou influencers fazendo vídeos de dez segundos no TikTok?

Quando se olha para o modelo de Singapura, há outra característica importante a se notar. Esse modelo foi alcançado por uma tríade de stakeholders: governo, empresas e sindicatos. Desde 1965 essa trifecta tem forte influência em todo o mercado de trabalho e na tomada de decisões de políticas industriais. E tem exercido essa influência sem maiores perturbações na atividade econômica. Greves em Singapura são extremamente raras e ainda assim o mercado de trabalho é dinâmico (é relativamente fácil contratar e demitir), e a economia se transformou com sucesso, pelo menos, duas vezes — uma vez nos anos 1960 e 1970, em direção à manufatura e de novo nos anos 1980 e 1990, em direção aos serviços. Uma atitude tão construtiva e dinâmica permanecerá importante adiante, relatou a *Nikkei Asian Review* recentemente, porque "Singapura enfrentará a maior taxa de deslocamento de trabalho resultante do rompimento tecnológico no Sudeste da Ásia".[29] Mas, em um sinal de que essa disrupção tecnológica futura não devastará a sociedade nem a economia de Singapura, uma pesquisa feita pela empresa de contabilidade PwC descobriu que "mais de 90% dos singapurenses entrevistados disseram que aceitariam qualquer oportunidade dada por seus empregadores para usar uma tecnologia ou entendê-la melhor".[30] Isso mostra o desafio triplo para economias como os EUA e o Oeste Europeu. Governos e empresas devem investir mais em retreinamento contínuo de trabalhadores; sindicatos devem ser mais fortes, porém mantendo uma abordagem cooperativa com empresas e governo; e os próprios trabalhadores devem ser positivos e flexíveis acerca dos desafios econômicos futuros que eles e seu país enfrentarão.

---

[29] "Singapore Faces Biggest Reskilling Challenge in Southeast Asia", Justina Lee, *Nikkei Asian Review*, dezembro de 2018, https://asia.nikkei.com/Economy/Singapore-faces-biggest-reskilling-challenge--in-Southeast-Asia.

[30] "PwC's Hopes and Fears Survey", p. 4, PwC, setembro de 2019, https://www.pwc.com/sg/en/publications/assets/new-world-new-skills-2020.pdf.

Um Cenário de Negócios em Mudança

Tim Wu ainda estava no ensino fundamental em 1980, quando foi um dos primeiros em sua turma a ganhar um computador pessoal: o Apple II. O computador, icônico hoje em dia, impulsionou os criadores Steve Jobs e Steve Wozniak ao estrelato e anunciou uma nova era na tecnologia. Mas, para Tim e seu irmão, o Apple II era antes de tudo um modo animador de se familiarizar com a nova tecnologia. "Meu irmão e eu amávamos o Apple, nós éramos obcecados por ele", Wu nos contou.[31] Os dois pré-adolescentes transformariam em hobby o ato de retirar os chips do computador, repro-gramá-los e colocá-los de volta. Dois anos depois, quando redes de computa-dores foram introduzidas pela primeira vez, eles configurariam um modem de conexão discada, conectariam seu computador a outros computadores e criariam suas próprias redes. Aqueles anos formativos fizeram dos Wu nerds de tecnologia pela vida toda. O irmão de Tim, por fim, foi trabalhar como programador na Microsoft, e Tim conseguiu um serviço (não remu-nerado) no Google. Também por lá, Wu ainda estava muito animado. "Eu acreditava de verdade", ele disse. "Havia muita esperança em relação ao que o Google estava tentando fazer. Havia um sentimento de que poderíamos transcender todos os dilemas."

Hoje em dia, agora professor de direito na Universidade de Columbia, apesar de Wu ainda usar um notebook Apple, iPhone e serviços Google todos os dias, ele não é mais fã das empresas que elas se tornaram. Com avaliações de mercado que chegam ou ultrapassam mais de US$1 trilhão,[32] as empresas que um dia cabiam em uma garagem são as maiores empresas de capital aberto dos Estados Unidos. Os computadores pessoais já não são os produtos mais vendidos da Apple há muito tempo, perdendo esse lugar esse para o iPhone. E enquanto a maior parte do lucro ainda vem da sua linha sofisticada de hardware, incluindo iWatch, iPad e iPhone, seus pro-dutos de software bem protegidos e com copyright e a pioneira App Store agora formam o coração do seu ecossistema. O Google (agora sob a empre-sa-mãe Alphabet) passou de principal ferramenta de busca a um império em expansão ativo em tudo, de vendas por publicidade até compras, entre-tenimento e computação na nuvem. E enquanto muitas das primeiras em-presas de TI sumiram com o passar do tempo, Alphabet, Apple, Microsoft,

---

[31] Entrevista com Tim Wu por Peter Vanham, Nova York, outubro de 2019.

[32] "The 100 Largest Companies by Market Capitalization in 2020", Statista, acessado em outubro de 2020, https://www.statista.com/statistics/263264/top-companies-in-the-world-by-market-capitalization.

138 CAPITALISMO STAKEHOLDER

Facebook e Amazon consolidaram suas posições de liderança, tornando-se as gigantes corporativas de nossa era.

"O ponto de virada não foi essas gigantes indo embora nem crescendo demasiado", disse Wu. "Foi quando elas entraram em mercados demais." Foi um conselho que ele deu ao Google quando a conversa ainda era amigável. "Vocês têm essa coisa incrível", disse a eles, "mas precisam ser cuidadosos com mercados adjacentes". Wu estava tentando ser amigo do Google, segundo nos disse, mas queria ficar afastado do que chamou de "práticas moralmente dúbias". O conselho não foi ouvido. O resultado, afirmou, é que hoje as cinco maiores empresas de tecnologia se parecem mais com monopólios, como o provedor de telecomunicações AT&T nos anos 1980, do que com as upstarts que eram há algum tempo. Elas compram ou copiam competidores para proteger seus mercados, ele disse, agem como uma plataforma e um vendedor, e favorecem seus próprios produtos em suas lojas. E como os monopolistas de cada revolução industrial anterior, Wu argumenta, sufocam a economia e a competição ao fazê-lo, concentrando riqueza e poder nas mãos de poucos, em vez de muitos. Por esse motivo, Wu declara, essas grandes empresas de tecnologia deveriam enfrentar uma de duas medidas duras: ser reguladas como um monopólio natural ou ser divididas.

Wu está longe de ser o único nos Estados Unidos que compara a situação das big techs aos monopólios de eras anteriores. Quando visitei a senadora norte-americana Elizabeth Warren em Washington, D.C., no final de 2018, ela já contemplava uma posição similar contra os líderes de mercado em muitas das indústrias dos Estados Unidos, incluindo tecnologia, o setor farmacêutico e finanças. A colega de Wu na Escola de Direito de Columbia, Lina Khan, escreveu em 2016 um artigo seminal (enquanto estava em Yale), assumindo uma posição similar: "O Paradoxo Antitruste da Amazon."[33] Economistas como Gabriel Zucman, Emmanuel Saez, Kenneth Rogoff e os vencedores do Prêmio Nobel Paul Krugman e Joseph Stiglitz também disseram que as big techs têm "poder demais"[34] ou precisam ser reguladas com mais rigidez. Jornalistas importantes como Nicholas Thompson, o edi-

---

[33] "Amazon's Antitrust Paradox", Lina M. Kahn, *The Yale Law Journal*, janeiro de 2017

[34] "Big Tech Has Too Much Monopoly Power—It's Right to Take It On", Kenneth Rogoff, *The Guardian*, abril de 2019, https://www.theguardian.com/technology/2019/apr/02/big-tech-monopoly-power-elizabeth-warren-technology; Citação: Here are titles of some recent articles: Paul Krugman's "Monopoly Capitalism Is Killing US Economy", Joseph Stiglitz's "America Has a Monopoly Problem—and It's Huge", and Kenneth Rogoff's "Big Tech Is a Big Problem"; "The Rise of Corporate Monopoly Power", Zia Qureshi, Brookings, maio de 2019, https://www.brookings.edu/blog/up-front/2019/05/21/the-rise-of-corporate-market-power/.

tor-chefe na *Wired*, e Rana Foroohar, editora associada na *Financial Times*, também apoiam a ação antitruste contra as big techs. E até mesmo alguns cofundadores de gigantes de tecnologia que agora estão sob o escrutínio regulatório, como Steve Wozniak, da Apple,[35] e Chris Hughes, do Facebook, já se disseram a favor de uma regulação mais rigorosa. Para Wu, é a única atitude correta. "Eu sempre gostei da Apple de Wozniak", disse. "Eles fizeram coisas incríveis."

Mas assim como existem aqueles como Wu, Warren e Wozniak, que acreditam que os monopólios ou monopsônios (uma variação do monopólio na qual há apenas um comprador no mercado) de big techs precisam ser mais regulados, existem aqueles que acreditam que ações desse tipo podem ser contraproducentes. Eles apontam para o fato de que muitos serviços de big techs são gratuitos ou que os preços oferecidos são os menores e melhores do mercado (pense na Amazon). De qualquer maneira, dizem, o melhor modo de lidar com essas grandes empresas de tecnologia não é fragmentá-las ou regulá-las. Essas ações prejudicariam algumas das empresas mais inovadoras dos últimos anos e, portanto, o poder inovador da economia dos EUA. Alguns também apontam para uma guerra em curso pela hegemonia tecnológica, em grande parte entre os EUA e a China, onde restrições excessivas em empresas norte-americanas fazem com que elas percam essa briga.

Tive a oportunidade de conhecer todos os líderes dessas empresas de big tech ao longo do último ano e de acompanhar muitos deles de perto em sua jornada em direção ao sucesso. Por exemplo, visitei Mark Zuckerberg em um galpão em Palo Alto, quando ele tinha apenas dezoito empregados, e designei Jack Ma o "Jovem Líder Global" do Fórum Econômico Mundial, quando ele havia lançado o Alibaba. Estou convencido de que eles, após um período inicial em que devem ter se sentido como Alice no País das Maravilhas, se tornaram cada vez mais conscientes do impacto enorme que exercem nas vidas e identidades de indivíduos. E vejo entre eles uma preparação crescente para trabalharem de modo construtivo nas respostas para as preocupações legítimas da sociedade, como a propriedade de dados, algoritmos, reconhecimento facial e assim por diante. Eles sabem que é de seu próprio interesse em longo prazo não negligenciar essas preocupações, pois, do contrário, poderiam ser submetidos a regulações que prejudicariam mais ainda seu crescimento futuro.

---

[35] "Steve Wozniak Says Apple Should've Split Up a Long Time Ago, Big Tech Is Too Big", *Bloomberg*, agosto 2019, https://www.bloomberg.com/news/videos/2019-08-27/steve-wozniak-says-apple--should-ve-split-up-a-long-time-ago-big-tech-is-too-big-video.

CAPITALISMO STAKEHOLDER

No final das contas, quem está certo nesse debate? As big techs e outras empresas dominantes na economia de hoje estão ajudando ou prejudicando os trabalhadores e consumidores? Devemos atualizar nossas políticas de competição para torná-las adequadas à economia digital? E entramos em uma nova era dourada por causa das big techs, ou entraremos em um inverno de inovação se cercearmos as empresas mais bem-sucedidas de nossa era? Observar a história econômica através das lentes da Revolução Industrial pode ajudar a responder a essas importantes questões.

Revoluções Pré-Industriais

Antes do nascimento da era moderna, a maior parte das economias no mundo estava estagnada. A mudança mais significativa no modo de vida humana havia ocorrido mais ou menos há 10 mil anos, quando caçadores-coletores se assentaram e se tornaram agricultores. Essa mudança foi significativa de dois modos. A agricultura levou a um suprimento estável de alimentos e até mesmo a um excedente regular pela primeira vez,[36] e um modo não nomádico de vida permitiu que as pessoas guardassem comida e domesticassem animais, fornecendo mais fontes de nutrição, incluindo carne e produtos derivados do leite. Com a ajuda de mais avanços tecnológicos, como o desenvolvimento do arado, da roda, da olaria e de ferramentas de ferro, essa era consistiu em uma verdadeira revolução agrícola. Teve importantes consequências políticas, econômicas e sociais.

Socialmente, o novo modo de vida sedentário permitiu o desenvolvimento de vilas, cidades, sociedades e até mesmo dos primeiros impérios. Politicamente, essas sociedades começaram a ver hierarquias pela primeira vez, quando o excedente de alimentos permitiu que determinadas classes de pessoas vivessem da comida produzida pelas outras. E, economicamente, os primeiros comércios e especialização levaram a um aumento modesto na riqueza em geral. Quase invariavelmente, as civilizações emergentes que se seguiram consistiam em uma classe superior de guerreiros e líderes espirituais, uma classe média de mercadores, comerciantes e trabalhadores especializados (fazendo cerâmica, roupas e outros produtos), e uma grande classe de base de servos e fazendeiros, que produziam alimento para eles mesmos e para os outros, geralmente em um sistema de subserviência às

---

[36] Alguns estudiosos contestam essa ideia. Yuval Noah Harari, por exemplo, tem muito menos entusiasmo acerca do impacto da revolução agrícola na qualidade e quantidade do suprimento de comida para as pessoas.

classes superiores. É um padrão antigo que veremos ao longo da história: avanços tecnológicos levaram a um aumento significativo na riqueza, mas esse excedente quase sempre é distribuído de modo desigual e até mesmo monopolizado por um pequeno grupo de pessoas no topo da sociedade.

O milênio seguinte viu muitas mudanças na estrutura política e social, assim como vários períodos de inovação. No território eurasiático, da China à Índia, e do mundo árabe à Europa, ocorreram avanços durante a era medieval em tipografia, finanças e contabilidade, assim como em navegação, guerra e transportes. Como vimos em capítulos anteriores, esses avanços tecnológicos estimularam várias ondas de comércio intercontinental e levaram a um significativo incremento no estilo de vida das pessoas, particularmente nas classes superiores. Era o tempo dos impérios Persa, Otomano, Mongol e Ming.

Na Europa, que fica para trás na tendência eurasiática, o Renascimento e o início do período moderno finalmente viram uma verdadeira revolução científica. Isso levou a grandes mudanças na sociedade e na política, como a dominação de poderes europeus na economia global, a reforma no cristianismo europeu e a Paz de Vestfália na política europeia. E, com a ajuda do compasso, embarcações a vela, poder de armamentos e outras aplicações dessa revolução científica, poderes europeus também estabeleceram vários impérios comerciais globais, como a gigantesca Companhia das Índias Orientais, sobre a qual escrevemos nos capítulos anteriores. Mas mesmo com esses avanços na tecnologia e na riqueza, até o fim do século XVIII a grande maioria dos europeus ainda se dedicava ativamente à agricultura, com vidas pouco distantes daquelas de seus antecessores muitos séculos atrás.

A Primeira Revolução Industrial

Tudo isso mudou com a chegada da chamada Primeira Revolução Industrial, primeiramente na Grã-Bretanha. Nos anos 1760, James Watt e seu motor a vapor estavam prontos para revolucionar a indústria. O progresso era irregular no início, mas até o começo do século XIX os empreendedores britânicos estavam em vias de se tornarem os mais bem-sucedidos do mundo. Em questão de décadas, trens a vapor, navios e maquinário britânicos tomaram conta do mundo, e a Grã-Bretanha se tornou o império global mais poderoso. Indústrias inteiras se transformaram, mais particularmente a agricultura e a fabricação têxtil. Em vez de serem alimentadas

142 CAPITALISMO STAKEHOLDER

pela força do homem ou de cavalos, elas agora eram alimentados por máquinas, permitindo um aumento múltiplo na produção agrícola e ainda maior na fabricação industrial. A economia britânica — medida na produção de produtos finais — começou a crescer por vários pontos percentuais ao ano, em vez de 0,1% ou 0,2%, que era a norma em séculos anteriores. A população cresceu rápido. E, embora houvesse muito mais bocas para alimentar, menos pessoas (e cavalos) eram necessários no setor agrícola. Até o final do século XIX, portanto, mais de metade da população havia se mudado para cidades industriais como Londres, Manchester ou Liverpool, e a maioria delas trabalhava nas fábricas.

Quem mais se beneficiou dessa Primeira Revolução Industrial foram os empreendedores capitalistas britânicos. O capitalismo não era novidade. Existia na Europa, pelo menos, desde quando os mercadores venezianos compartilharam o risco da navegação no comércio medieval do Mediterrâneo, mas agora era usado principalmente para financiar fábricas e suas máquinas, em vez do comércio. Aqueles que tinham capital suficiente nas mãos — normalmente grandes donos de terras, mercadores bem-sucedidos e membros de famílias aristocratas — podiam investir em novas tecnologias e iniciar empresas bem-sucedidas. Com um mercado mundial agora à disposição, eles embolsaram lucros enormes. E como a mão de obra necessária para operar máquinas não era tão especializada quanto a necessária para fabricar produtos à mão, esses primeiros industriais tinham um poder de barganha sobre os trabalhadores, o que levou a situações de exploração (e isso na Grã-Bretanha, o país mais rico da época; nos países onde a manufatura artesanal foi dizimada, como a Índia e a China, a situação era muito pior, já que praticamente não havia vencedores).

Conforme o século XIX progrediu, as tecnologias da Primeira Revolução Industrial também se espalharam para outros países, principalmente na Europa continental (mais notavelmente na Bélgica, França e Alemanha) e na antiga colônia britânica do outro lado do oceano Atlântico Norte, os Estados Unidos. A transformação tecnológica coincidiu com uma transformação política, econômica e social. No final dos anos 1800, a situação difícil dos trabalhadores comuns havia se tornado tão problemática na Inglaterra, Bélgica, França e Alemanha, que alguns membros das novas classes principais condenaram os excessos. Victor Hugo escreveu *Os Miseráveis*, destacando as condições de exploração nas quais franceses comuns tinham que trabalhar. Os emigrados alemães Karl Marx e Friedrich Engels escreveram artigos de jornal e até livros sobre o destino do proletariado na Inglaterra in-

Tecnologia 143

dustrial, que era tudo menos positivo. E Charles Dickens, algumas décadas antes, notoriamente escreveu que aqueles não eram apenas os "melhores tempos", mas também os "piores tempos", a "temporada da escuridão" e o "inverno do desespero".[37] Esse era o resultado da industrialização ou da globalização? Na verdade, provavelmente de ambas. Como vimos no capítulo anterior, os trabalhadores começaram a se unir contra as injustiças que enfrentavam e demandaram direitos políticos, melhores salários e circunstâncias de trabalho, e até mesmo uma derrubada da nova hierarquia social, na qual industriais haviam substituído reis e padres no topo da sociedade e trabalhadores das fábricas haviam substituído servos e outros pequenos agricultores na base.

Nos Estados Unidos, a Revolução Industrial também levou a uma situação insustentável. Os avanços tecnológicos em transporte, finanças e energia levaram à formação de oligopólios e monopólios: empresas com mais capital e recursos iniciais poderiam pagar pelas últimas tecnologias em maior escala, oferecer os melhores serviços e, por isso, ganhar uma participação maior no mercado, lucrar mais e vencer a competição ou comprar outras empresas. No setor de transportes, por exemplo, isso levou à posição dominante as empresas de ferrovias conectando o Centro-oeste à Nova York, controladas por Cornelius Vanderbilt, um magnata também ativo na navegação. No setor de energia, isso permitiu que o astuto John D. Rockefeller surgisse praticamente do nada e construísse a maior empresa de petróleo do mundo, a Standard Oil, e mais tarde também criasse o primeiro truste (hoje a Standard Oil subsiste na ExxonMobil, ainda a maior empresa de petróleo dos Estados Unidos). Na indústria do aço, permitiu que o norte--americano nascido na Escócia, Andrew Carnegie, criasse o precursor da U.S. Steel, que mais tarde se tornou o monopólio da produção de aço nos EUA. Na produção de carvão, levou Henry Frick a estabelecer a Frick Coke Company, que controlou 80% da produção de carvão na Pensilvânia,[38] tomando o leme de vários outros conglomerados da época. E nos bancos, permitiu que magnatas como Andrew Mellon, da BNY-Mellon, e John Pierpont Morgan, fundador do que hoje é o JPMorgan Chase, construíssem algumas das maiores empresas financeiras que os Estados Unidos já viram.

Hoje em dia, conhecemos muitos desses magnatas industriais por meio de suas contribuições sociais, que incluem o Centro Rockefeller, o Carnegie

---

[37] *A Tale of Two Cities*, Charles Dickens, Chapman & Hall, 1859 (*Um Conto de Duas Cidades*, no Brasil).

[38] "The Emma Goldman Papers", Henry Clay Frick *et al.*, Editora da Universidade da Califórnia, 2003, https://www.lib.berkeley.edu/goldman/PublicationsoftheEmmaGoldmanPapers/samplebiographies-fromthedirectoryofindividuals.html.

Hall e muitas organizações filantrópicas ainda ativas atualmente. Mas, no final dos anos 1880, eles eram mais conhecidos por sua riqueza opulenta e suas práticas de negócio com frequência questionáveis. Enquanto o patrimônio deles, nos termos atuais, excederia até mesmo o de Bill Gates e Jeff Bezos, o do homem ou da mulher comum era muitas vezes não existente. A pobreza extrema era a norma nos cortiços de grandes cidades como Nova York, Filadélfia, Pittsburgh e Chicago. Os salários dos trabalhadores eram baixos, e o poder de fazer acordos era ausente ante o poder econômico dos trustes. O contraste entre as condições de vida de ricos e pobres era tão chocante que, em 1873, Mark Twain e Charles Dudley Warner escreveram um livro satírico sobre o assunto, cujo título se tornou um apelido para a era: *The Gilded Age: A tale of today*. Mas, no começo dos anos 1900, a situação também levou à primeira era do "populismo" na política norte-americana. O People's Party (Partido Popular) tornou-se, em 1892, o primeiro partido menor (diferente dos Democratas e Republicanos) a vencer cadeiras eleitorais na eleição presidencial, defendendo os direitos da "mão de obra rural e urbana" contra a "ruína moral, política e material" que o partido principal de então havia supostamente causado. Em 1896, o candidato do People's Party original até se tornou o candidato presidencial oficial da Convenção Democrata Nacional, apesar de não vencer a eleição presidencial — William Jennings Bryan perdeu para o republicano William McKinley.

A Primeira Revolução Industrial trouxe ganhos incríveis para o patrimônio dos países que a lideravam, mas também um sofrimento incrível para os pobres nas nações industrializadas. Mas também não havia beneficiado aqueles que viviam em nações que ficaram para trás na Revolução Industrial, como os países asiáticos que até então haviam liderado o mundo em PIB: China, Japão e Índia. Por lá, houve o colapso de sistemas políticos inteiros, ao que se seguiu o caos ou a colonização. Mas nos Estados Unidos e no Oeste Europeu, quando a reação popular cresceu tanto que foi impossível ignorá-la, foram tomadas atitudes no sentido de acabar com os excessos da riqueza e colocar um limite no sofrimento da classe trabalhadora. Na Europa, do Reino Unido à Alemanha, partidos socialistas foram eleitos para o governo depois de o sufrágio universal ter sido introduzido em uma série de reformas dos anos 1870 até os anos 1920. Partidos conservadores e cristãos democratas também adotaram medidas mais socialmente conscientes. O governo de Otto von Bismarck na Alemanha, por exemplo, de inclinação conservadora, implementou assim mesmo uma série de reformas sociais nos anos 1880, que foram o núcleo da segurança social que os europeus do Oeste conhecem hoje em dia.

Tecnologia 145

Nos Estados Unidos, em contraste, o foco naqueles primeiros anos não estava tanto em fornecer segurança social, mas em forçar o antitruste. (O programa de segurança social não chegaria até 1935, com a Grande Depressão,[39] que deixou dezenas de milhões de pessoas sem emprego, comida e moradia.) Em 1890, ficou claro para legisladores que era preciso lidar com as ações prejudiciais dos barões ladrões, que corromperam a política e monopolizaram setores industriais inteiros. A primeira lei antitruste foi aprovada naquele ano e recebeu emendas várias vezes nos anos subsequentes. Em 1914, mais duas importantes leis foram aprovadas, incluindo a que criou a Comissão Federal de Comércio nos Estados Unidos. Juntas, essas leis precisavam garantir que os trustes de homens como Rockefeller não poderiam mais criar monopólios de fato, seja ao comprar todos os competidores ou conspirando contra eles nos preços. A quebra mais famosa que se seguiu foi a da Standard Oil em 1911, que "controlava mais de 90% do petróleo refinado nos Estados Unidos"[40] na virada do século. A empresa foi dividida em 34 partes diferentes, algumas das quais sobrevivem hoje como braços ou empresas separadas, incluindo a ExxonMobil (que já foi dividida como Exxon e Mobil), Chevron e Amoco. Outras indústrias também enfrentaram escrutínio regulatório. O poder de monopólio era ruim para a inovação, acreditavam os reguladores, era ruim para os consumidores e era ruim para a competição. Ele precisava ser impedido.

A Segunda Revolução Industrial

Como costuma acontecer na história econômica e política, as atitudes tomadas por governos no mundo industrializado se provam mais bem-sucedidas em resolver os problemas do presente e do passado, mas nem tanto em resolver aqueles do futuro. Uma Segunda Revolução Industrial havia se estabelecido, e as tecnologias que ela gerou, o motor de combustão interna e eletricidade, levaram a um novo conjunto de produtos, como carros, aviões e redes elétricas e o telefone. Com o tempo, elas criariam, reformariam e dominariam indústrias, tanto quanto as tecnologias da Primeira Revolução Industrial haviam feito antes. Mas o atrito geopolítico em 1914 interrompeu as dinâmicas econômicas do mundo industrializado. Na Primeira e na Segunda Guerra Mundial, a tecnologia era vista mais como um poder des-

---

[39] "Historical Background and Development Of Social Security", Administração da Segurança Social, https://www.ssa.gov/history/briefhistory3.html.

[40] "Standard Ogre", *The Economist*, dezembro de 1999, https://www.economist.com/business/1999/12/23/standard-ogre.

trutivo do que como um motor econômico. A Primeira Guerra Mundial foi a última na qual cavalos foram utilizados de modo estratégico. A Segunda Guerra Mundial foi a primeira na qual tanques e aviões dominaram o campo de batalha. Dezenas de milhões de pessoas morreram, muitas delas por meio de ferramentas das últimas tecnologias.

Em 1945, um novo mundo emergiu e, dessa vez, a tecnologia exerceria um papel muito mais universalmente positivo no Ocidente, especialmente para trabalhadores de colarinho azul e a classe média, apontou o economista Carl Frey em seu livro *The Technology Trap*. O automóvel dos dois lados do Atlântico logo se tornou um meio de transporte de massa, acessível tanto para o trabalhador comum quanto para a classe alta. A eletricidade tornou-se padrão em todos os lares, e suas aplicações incluíam a máquina de lavar roupas, o ar-condicionado e a geladeira, que tornavam a vida mais fácil, mais saudável e mais limpa para todo mundo e ajudaram muito a emancipar as mulheres. E as indústrias que a eletricidade e o transporte ajudaram a criar abriram muitas oportunidades de emprego para a classe média, mesmo para trabalhadores de qualificação baixa a média. Máquinas de fábrica dessa vez eram complementares aos trabalhadores, aliviando-os do trabalho pesado ao mesmo tempo em que ainda dependiam deles em grande número. E motoristas, operadores de telefone, secretárias e atendentes estavam todos em alta demanda, em uma economia que cada vez mais resvalava entre a fabricação industrial e os serviços.

Essa explosão de riqueza difundida, que foi acompanhada por um *baby boom*, permitiu que países fortalecessem mais seus sistemas de segurança social e educação, saúde e políticas de moradia. Nos Estados Unidos, o presidente Lyndon Johnson anunciou o programa Grande Sociedade.[41] O objetivo era eliminar a pobreza e questões raciais através de iniciativas como a guerra à pobreza, introduzir programas de saúde como o Medicare e o Medicaid, e obrigar a construção de muitas novas escolas e faculdades, assim como o estabelecimento de bolsas e um Teacher Corps. Na Europa, o estado do bem-estar social foi introduzido, com saúde pública universal gratuita, educação gratuita e moradia subsidiada pelo Estado.

Enquanto isso, a ação antitruste continuou na agenda política. Nos Estados Unidos, a recém-surgida indústria de telecomunicações havia se consolidado a tal ponto que, nos anos 1960, a Bell Company (agora AT&T) era, de fato, um monopólio. Usando a legislação antitruste estabelecida de-

---

[41] "The Presidents of the United States of America": Lyndon B. Johnson, Frank Freidel e Hugh Sidey, Associação Histórica da Casa Branca, 2006, https://www.whitehouse.gov/about-the-white-house/presidents/lyndon-b-johnson/

pois da Primeira Revolução Industrial, ela também foi quebrada, abaixando preços e melhorando o serviço drasticamente nas décadas seguintes, e liberando uma nova onda de inovação, que no fim das contas levou à telefonia móvel. Na Europa, países escolheram uma forma mais direta de regulação, configurando fornecedores de eletricidade e telecomunicações como monopólios do Estado. Isso também garantiu que qualquer lucro além da taxa de mercado beneficiasse a sociedade, mesmo que indiretamente. Porém, sufocou a inovação e a competição, enquanto os empreendimentos estatais perdiam o apetite ao longo do tempo para fornecer um serviço melhor a um preço menor, sem um forte incentivo de competição.

A indústria automobilística se tornou competitiva o suficiente para não exigir ação antitruste, embora agora saibamos que ela usou sua influência política e poder econômico para fazer lobby por resultados abaixo dos ideais no setor de transportes, particularmente favorecendo o financiamento para carros e ônibus e sua infraestrutura, em detrimento dos trens e bondes, e atrasando a introdução de motores elétricos. Mas a concentração de mercado permaneceu relativamente baixa, em parte devido ao crescimento da competição internacional ao longo do tempo. O setor também criou, direta e indiretamente, milhões de empregos e viabilizou um estilo de vida de classe média para mais dezenas de milhões de pessoas. Por esses motivos, os fabricantes de automóveis evitaram o escrutínio regulatório e estavam entre as empresas mais reverenciadas do mundo.

Talvez como consequência do papel muito mais positivo que a tecnologia e as empresas exerceram nessa era dourada ocidental, as visões ideológicas das pessoas acerca do capital contra o trabalho e do homem contra a máquina suavizaram significativamente. Mais importante, os economistas também elogiaram mais os efeitos positivos dos empreendimentos e suas inovações no desenvolvimento social e econômico. O economista austríaco Joseph Schumpeter já nos anos 1940 viu um mundo emergir no qual a "destruição criativa"[42] levava ao desmonte de velhas empresas e seus produtos, por novas empresas e seus avanços tecnológicos. O carro substituiu o cavalo, o avião substituiu o navio, e aparelhos eletrodomésticos substituíram trabalhadores domésticos. Milton Friedman e seus colegas na Universidade de Chicago (a chamada Escola de Chicago) deram um passo além. Friedman acreditava no papel naturalmente positivo dos negócios no sistema econômico. A mão invisível garantiria que mercados sempre tivessem um resultado ideal, maximizando a utilidade para a sociedade. Isso significava

---

[42] Termo cunhado em "Capitalism, Socialism and Democracy", Joseph Schumpeter, Harper Brothers, 1950 (publicado pela primeira vez em 1942).

que "há uma e apenas uma responsabilidade social da empresa", escreveu Friedman em um ensaio de 1970 no *New York Times*.[43] Ela é "usar seus recursos e se envolver em atividades projetadas para aumentar seus lucros, contanto que permaneça dentro das regras do jogo". No contexto da Segunda Revolução Industrial e do papel amplamente positivo que as empresas exerciam no desenvolvimento econômico e social da época, era compreensível. Mas isso provaria ter mais consequências negativas apenas décadas mais tarde, conforme o impacto positivo das empresas na sociedade desaparecia cada vez mais, na Terceira e na Quarta Revoluções Industriais.

A Terceira Revolução Industrial

Nos anos 1970 e 1980, enquanto o caso antitruste contra a Bell Company passava por obstáculos políticos e judiciais, duas pequenas empresas de computadores criadas em garagens de Albuquerque e Cupertino alterariam o curso da história econômica no futuro. A Microsoft e a Apple Computer inicialmente construíram computadores pessoais, como o que Tim Wu ganhou de seus pais. Mas, conforme os anos 1980 avançavam, essas empresas se tornavam cada vez mais famosas por seus softwares, incluindo MS-DOS, Windows e Mac OS. E nos anos 1990, a Microsoft e a Apple ajudaram a levar a internet para o escritório e a sala de estar. Ao longo do caminho, o computador pessoal se transformou de um dispositivo de nicho grande e caro para ser a mais importante ferramenta dos trabalhadores na economia moderna. Essa revolução, que trouxe ao mundo a tecnologia da informação (TI) e a internet, e todas as aplicações e indústrias que seguiram em paralelo, ficou conhecida como a Terceira Revolução Industrial.

A Terceira Revolução Industrial aprimorou muito a produtividade dos trabalhadores de colarinho branco. Eles podiam processar muito mais informação muito mais rápido e coordenar-se instantaneamente com colegas de trabalho em qualquer lugar, na ponta dos dedos. E isso ajudou a liberar a maior onda de globalização da história: a fabricação industrial poderia ser dissociada do backoffice, a sede de uma empresa de sua cadeia de valor global. Essa revolução de TI e da internet foi o que permitiu que países como China, Indonésia, Vietnã e México integrassem a economia mundial, ajudando centenas de milhões de pessoas a entrarem na classe média.

---

[43] "A Friedman Doctrine—The Social Responsibility Of Business Is to Increase Its Profits", Milton Friedman, *The New York Times*, setembro de 1970, https://www.nytimes.com/1970/09/13/archives/a--friedman-doctrine-the-social-responsibility-of-business-is-to.html.

Seu efeito líquido em escala global foi, sem dúvidas, positivo. Na Primeira e na Segunda Revolução Industrial, a riqueza era acumulada no topo e no meio de nações industrializadas ocidentais. Na Terceira Revolução Industrial, mercados emergentes finalmente receberam uma fatia justa do bolo. Os economistas Christoph Lakner e Branko Milanovic mostraram o efeito em seu conhecido gráfico de "elefante".[44] Ele ilustrou que de 1988, quando a revolução de TI estava a todo vapor, até 2008, quando a internet havia sacudido as cadeias de suprimento do mundo, a classe média global se beneficiou, assim como o 1% nas nações industrializadas. Mas a classe média ocidental pagou um preço. Por conta da revolução de TI, seus empregos poderiam ser ocupados por trabalhadores com salários menores em outros lugares, colocando pressão tanto nos seus empregos quanto nos salários.

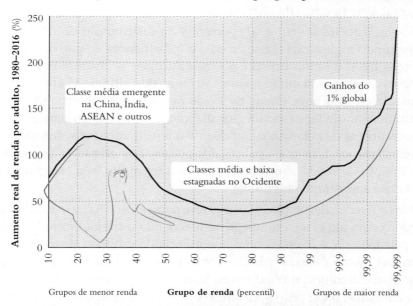

Figura 6.2 A Curva de Elefante da Desigualdade e do Crescimento Globais

Fonte: World Inequality Report (2018). Inspirado por Lakner e Milanovic, *World Bank Economic Review* (2015). O elefante foi adicionado primeiro por Caroline Freund[45] (Peterson Institute for International Economics).

---

[44] "Global Income Distribution From the Fall of the Berlin Wall to the Great Recession", Christoph Lakner e Branko Milanovic, Banco Mundial, dezembro de 2013, http://documents.worldbank.org/curated/en/914431468162277879/pdf/WPS6719.pdf.

[45] "Deconstructing Branko Milanovic's 'Elephant Chart': Does It Show What Everyone Thinks?", Caroline Freund, PIIE, novembro de 2016, https://www.piie.com/blogs/realtime-economic-issues-watch/deconstructing-branko-milanovics-elephant-chart-does-it-show.

150 CAPITALISMO STAKEHOLDER

Esse insight pode ser visto no gráfico de "elefante" mais recente, que foi atualizado para o Relatório de Desigualdade Mundial de 2018 (veja a Figura 6.2). Ele mostra a porcentagem de crescimento de renda (no eixo vertical) de cada percentil da população global (classificado do mais pobre ao mais rico, na linha horizontal). Podemos ver que a maioria entre o 10º e o 50º percentis da distribuição de renda (que incluem muitas das classes médias emergentes da China, Índia, ASEAN e outros lugares) viu um crescimento de renda muito positivo, comumente de mais de 100%; esse grupo forma as "costas" do elefante. O 1% mais rico — a elite global, incluindo as classes profissionais no Ocidente — também teve uma taxa alta de crescimento de renda, com o 0,1% e o 0,01% se beneficiando ainda mais, relativamente falando; ele forma a ponta da tromba do elefante. Esses dois grupos foram, em geral, beneficiários da globalização.

Porém, aqueles no 60º a 90º percentis da distribuição de renda global — incluindo muitos nas classes média e trabalhadora de países ocidentais como os EUA, o Reino Unido e o Oeste Europeu — tiveram uma taxa de crescimento de renda muito menor. Ao longo dos últimos 35 anos, sua renda média cresceu pouco mais de 1% ao ano, quando cresceu. Muitos não sentiram nenhum benefício da globalização, e muitos até mesmo perderam seus empregos de colarinho azul devido à terceirização envolvendo países de renda menor. E os mais pobres dos pobres, nos primeiros percentis da distribuição de renda, também não avançaram muito (seu crescimento de renda não é mostrado no gráfico).

Mas a Terceira Revolução Industrial teve outro efeito. Ela introduziu o efeito de rede como uma força competitiva, prendendo usuários em redes utilizadas pela maioria, e intensificou a importância da propriedade intelectual. A Microsoft foi um caso em questão. Conforme os computadores pessoais conquistaram o escritório, o Windows da Microsoft se tornou o sistema operacional dominante; o Office, o software; e o Internet Explorer, o navegador. Isso deveu-se em grande parte às suas funcionalidades e a um acordo inicial com a IBM, mas a Microsoft também foi rápida em prender os consumidores aos produtos: ela pré-instalou o Internet Explorer no Windows, efetivamente unindo os dois, e dificultou o acesso aos arquivos em seus programas do Office ou do Windows Media Player para usuários de outros sistemas operacionais. Isso chamou a atenção das autoridades antitruste dos EUA e da Europa: a Microsoft estava utilizando indevidamente o seu poder? No dia 7 de junho de 2000, depois de uma investigação de sete anos, o Tribunal do Distrito de Washington, D.C., chegou a um veredito: sim, a Microsoft havia utilizado de forma indevida o seu poder de monopólio e deveria ser dividida em duas empresas separadas, uma produzindo o sistema operacional e outra, o software.[46] Em 2004, a Comissão Europeia também considerou a Microsoft culpada de práticas anticompetitivas, num caso relacionado ao Windows Media Player. Ela ordenou uma multa de em torno de €500 milhões.[47] Mas enquanto a Microsoft pagava a multa europeia, a mais alta já dada a uma empresa até aquele ponto, ela conseguiu ser bem-sucedida ao apelar contra a decisão dos Tribunais Distritais dos EUA para dividi-la. Em 2001, um novo veredito foi alcançado: a Microsoft continuaria a operar como uma única empresa.

De acordo com Tim Wu, esse foi um ponto de virada nas ações antitruste dos Estados Unidos e da Europa. A Comissão da UE, encorajada por seus sucessos, se tornou cada vez mais agressiva na proteção dos interesses do consumidor e no combate aos monopólios. Em busca de criar um mercado europeu comum, ela também abriu mercados nacionais, levando a uma competição maior, a preços menores e a melhores serviços em muitas indústrias. Nos EUA, pelo contrário, a concentração de mercado continuou a subir nos anos seguintes, conforme as autoridades antitruste permaneciam à margem. De fato, nas duas décadas desde a decisão judicial sobre a Microsoft, o jornalista David Leonhard observou no *New York Times* (citando pesquisa do economista Thomas Philippon): "Algumas empresas cresceram tanto que têm o poder de manter os preços altos e os salários baixos. É ótimo para essas corporações — e ruim para quase todas as outras pessoas."[48] A situação resultante é uma de oligopólios factuais:

> Muitos norte-americanos têm uma escolha entre dois provedores de internet. A indústria das companhias aéreas é dominada por quatro grandes operadoras [American, United, Delta e Southwest]. Amazon, Apple, Facebook e Google estão crescendo cada vez mais. Um ou dois sistemas hospitalares controlam muitos mercados locais. Home Depot e Lowe's deslocaram lojas locais de hardware. Cadeias regionais de farmácias como Eckerd e Happy Harry's foram engolidas por gigantes nacionais.[49]

---

[46] US District Court for the District of Columbia 97 F. Supp. 2d 59 (D.D.C. 2000), 7 de junho de 2000, https://law.justia.com/cases/federal/district-courts/FSupp2/97/59/2339529/.

[47] Decisão da Comissão de 24 de maio de 2004 relativa ao procedimento de acordo com o Artigo 82, Tratado EC, e Artigo 54 do Acordo EEE contra a Microsoft Corporation, EurLex, https://eur-lex.europa.eu/legal-content/EN/ALL/?uri=CELEX:32007D0053.

[48] "Big Business Is Overcharging You $5,000 a Year", David Leonhardt, *The New York Times*, novembro de 2019, https://www.nytimes.com/2019/11/10/opinion/big-business-consumer-prices.html.

[49] Ibidem.

152 CAPITALISMO STAKEHOLDER

Seria errado atribuir essa evolução meramente à tecnologia ou à globalização, também argumentaram economistas como Philippon e acadêmicos de direito como Wu e Lina Khan. É claro que a tecnologia permitiu que essas empresas continuassem seu crescimento global. Ela criou as ferramentas para que consolidassem suas posições de mercado. Mas foi o Estado que permitiu que isso acontecesse. Como? Primeiro, ao focar as ações antitruste no setor de tecnologia nos preços ao consumidor, como a Escola de Chicago havia discutido algumas décadas antes, perdeu de vista o cenário maior do que estava acontecendo. No caso de serviços como Facebook e Google, o preço ao consumidor parou de ser a medida relevante. O consumidor, na verdade, se tornou o produto. O uso de muitos serviços era gratuito, mas, por outro lado, os usuários eram alvo de anúncios personalizados. No mercado de anúncios online, então, as empresas de big tech estabeleciam o preço, sem competição. Mas como esse mercado é menos visível, ele não incitou o mesmo escrutínio regulatório. Já na Europa, a DG Comp, a vigilante de competição da UE, observou indicadores de mercado mais amplos, permitindo uma intervenção mais rápida. Segundo, ao prender consumidores por meio do efeito de rede (como consumidor, você não quer ser o único a não usar uma determinada rede social), a big tech também conseguiu estabelecer regras no uso de dados pessoais nunca vistas até então. Como essas práticas simplesmente não existiam nas revoluções industriais anteriores, até recentemente não havia modelo para reguladores agirem contra elas.

Como indicado, a Comissão Europeia ofereceu um caminho alternativo para lidar com essas situações. A comissária europeia da concorrência emitiu multas mais caras e em maior número para empresas monopolistas desde o caso histórico da Microsoft. Google, Intel e Qualcomm, todas foram multadas em mais de US$1 bilhão[50] por práticas anticompetitivas, com o Google recebendo até uma segunda multa de €1 bilhão pelo regulador antitruste em março de 2019 por "práticas abusivas na publicidade online".[51] A Comissão também agiu contra cartéis, como aqueles envolvidos na fabricação de caminhões,[52] produção de tubos de TV, câmbio, reparo de carros, elevadores, vitaminas e frete aéreo, exigindo mais de €26 bilhões

---

[50] "The 7 Biggest Fines the EU Have Ever Imposed against Giant Companies", Ana Zarzalejos, Business Insider, julho de 2018, https://www.businessinsider.com/the-7-biggest-fines-the-eu-has-ever-imposed-against-giant-corporations-2018-7.

[51] Antitrust: Commission fines Google €1.49 billion for abusive practices in online advertising, Comissão Europeia, março de 2019, https://ec.europa.eu/commission/presscorner/detail/en/IP_19_1770.

[52] Antitrust: Commission fines truck producers € 2.93 billion for participating in a cartel, Comissão Europeia, julho de 2016, https://ec.europa.eu/commission/presscorner/detail/es/IP_16_2582.

em multas no total desde o ano de 2000;[53] e bloqueou ativamente fusões, garantindo que empresas grandes continuem a sentir a pressão competitiva de novos participantes. Em anos recentes, ela notavelmente interrompeu as fusões de Alstom e Siemens, duas importantes empresas ferroviárias, e a criação de um empreendimento conjunto entre as gigantes do aço Tata Steel e ThyssenKrupp. Das 200 fusões sobre as quais tomou uma decisão crucial de segunda fase desde 1990, 30 foram bloqueadas, 133 foram permitidas se determinadas condições fossem atendidas e apenas 62 receberam um sinal verde completo.[54] Nos anos seguintes, segundo o *Financial Times*, a comissária da concorrência planeja ser ainda mais agressiva, particularmente em relação às big techs: "Seremos muito mais conscientes acerca do que é necessário [...] em um mercado que foi assolado pelo comportamento ilegal de uma ou mais empresas", disse ela,[55] adicionando que "fragmentar empresas [...] é uma ferramenta que temos disponível". Thomas Philippon acredita que ela está certa ao tomar essa posição assertiva, pois isso significa que "consumidores da UE estão em melhores condições do que os norte-americanos atualmente [...] A UE adotou o manual [de antitruste] dos EUA, que os próprios EUA abandonaram".[56]

Ainda assim, mesmo que uma abordagem como a que foi adotada na Europa pareça ser a correta para proteger os interesses dos cidadãos, pode prejudicar a competitividade das empresas de tecnologia europeias a nível global. No caso da fusão proposta de Alstom-Siemens, por exemplo, a participação no mercado da empresa combinada teria sido problemática no mercado europeu, mas a escala resultante teria permitido que a empresa competisse mais eficazmente em nível global, onde agora está enfrentando competidores ainda maiores, apoiados pelo Estado chinês (CRRC),[57] assim como empresas japonesas e canadenses de tamanho similar, como Hitachi e Bombardier.

Em parte um resultado desse escrutínio maior na Europa, empresas de tecnologia europeias não foram capazes de decolar de fato no âmbito global nos anos recentes. Dentre as dez empresas de tecnologia mais valiosas do mun-

---

[53] Estatísticas de Cartel, Comissão Europeia, período 2015–2019, https://ec.europa.eu/competition/cartels/statistics/statistics.pdf.

[54] Estatísticas de fusão, Comissão Europeia, https://ec.europa.eu/competition/mergers/ statistics.pdf.

[55] "Vestager Warns Big Tech She Will Move beyond Competition Fines", Javier Espinoza, *Financial Times*, outubro de 2019, https://www.ft.com/content/dd3df1e8-e9ee-11e9-85f4-d00e5018f061.

[56] https://www.nytimes.com/2019/11/10/opinion/big-business-consumer-prices.html.

[57] "The Alstom-Siemens Merger and the Need for European Champions", Konstantinos Efstathiou, Instituto Bruegel, março de 2019, https://www.bruegel.org/2019/03/the-alstom-siemens-merger-and-the-need-for-european-champions/.

do em 2020, seis vieram dos EUA e quatro da Ásia. As empresas da Europa e de outras regiões seriam capazes de competir com essas gigantes? O caminho ideal para criar um campo de jogo nivelado, claro, seria uma abordagem mais regulatória e uma política internacional, possivelmente integrando medidas antitruste em uma Organização Mundial do Comércio mais profundamente reformada. Mas, dadas as dificuldades que a organização está enfrentando, esse pode parecer um resultado improvável no curto prazo.

A Quarta Revolução Industrial

Mesmo que muitas tecnologias da Terceira Revolução Industrial ainda estejam em jogo no mercado, nós entramos na Quarta Revolução Industrial. Como escrevi em 2016:

> Essa Quarta Revolução Industrial é caracterizada por uma fusão de tecnologias que está borrando as margens entre as esferas física, digital e biológica. A inteligência artificial já está ao nosso redor, de carros autônomos a drones e assistentes virtuais, e software que pode traduzir ou investir. Um progresso impressionante foi feito em IA nos últimos anos, movido pelo aumento exponencial no poder de computação e pela disponibilidade de grandes quantidades de dados, e de softwares usados para descobrir novas drogas a algoritmos para prever interesses culturais. Enquanto isso, tecnologias de fabricação digital estão interagindo com o mundo biológico todos os dias. Engenheiros, designers e arquitetos combinam design computacional, fabricação aditiva, engenharia de materiais e biologia sintética para desbravar simbioses entre micro-organismos, nossos corpos, os produtos que consumimos e até mesmo os prédios onde moramos.[58]

As tecnologias da Quarta Revolução Industrial mais uma vez têm a possibilidade de melhorar muito a riqueza global. Isso porque elas possivelmente se tornarão tecnologias de propósito geral (GPTs, na sigla em inglês), como a eletricidade e o motor de combustão interna antes delas. A mais poderosa dessas GPTs provavelmente é a inteligência artificial (IA), de acordo com

---

[58] *The Fourth Industrial Revolution* (*A Quarta Revolução Industrial*, no Brasil), Klaus Schwab.

economistas como Eric Brynjolfsson.[59] Importantes empresas de tecnologia de países como a China já estão usando aplicações de IA para avançar sobre as principais empresas dos EUA. Segundo o que nos contou o empreendedor de tecnologia e investidor Kai-Fu Lee, empresas como Alibaba, Baidu e Tencent estão rapidamente alcançando as gigantes de IA norte-americanas como Amazon, Facebook, Google e Microsoft e, em algumas instâncias, já têm aplicações superiores. Elas podem ajudar a desenvolver a China e fazer seu povo prosperar.

Como em eras passadas, essas tecnologias podem muito bem aumentar a desigualdade e os abismos sociais e políticos, o que pode levar nossa sociedade ao colapso. Empresas como o Facebook já estão enfrentando críticas apontando que seus algoritmos são construídos para semear a divisão e têm contribuído para a grande separação na sociedade norte-americana, que é caracterizada pela oposição delicada entre as políticas de esquerda e direita. Esse pode ser o início de algo muito pior que está por vir conforme as pessoas passam mais tempo online e encaram cada vez mais interações com IA. Além do mais, os avanços em biotecnologia e ciência médica podem amplificar a desigualdade a níveis nunca antes vistos, melhorando as vidas e até mesmo os corpos de humanos mais ricos ao ponto de criar uma divisão biológica, assim como uma divisão de riqueza. E a tecnologia também pode ser usada para se cometer ciberguerra, com graves consequências econômicas e sociais.

A fim de evitar o pior e alcançar o melhor resultado possível, todos os stakeholders devem se lembrar das lições do passado, e governos devem fazer políticas públicas e práticas de negócios inclusivas. O desafio em regular avanços tecnológicos costuma ser a velocidade da inovação. Processos governamentais levam tempo e exigem um entendimento profundo das inovações. Como um chefe-executivo frustrado me contou uma vez: "A empresa se movimenta em um elevador puxado pela força da criatividade; agências governamentais e regulatórias sobem as escadas do aprendizado em etapas." Essa situação apresenta uma responsabilidade específica das empresas, que é garantir que todos os avanços tecnológicos sejam bem compreendidos, não apenas em termos de funcionalidade para usuários individuais, mas também no que significam para a sociedade como um todo.

---

[59] "Unpacking the AI-Productivity Paradox", Eric Brynjolfsson, Daniel Rock e Chad Syverson, *MIT Sloan Management Review*, janeiro de 2018, https://sloanreview.mit.edu/article/unpacking-the-ai-productivity-paradox/.

Esse é o propósito do Centro da Quarta Revolução Industrial do Fórum Econômico Mundial em São Francisco, criado em 2017. Seu objetivo é desenvolver estruturas de políticas públicas e avançar colaborações que acelerem os benefícios da ciência e da tecnologia.[60] Ele une todos os stakeholders que são relevantes nesse processo, ou seja, governo, empresas, sociedade civil, juventude e o meio acadêmico. Várias empresas imediatamente se inscreveram no Centro como membros fundadores, e desde o começo ficou claro que elas estão abertas a ter outros ajudando-as a ajudar a sociedade. Seguindo uma onda de interesse de governos de todo o mundo, estávamos ansiosos para entender o efeito de novas tecnologias e como regulá-las melhor; por isso, abrimos centros irmãos na China, na Índia e no Japão, assim como centros afiliados na Colômbia, em Israel, na África do Sul, na Arábia Saudita e nos Emirados Árabes Unidos.

Seguindo em frente, devemos lembrar que a tecnologia nunca é totalmente boa ou ruim; tudo depende de como a aplicamos. Cada stakeholder tem um papel a exercer, do governo às empresas e à sociedade em geral. Na verdade, até mesmo empreendedores, inicialmente com as melhores intenções, podem acabar liderando empresas que causam mais prejuízos do que benefícios. E se empresas inovadoras operando no livre mercado são um ótimo motor de progresso econômico, um governo igualmente inovador e poderoso — que mantém os melhores interesses da sociedade em mente — é seu melhor aliado. Como Mariana Mazzucato argumentou em seu livro *The Value of Everything*,[61] um governo forte não deveria se limitar à regulação, ele também pode ser uma força fundamental de inovação e valor social adicional. Entre as tecnologias que foram iniciadas por pesquisa patrocinada pelo Estado estão a internet e o GPS (DARPA), a world wide web (CERN), a tecnologia de touch screen, semicondutores — e todos alimentam alguns dos produtos mais inovadores de hoje, como o iPhone, da Apple.[62]

No fim das contas, nós não teremos escolha a não ser abraçar a inovação e aceitar ajuda de quem estiver disposto a oferecê-la. Mas devemos dar bons incentivos a esses empreendedores, que já foram pequenos e inovadores, para que não traiam sua própria identidade nem se tornem grandes e monopolistas. Só quando compartilhadas de modo amplo, as tecnologias alcançam seu potencial completo. E isso será mais crucial do que nunca

---

[60] Centro da Quarta Revolução Industrial do Fórum Econômico Mundial, https://www.weforum.org/centre-for-the-fourth-industrial-revolution.

[61] Entrevista com Tim Wu por Peter Vanham, Nova York, outubro de 2019.

[62] *The Value of Everything*, Mariana Mazzucato.

em uma era de IA. A propriedade dos dados, neste caso, será um componente crítico, e precisamos garantir que isso não esteja nas mãos de empresas monopolistas. Esse é o conselho de Tim Wu para as empresas big tech que ele costumava amar, assim como para as corporações gigantes que dominam outras indústrias. "Sempre gostei de negócios pequenos", afirmou. "Então, quando essas empresas ficaram grandes demais, tornei-me um cruzado antitruste."[63]

Tão importante quanto a estrutura do mercado, porém, é que o valor criado seja compartilhado de modo eficaz. Nas revoluções industriais anteriores, empresas industriais operavam, em sua maioria, nos mercados nacionais. Isso significava que governos podiam intervir para garantir que o valor fosse compartilhado de modo igualitário entre todos os participantes do mercado. Com a IA, no entanto, o cenário parece diferente. Muitas empresas ativas na tecnologia da internet oferecem seus serviços de graça, significando que não há preço para regular ou imposto para coletar no que tange ao produto. E como todas as principais empresas de tecnologia são norte-americanas ou chinesas, mas ativas globalmente, muitos governos nacionais não foram capazes de taxar os lucros, que são comumente blindados por meio de preços de transferência e isenções relacionadas à propriedade intelectual. Se cidadãos e governos em todo canto quiserem compartilhar a criação de riqueza dessas empresas, estruturas diferentes de impostos e regulação precisarão ser configuradas e implementadas.

Então, há uma consideração final: mesmo se acertarmos na Quarta Revolução Industrial, ainda há outra crise global que precisamos resolver: a atual crise do clima.

---

[63] "One of the World's Most Influential Economists Is on a Mission to Save Capitalism from Itself", Eshe Nelson, Quartz, julho de 2019, https://qz.com/1669346/mariana-mazzucatos-plan-to-use-governments-to-save-capitalism-from-itself/.

As Pessoas e o Planeta

Em lugares como Davos, as pessoas gostam de contar histórias de sucesso. Mas seu sucesso financeiro vem com uma etiqueta de preço impensável. E na mudança climática, precisamos reconhecer que falhamos. Todos os movimentos políticos em sua forma presente falharam. E a mídia falhou em não criar uma consciência pública ampla.[1]

Essas foram as palavras de Greta Thunberg, a jovem sueca ativista do clima, quando falou em Davos, na nossa Reunião Anual, em janeiro de 2019. Thunberg ficou conhecida pela sua Greve Escolar pelo Clima alguns meses antes, aquecendo o debate sobre o que se tornou cada vez mais conhecido como a crise climática global. Em Davos, ela usou a plataforma para dar uma sacudida brusca no mundo acerca das ações necessárias para evitar a catástrofe. "Os adultos continuam dizendo: 'Nós devemos a esperança aos jovens'", disse ela em uma coletiva especial de imprensa. "Mas eu não quero a sua esperança. Eu não quero que você seja esperançoso. Quero que você entre em pânico. Quero que você sinta o medo que eu sinto todo dia. E então quero que você aja. Quero que você aja como agiria em uma crise. Quero que você aja como se a sua casa estivesse pegando fogo. Porque

---

[1] Greta Thunberg, Reunião Anual do Fórum Econômico Mundial, em Davos, na Suíça, janeiro de 2019. Uma versão editada desse discurso pode ser encontrada sob o título "'Our house is on fire': Greta Thunberg, 16, Urges Leaders to Act on Climate", *The Guardian*, janeiro de 2019, https://www.theguardian.com/environment/2019/jan/25/our-house-is-on-fire-greta-thunberg16-urges-leaders-to-act-on-climate.

160 CAPITALISMO STAKEHOLDER

ela está."[2] Após décadas de avisos científicos e discussões governamentais, como uma adolescente se tornou a voz mais marcante do mundo no tema da mudança climática?

Thunberg, nascida em 3 de janeiro de 2003, ficou sabendo da mudança climática pela primeira vez em 2011, quando ainda estava na escola primária. Apesar da pouca idade, ela já havia percebido que existia uma lacuna "entre o que vários especialistas do clima estavam dizendo e as ações que eram tomadas pela sociedade".[3] Isso a deixou ansiosa e triste. Perturbava-a ao ponto de ela não conseguir parar de se preocupar com isso. Por que ninguém estava fazendo nada? Por que estávamos deixando nosso meio ambiente natural se degradar? Essas eram questões que ela ponderava o tempo inteiro. Ela fez o que pôde para ajudar. Convenceu seus pais a se tornarem veganos e até a parar de viajar de avião — uma mudança significativa para sua mãe, que até então havia viajado pela Europa toda como uma proeminente cantora de ópera.

Descobriu-se que a obstinação de Thunberg era de um tipo particular. Ela foi diagnosticada com uma forma de autismo marcada por "padrões restritivos e repetitivos de comportamentos ou interesses".[4] Mas ela não deixaria isso ficar no caminho de seu ativismo. "Eu tenho Asperger e isso significa que às vezes sou um pouco diferente da norma", escreveu para seus críticos.[5] "Mas, dadas as circunstâncias corretas, ser diferente é um superpoder." A partir de sua perspectiva, se preocupar com a mudança climática era algo que todo mundo deveria fazer, porque o problema era real. Talvez outros estivessem distraídos por problemas rotineiros mais imediatos à sua frente, mas ela não estava. Ela enxergava como um dever a tarefa de garantir que as pessoas entendessem a urgência por completo.

No verão de 2018, Thunberg havia dado um passo a mais em seu ativismo. Enquanto as eleições parlamentares suecas se aproximavam, ela escreveu um ensaio para um jornal sueco, pedindo mais atenção para a mudança climática e sugerindo que fizessem uma greve pelo clima até as eleições. Seu apelo não foi ouvido. Thunberg decidiu seguir em frente sozinha. No final de agosto de 2018, ela faltou a escola e foi ao Parlamento sueco em

---

[2] Ibidem.

[3] "School Strike for Climate—Save the World by Changing the Rules", Greta Thunberg, TEDxStockholm, dezembro de 2018, https://www.youtube.com/watch?v=EAmmUIEs N9A&t=1m46s.

[4] Asperger Syndrome, National Autistic Society, Reino Unido, https://www.autism.org.uk/about/what-is/asperger.aspx.

[5] Greta Thunberg, Twitter, agosto de 2019, https://twitter.com/GretaThunberg/status/11679166 36394754049.

Estocolmo. Em pé na praça em frente ao parlamento, segurou um cartaz feito por ela mesma que dizia simplesmente *"Skolstrejk för Klimatet"* — Greve Escolar pelo Clima.

Era uma visão estranha, mas logo chamou atenção. Depois que Thunberg postou uma foto de sua greve no Twitter e no Instagram, "outras contas de redes sociais amplificaram sua causa", de acordo com uma pesquisa feita mais tarde pela *Wired*.[6] Alguns ambientalistas influentes compartilharam suas publicações online, escreveu a revista, e na manhã seguinte Thunberg tinha seu primeiro seguidor, a colega de quinze anos Mayson Persson. Outra meia dúzia de pessoas se uniram a ela ao meio-dia. Alguns dias depois, mais ou menos trinta pessoas participavam. Em um mês, a greve de Thunberg havia se tornado uma sensação nacional. E, no outono de 2018, dezenas de milhares de estudantes de escolas em toda a Europa apareceram para as Sextas-Feiras pelo Clima de Thunberg, faltando aula para fazer a greve.

A essa altura, o Painel Intergovernamental sobre Mudanças Climáticas (IPCC), o órgão da ONU para avaliar a ciência relacionada à mudança climática, também havia publicado um relatório especial que se somou ao sentimento de urgência dos jovens. Ele avisava que "limitar o aquecimento global a 1,5°C exigiria mudanças rápidas, de longo alcance e sem precedentes em todos os aspectos da sociedade".[7] A não ser que essas mudanças fossem feitas, a mudança climática arriscava se tornar uma força imparável. Os autores do relatório também disseram que já estavam "vendo as consequências de 1°C de aquecimento global por meio do clima extremo, aumento do nível do mar e diminuição do gelo ártico". Os jovens em greve não precisavam de mais incentivo para acelerar sua campanha. Nos meses seguintes, seus protestos se expandiram para centenas de milhares de participantes, de todos os lugares de Bruxelas a Berlim, e de Canberra a Vancouver.

Thunberg em Davos

O outono de 2018 também foi o período no qual tomei ciência das ações de Thunberg e imediatamente decidi convidá-la para nossa Reunião Anual em

---

[6] "Greta Thunberg: How One Teenager Became the Voice of the Planet", Amelia Tait, *Wired*, junho de 2019, https://www.wired.co.uk/article/greta-thunberg-climate-crisis.

[7] "Summary for Policymakers of IPCC Special Report on Global Warming of 1.5°C, Approved by Governments", IPCC, outubro de 2018, https://www.ipcc.ch/site/assets/uploads/sites/2/2019/05/pr_181008_P48_spm_en.pdf.

Davos. Seu ativismo havia levantado a questão a um nível além daquele possível por meio de apelos políticos e acadêmicos normais. Era importante e urgente, eu percebi, e a voz dela não era a única. Durante cinquenta anos, o extraordinário progresso econômico pelo qual o mundo havia passado ocorrera à custa da habitabilidade em longo prazo da Terra. Como mencionei no Capítulo 2, essa havia sido a mensagem do Clube de Roma, cujo presidente, Aurelio Peccei, foi a Davos no começo dos anos 1970. Já em 1973 ele avisara os participantes de que havíamos alcançado os limites do crescimento. "Os recursos entrelaçados da Terra — o sistema global da natureza na qual todos vivemos — não podem aguentar taxas de crescimento econômico e populacional muito além do ano 2100, se chegar a tanto, mesmo com tecnologia avançada",[8] disse ele. Olhando para trás, essa se provou ser uma mensagem extraordinariamente profética.

Como organização, o Fórum Econômico Mundial nunca parou de colocar o tópico na agenda de nossos encontros, mas não foi o suficiente. Houve sucessos: os primeiros passos para organizar a Cúpula da Terra da ONU no Rio de Janeiro em 1992 foram tomados na Reunião Informal de Líderes Econômicos Mundiais (IGWEL, na sigla em inglês),[9] um pequeno grupo de importantes líderes políticos e empresariais que se encontra todo ano no Fórum Econômico Mundial. Começando no final dos anos 1990, a Reunião Anual em Davos também se tornou um espaço seguro para empresas e a sociedade civil se encontrarem, mesmo quando a animosidade pública entre ativistas ambientais e empresas multinacionais crescia. E nas vésperas da Conferência da Mudança Climática da ONU de 2015 em Paris (COP21), um grupo grande de CEOs das maiores empresas do mundo fez a sua parte para cimentar o caminho em direção ao Acordo de Paris. Em uma carta aberta, eles se comprometeram com "ações voluntárias para reduzir as pegadas ambientais e de carbono, estabelecer metas para reduzir nossas próprias emissões de gases do efeito estufa e/ou o consumo de energia enquanto também colaboramos em cadeias de suprimento e em âmbitos setoriais".[10] A mensagem que eles enviaram, essencialmente, era a de que não ficariam no caminho de qualquer acordo político; pelo contrário, queriam dar o seu

---

[8] "The Limits to Growth", O Clube de Roma, 1972, https://www.clubofrome.org/report/the-limits--to-growth/.

[9] "A Partner in Shaping History", Fórum Econômico Mundial, p. 55, http://www3.weforum.org/docs/WEF_First40Years_Book_2010.pdf.

[10] "These 79 CEOs believe in global climate action", Fórum Econômico Mundial, novembro de 2015, https://www.weforum.org/agenda/2015/11/open-letter-from-ceos-to-world-leaders-urging-climate-action/.

apoio. Apesar desses esforços, era impossível discordar de Thunberg em Davos quando ela disse que nós, líderes políticos, empresariais e sociais, falhamos em combater a mudança climática.

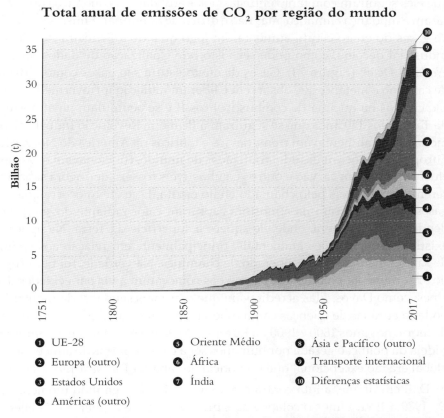

Figura 7.1 Emissões Globais de CO_2 desde a Revolução Industrial
Fonte: Adaptado de Carbon Dioxide Information Analysis Center (CDIAC); Global Carbon Project (GCP).

Por que isso aconteceu? E como podemos mobilizar o mundo para transformar essa situação? Para responder a essas questões, é importante reinterpretar a história do desenvolvimento da economia global dos últimos duzentos anos. Foi durante esse período que os gases de efeito estufa que agora causam danos irreparáveis ao meio ambiente foram emitidos. E foi durante esse período que as preocupações ambientais perderam para prioridades de curto prazo, que hoje parecem menos importantes. Acredito que, só quando entendemos a lógica subjacente do porquê de isso ter acontecido, podemos alterar a dinâmica do sistema econômico daqui em diante.

Não podemos voltar no tempo e perguntar aos nossos antecessores por que eles seguiram com tanto entusiasmo as atividades econômicas que causaram a mudança climática, mas não é difícil de adivinhar. Emissões globais de gases do efeito estufa aumentaram logo quando a Primeira Revolução Industrial decolou, como pode ser visto na visualização de dados do *Our World in Data*[11] (Figura 7.1). Gases de efeito estufa são gases como dióxido de carbono e metano, que absorvem e liberam radiação infravermelha. Eles são criados na queima de combustível fóssil e se acumulam na atmosfera da Terra. Nos 150 anos que se seguiram à Primeira Revolução Industrial, os motores que alimentavam trens, navios e fábricas na América do Norte e na Europa, as regiões mais industrializadas do mundo, funcionavam quase exclusivamente com carvão e outros combustíveis fósseis, que agora sabemos serem responsáveis pelo chamado efeito estufa. Esse efeito ocorre quando gases de efeito estufa na atmosfera capturam calor radiante do sol, prendendo-o na atmosfera, onde ele aquece a superfície da Terra. Na época já existiam preocupações ambientais, principalmente em relação aos efeitos de saúde imediatos do ar liberado de chaminés. Na verdade, foi para fugir do ar fortemente poluído que as pessoas começaram a vir para cidades dos alpes, como Davos. Elas acreditavam que o ar mais saudável da montanha poderia curá-las de doenças como tuberculose, que era uma causa primária de morte nos anos 1800 e 1900 na Europa.[12] Mas mesmo mais tarde, em 1988, a ideia da poluição gerada por humanos ser a causa por trás do aquecimento global era tão excepcional que foi notícia de capa no *The New York Times*.[13]

Dali em diante, a luta contra a mudança climática ganhou momentum. De 1989 a 1991, vimos o colapso da União Soviética e a Guerra Fria chegar ao fim, criando uma oportunidade para uma verdadeira cooperação global, pela primeira vez na história. Na Cúpula da Terra no Rio em 1992, a mudança climática dominou a agenda internacional pela primeira vez. Foi por lá que a Convenção-Quadro das Nações Unidas sobre a Mudança do Clima (UNFCCC) foi assinada, com o objetivo de estabilizar concentrações de gases do efeito estufa "a um nível que preveniria interferência antro-

---

[11] "Global Emissions Have Not Yet Peaked", *Our World in Data*, agosto de 2020, https://ourworldindata.org/co2-and-other-greenhouse-gas-emissions#global-emissions-have-not-yet-peaked.

[12] "A Breath of Fresh Air from an Alpine Village", Swissinfo, https://www.swissinfo.ch/eng/tuberculosis-and-davos_a-breath-of-fresh-air-for-an-alpine-village/41896580.

[13] "Global Warming Has Begun, Expert Tells Senate", *The New York Times*, junho de 1988, https://www.nytimes.com/1988/06/24/us/global-warming-has-begun-expert-tells-senate.html.

pogênica perigosa com o sistema climático".[14] Três anos depois, a primeira Conferência das Partes sobre a Mudança Climática da ONU (COP) teve lugar em Berlim, e em 1997, o Protocolo de Quioto foi assinado na terceira COP no Japão. Ele obrigava 35 nações desenvolvidas — boa parte da Europa, os Estados Unidos, o Canadá, o Japão, a Rússia, a Austrália e a Nova Zelândia — a reduzir suas emissões aos níveis de 1990 e teve efeito em 2008. Apesar de Canadá e Estados Unidos terem abandonado o acordo, os outros países participantes conseguiram reduzir suas emissões. Mas os esforços coletivos não foram suficientes para resistir à tendência maior. O total de emissões globais continuou subindo nos anos 2010 e até os dias de hoje. Uma segunda rodada de compromissos no Protocolo de Quioto e um novo acordo mais compreensivo em Paris em 2015 não puderam prevenir essa subida.

Por quê? Se sabemos quais são as consequências prejudiciais da mudança climática, por que ainda estamos paralisados em nossas ações contra elas? Uma resposta importante reside no que tem acontecido nesses mais de 150 países não incluídos no Protocolo de Quioto. Rotulados como mercados emergentes, a lista inclui países como Índia e China (veja o Capítulo 3). Entre 1990 e 2020, a China experimentou o maior milagre econômico da história, mas agora ela também é o maior emissor de gases de efeito estufa. A Indonésia, ilha arquipélago fortemente afetada pela mudança climática, compreensivelmente também escolheu o caminho da industrialização nas últimas décadas. Além disso, países como a Etiópia, que sofreram com a fome e a pobreza extrema nos anos 1980,[15] agora apresentam uma das trajetórias de crescimento mais animadoras do mundo. É nesses países, e não nas nações industrializadas, que podemos encontrar boa parte da resposta a por que é tão difícil combater a mudança climática, apesar da importância e urgência de fazê-lo.

Isso pode ser visto, em primeiro lugar, nos dados. Como mencionado anteriormente, o Protocolo de Quioto de fato trouxe resultados para os países que o assinaram ou ratificaram. Coletivamente, a Europa (incluindo a Rússia) e a América do Norte viram suas emissões de dióxido de carbono (CO_2) diminuírem de cerca de 13 bilhões de toneladas em 1990 para 10,8 bilhões de toneladas em 2017, uma diminuição de mais de 15%. Mas o resto do mundo, incluindo grandes mercados emergentes como a China e a Índia, e outras nações industrializadas como a Indonésia e a Etiópia, viu suas emis-

---

[14] "What Is the UNFCCC", Mudança Climática da ONU, https://unfccc.int/process-and-meetings/the-convention/what-is-the-united-nations-framework-convention-on-climate-change.

[15] "Global Extreme Poverty", Our World in Data, https://ourworldindata.org/extreme-poverty.

sões de CO_2 explodirem de cerca de 9 bilhões de toneladas em 1990 para 24 bilhões em 2017, um aumento de mais de 150%. Como resultado, o total de emissões globais subiu significativamente entre 1990 e 2017, de abaixo de 25 bilhões para mais de 36 bilhões.

De uma perspectiva das emissões, essa evolução é extremamente problemática, mas, de uma perspectiva do desenvolvimento humano, ela reflete um desenvolvimento milagroso. No mundo inteiro, pessoas que por gerações viveram na pobreza, nos últimos trinta anos adentraram a classe média emergente graças ao crescimento econômico que seu país experimentou. Pessoas que foram excluídas de invenções modernas como eletricidade e o motor de combustão interna em todas as suas formas — luz, máquinas de lavar roupa, geladeiras, ar-condicionado, carros e motos — agora estão descobrindo suas maravilhas. Esse é o outro lado da moeda das emissões. E para obter uma solução sustentável para a mudança climática, uma solução que inclua todas essas nações recém-industrializadas, esse outro lado da moeda precisará ser considerado.

Para entender esse ponto de vista, é necessário apenas ir a algum lugar como a Etiópia e falar com stakeholders da economia e do governo do país. Esse é o dilema central do combate contra a mudança climática. A mesma força que ajuda as pessoas a escaparem da pobreza e levarem uma vida digna é a que está destruindo a habitabilidade de nosso planeta para as gerações futuras. As emissões que levam à mudança climática não são apenas o resultado de uma geração egoísta de industriais ou *baby boomers* ocidentais. Elas são a consequência do desejo humano de criar um futuro melhor para si.

Trabalho em uma cidade na beira de um lago da Suíça, Genebra. Considere a história de Awasa, outra cidade na beira de um lago, mas na Etiópia. Ela está passando por uma transformação similar a que cidades europeias e norte-americanas passaram mais de um século atrás e que cidades chinesas como Shenzhen passaram há apenas algumas décadas. Até recentemente, Awasa era uma cidade remota no interior da Etiópia, à qual era difícil chegar de carro ou avião. Rodovias, como em tantos outros países africanos, não existiam ou estavam em condições tão rudimentares que o melhor carro para atravessá-las eram os robustos, com tração nas quatro rodas. A própria Awasa era um centro comercial, mas em sua maioria de base agrícola, produzindo e vendendo localmente. Sua atração principal, assim como sua maior fonte de água, eram os pitorescos lagos do Vale do Rift. O mundo externo raramente ia a Awasa e vice-versa. Agitações políticas e étnicas não eram desconhecidas. A violência havia explodido várias vezes nos últimos trinta anos, incluindo em 2002, quando mais de cem pessoas foram mortas em um protesto pela independência regional.

Até certo ponto, o legado rural de Awasa persiste até hoje. Carrinhos com produtos agrícolas puxados por burros permanecem sendo os veículos mais comuns na cidade e ao redor dela. Mas em alguns aspectos importantes, Awasa não é mais um local estagnado, mas um centro industrial próspero. Alguns quilômetros fora da cidade, um canteiro de obras inesperado é agora a atração principal: o Parque Industrial Hawassa, lar de mais de uma dúzia de empresas multinacionais que produzem tecidos, roupas e outros produtos industrializados. Milhares de trabalhadores viajam para dentro e para fora desse parque industrial todo dia para trabalhar. Eles fabricam industrialmente todos os tipos de shorts, camisas e suéteres para marcas ocidentais de roupas, produzem longos rolos de tecidos ou, surpreendentemente talvez, fazem e empacotam fraldas para o mercado etíope local, que está passando por um *baby boom*.

Chegar a Awasa não é mais difícil. Uma nova estrada pavimentada leva até o parque industrial, e logo uma rodovia de várias faixas novíssima vai conectar a Addis Ababa e além. Um aeroporto pequeno e de ponta está sendo construído, substituindo as barracas frágeis que atualmente servem para receber passageiros. E a Ethiopian Railway Company está operando uma conexão ferroviária entre Awasa, os arredores da capital Addis Ababa e a vizinha Djibouti, o acesso da Etiópia ao oceano. Todos esses projetos devem permitir que Awasa se conecte à economia nacional, continental e global, criando mais empregos e oportunidades de desenvolvimento para dezenas de milhares de trabalhadores locais. E aqueles investimentos já estão se pagando. No primeiro ano fiscal terminando em 2019, Hawassa e outros parques industriais registraram um recorde de US$140 milhões em exportações, anunciou a Comissão de Investimento Etíope, empregando mais de 70 mil pessoas.[16] É uma história de sucesso notável. O parque industrial carro-chefe abriu apenas três anos atrás, e outros ainda mais recentemente.

Para os etíopes que vivem e trabalham lá, o parque transformou suas vidas. A história de Senait Sorsa, um gerente-geral local na empresa Everest

---

[16] "Ethiopia Secures Over $140 Million USD Export Revenue from Industrial Parks", Comissão de Investimento Etíope, outubro de 2019, http://www.investethiopia.gov.et/index.php/information--center/news-and-events/868-ethiopia-secures-over-$-140-million-usd-export-revenue-from-industrial-parks.html.

Apparel na zona industrial, é um exemplo.[17] Sorsa veio para Awasa para a faculdade, uma dentre o crescente número de etíopes deixando a área rural pela cidade. Depois de completar um curso de contabilidade, ela se estabeleceu como contadora independente, e por mais de uma década acumulou experiência em várias pequenas empresas na região. Mas quando uma empresa asiática de roupas, Everest, se mudou para o parque industrial e procurou um gerente local, Sorsa não hesitou em ir atrás da oportunidade. Ela falava inglês, o que permitiu que se comunicasse com o gerente-geral chinês. Ela tinha experiência com gestão nos seus trabalhos anteriores em empresas menores. E, como uma local, tinha afinidade natural com a força de trabalho. Para a Everest, todos saíram ganhando com a sua contratação: eles encontraram uma gerente com alto quociente cultural e conhecimento financeiro. E Sorsa conseguiu a chance de trabalhar para uma empresa multinacional e se desenvolver profissionalmente.

A industrialização em Awasa também era uma boa notícia para muitos outros trabalhadores locais. A Everest emprega 2.300 trabalhadores no parque industrial de Hawassa. A grande maioria é contratada localmente, de Awasa ou regiões vizinhas, e em torno de 95% são mulheres (a idade mínima, Sorsa se apressou em apontar, é 18). "Muitas estavam desempregadas antes, ou trabalhavam em casa para suas famílias", disse Sorsa. "Elas costumam estudar para a escola primária e secundária, apesar de muitas não terminarem o ensino médio. Mas, para trabalhar como operárias de tecido, não tem problema."[18] Os trabalhadores recebem até três meses de treinamento no serviço e então podem rapidamente competir com trabalhadores de qualquer lugar do mundo. Andando pela fábrica, você pode ver como a dinâmica funciona: algumas linhas de produção trabalhando a um ritmo mais rápido, algumas a um ritmo menor. Ao final de cada linha, um placar mostra quantos itens de uma peça de roupa específica a equipe fez, comparando com as semanas anteriores para exibir o progresso. Na hora do almoço, os trabalhadores se reúnem em uma sala separada para almoçar, e às 5h, um ônibus os leva até o centro de Awasa. O trabalho não é fácil nem é especialmente satisfatório, mas é uma mudança gigantesca em relação ao que muitos estavam acostumados a fazer. Ele traz uma renda mais estável, uma chance de trabalhar na economia real em vez da economia informal, e oportunidades pequenas, mas reais de desenvolvimento pessoal. É a industrialização funcionando. Foi assim que países no mundo todo passaram de

---

[17] Testemunho baseado em uma entrevista com Senait Sorsa por Peter Vanham, Awasa, Etiópia, setembro de 2019.

[18] Entrevista com Senait Sorsa por Peter Vanham, Awasa, Etiópia, setembro de 2019.

sociedades rurais e agrícolas para sociedades urbanas e industrializadas. É um processo de tentativa e erro, dores de crescimento e trocas com concessões, mas até hoje esse ainda é o modelo de desenvolvimento mais bem-sucedido que o mundo já conheceu.

A Etiópia e seu povo já estão colhendo os frutos de sua política de industrialização. Pelos últimos quinze anos, o crescimento do PIB da Etiópia atingiu uma média de 10% ao ano,[19] o que fez com que o PIB decolasse de menos de US$15 bilhões em 2003 para mais de US$60 bilhões em 2018.[20] Em termos de crescimento percentual, isso fez da Etiópia a estrela no universo dos "mercados emergentes", com taxas de crescimento que a China alcançou pela última vez no começo dos anos 2000. Para o povo da Etiópia, a maioria ainda vivendo na pobreza ou abaixo dela na virada do milênio, esse rápido crescimento econômico foi uma bênção. O PIB per capita quase triplicou, indo de não mais do que 50 cents por dia em 2003 para quase US$2 por dia hoje,[21] medido em dólares americanos "constantes". É um salto que pode parecer minúsculo em termos reais, mas, no chamado poder de paridade de compra, o etíope médio não está mais vivendo na pobreza extrema. Medido pelo que uma pessoa pode comprar, o PIB per capita na Etiópia em 2018 alcançou mais de US$2 mil, quando mal chegava a US$500 em 2003, quando o *boom* econômico começou.

Mas, como em toda parte, a Etiópia havia pagado um preço ambiental por seu desenvolvimento. Quase no mesmo passo do seu crescimento econômico, as emissões de CO_2 na Etiópia triplicaram de 2002 a 2017. Relativamente falando, as emissões de 13 milhões de toneladas de CO_2 em 2017 ainda eram minúsculas — quase um erro de arredondamento no total global de 36 bilhões de toneladas —, mas a tendência é inegável: conforme o país ficou mais rico, também começou a poluir mais. Isso não quer dizer que a Etiópia e outros mercados emergentes não se empenham pelo desenvolvimento verde ou que seu povo não compartilha das preocupações acerca do aquecimento global. Já em 2011, o governo etíope apresentou sua estratégia de economia verde, com o objetivo de fazer da Etiópia um país de renda média até 2025 em uma economia verde resiliente ao clima. Uma parte do plano era lidar com o desmatamento, um problema sério no país onde

---

[19] "GDP Growth (annual %), Ethiopia", Banco Mundial, https://data.worldbank.org/indicator/NY.GDP.MKTP.KD.ZG?locations=ET.

[20] "GDP, Constant 2010 US$, Ethiopia", Banco Mundial, https://data.worldbank.org/indicator/NY.GDP.MKTP.KD?locations=ET.

[21] "GDP per Capita, Constant 2010 $, Ethiopia", Banco Mundial, https://data.worldbank.org/indicator/NY.GDP.PCAP.KD?locations=ET.

"a cobertura florestal caiu de 35% do total de área de terra no começo do século XX para pouco mais de 4% nos anos 2000", de acordo com as Nações Unidas.[22] Seguindo essa estratégia, a Etiópia em 2019 conseguiu reunir milhões de cidadãos para plantar 350 milhões de árvores em um único dia.[23] Outra parte do plano de desenvolvimento verde do governo era focar fontes de energia renováveis e/ou limpas para expandir seu suprimento de energia quase inexistente. Hoje, relata o IEA, ainda apenas metade da população da Etiópia tem acesso à eletricidade, mas um "grande progresso foi feito ao longo das últimas duas décadas".[24] Capacidades hidro, de biocombustíveis, eólica e solar mais do que dobraram desde 1990, e elas são 90% do suprimento de energia do país. Mas o suprimento de energia por combustíveis fósseis mais do que quadruplicou também, saltando de menos de 5% do total do fornecimento de energia em 1990 para o dobro em 2017. Isso mostra que, mesmo hoje, não há fórmula mágica para países pobres se industrializarem *e* manterem suas pegadas de carbono controladas. O desenvolvimento, um padrão melhor de estilo de vida e uma pegada de carbono maior ainda caminham lado a lado.

Esse é o dilema central da luta global contra a mudança climática, e é quase certo que vai piorar antes de melhorar. Isso não é (apenas) a consequência de fracassos de mercado ou da falta de liderança corporativa ou governamental. É uma consequência da natureza humana e do nosso desejo inato de não apenas sobreviver, mas prosperar. Isso faz com que pesar as considerações acerca do clima em comparação com um estilo de vida melhor seja uma não escolha para muitas pessoas com rendas precárias, mesmo com o prejuízo para o meio ambiente. Se você não tem eletricidade, uma renda estável ou até mesmo comida na mesa, as preocupações com a mudança climática — não importa o quanto ela ameace a vida no longo prazo — simplesmente não são consideradas.

Isso explica, por exemplo, por que as pessoas que moram perto da costa em Jacarta, na Indonésia, seguem em frente com suas atividades diárias, mesmo enquanto suas casas estão afundando rapidamente. Um muro de contenção do mar — literalmente, um bastião de concreto com metros de altura — teve que ser construído na região para impedir o nível crescente

---

[22] "Deforestation, Did Ethiopia Plant 350 Million Trees in One Day?", *BBC*, agosto de 2019, https://www.bbc.com/news/world-africa-49266983.

[23] "Ethiopia Plants over 350 Million Trees in a Day, Setting New World Record", UNEP, agosto de 2019, https://www.unenvironment.org/news-and-stories/story/ethiopia-plants-over-350-million--trees-day-setting-new-world-record.

[24] "Ethiopia", IEA, https://www.iea.org/countries/Ethiopia.

da água de submergir comunidades inteiras. Uma mesquita local foi perdida para a maré e abandonada, levando a um cenário um tanto quanto distópico do telhado de uma casa com vista para o muro de contenção e a mesquita inundada.[25]

Também ajuda a explicar o movimento dos Coletes Amarelos na França, que causou destruição em Paris e em dezenas de outras cidades francesas em um piquete que se estendeu de 2018 a 2019, acabando com planos do governo para implementar uma taxa verde nos combustíveis. O slogan deles? *"Fin du mois, fin du monde: même combat."*[26] Em português: "Fim do mês, fim do mundo: mesma luta." No papel, o imposto sobre o combustível proposto pelo governo francês levaria a melhores resultados ambientais. Isso teria incentivado outros meios de transporte na França em vez do uso de carros pessoais. Na prática, destituía de direitos uma população rural que já se sentia impedida de acessar a educação, o trabalho e oportunidades de riqueza nas cidades.

E explica, por fim, por que nações insulares como Palau, Nauru e Trindade e Tobago, para nomear apenas algumas, correm imediatamente o maior risco da mudança climática devido à subida do nível do mar, a fenômenos climáticos extremos e a temperaturas crescentes, e estão também entre os maiores emissores per capita de CO_2 do mundo.[27] Excluída do Protocolo de Quioto devido ao status de nação em desenvolvimento, Palau se comprometeu em 2015 a reduzir seu consumo de energia em 30% até 2020.[28] Ela também foi a primeira a ratificar o Acordo de Paris. Mas os palauenses ainda estão entre os piores poluentes do mundo, já que sua ilha depende em grande parte de combustíveis fósseis para gerar eletricidade. Esse é o dilema da luta contra a mudança climática.

■■■

---

[25] "Indonesia's leader says sinking Jakarta needs giant sea wall", Associated Press, julho de 2019, https://apnews.com/article/8409fd8291ce43509bd3165b609de98c.

[26] "Fin du mois, fin du monde: même combat?", France Culture, novembro de 2019, https://www.franceculture.fr/emissions/linvite-des-matins/fin-du-mois-fin-du-monde- meme-combat.

[27] "Per Capita Emissions, Navigating the Numbers: Greenhouse Gas Data and International Climate Policy", World Resources Institute, http://pdf.wri.org/navigating_numbers_}chapter4.pdf.

[28] "Palau Climate Change Policy for Climate and Disaster Resilient Low Emissions Development", Governo de Palau, 2015, p. 22–23, https://www.pacificclimatechange.net/sites/default/files/documents/PalauCCPolicy_WebVersion-FinanceCorrections_High QualityUPDATED%2011182015Compressed.pdf.

172 CAPITALISMO STAKEHOLDER

Antes de pensar em soluções, é necessário perguntar primeiro, "Será que podemos ser esperançosos?" Se seres humanos são tão motivados de modo inato a buscar melhores condições de vida, e se ao longo dos últimos duzentos anos isso significou um aumento na pegada de carbono, as políticas climáticas mais sustentáveis são possíveis?

A resposta depende parcialmente de quatro megatendências, que em graus variados são moldadas pela sociedade por inteiro e por indivíduos influentes.

A primeira delas é a urbanização. Até os anos 1960, de acordo com cálculos da ONU, em torno de dois terços da população mundial vivia em áreas rurais.[29] Como a maioria dessas pessoas vivia em países em desenvolvimento, seu acesso à eletricidade, a estradas e a outros recursos de consumo de energia era limitado, assim como sua pegada de carbono. Mas uma mudança já estava a caminho, e transformaria completamente o cenário global nos próximos cinquenta anos. Em 2007, metade do mundo vivia em cidades. Hoje, essa proporção é maior do que 55% e continua subindo. A tendência era significativa em todo o mundo, mas a transformação mais importante aconteceu na Ásia. Megacidades de até 20 milhões de pessoas cresceram onde antes havia apenas vilas, especialmente na China e na Índia, que juntas contam com metade das megacidades do mundo. Wuhan, a cidade de 11 milhões, mal havia sido notada pela consciência global até a propagação do vírus em 2020 destacá-la na atenção mundial. Em 1950, Wuhan eram três cidades cujas populações combinadas mal chegavam a 1 milhão.

A tendência de urbanização não mostra sinais de diminuir. Segundo a ONU, em 2050 essa tendência aumentará mais ainda. Dois terços da população mundial viverão em cidades e megacidades,[30] e apenas um terço permanecerá em áreas rurais.

À primeira vista, essa tendência pode preocupar aqueles apreensivos com a mudança climática. Algumas das metrópoles mais novas ou sofisticadas, como Doha, Abu Dhabi, Hong Kong e Singapura, também apresentam a maior pegada de carbono per capita.[31] E cidades norte-americanas históricas como Detroit, Cleveland, Pittsburgh ou Los Angeles foram pioneiras na ideia de que, na cidade, o carro é rei, levando a um design urbano que parece uma abominação frente àquele otimizado para o trans-

---

[29] "Urbanization", Our World in Data, novembro de 2019, https://ourworldindata.org/ urbanization.

[30] "68% of the World Population Projected to Live in Urban Areas by 2050, Says UN", Departamento das Nações Unidas para Assuntos Econômicos e Sociais, maio de 2018, https://www.un.org/development/desa/en/news/population/2018-revision-of-world-urbanization-prospects.html.

[31] "Global Gridded Model of Carbon Footprints (GGMCF)", http://citycarbonfootprints.info/.

porte e a moradia sustentáveis. Mas como Daniel Moran, um economista ambiental norueguês, contou ao Observatório da Terra da NASA[32], há um porém importante nas cidades que lideram grande parte das emissões de carbono da população: "Isso significa que a ação combinada de um pequeno número de prefeitos locais e governos tem o potencial de reduzir significativamente o total de pegadas de carbono nacionais." Mudar para uma frota inteiramente elétrica de táxis e transporte público, por exemplo, como Shenzhen fez recentemente na China, faz uma grande diferença em uma cidade com uma população de mais de 10 milhões. Encurtar o transporte pessoal significativamente, como Singapura fez ao cobrar uma taxa elevada sobre a compra de carros, e ao aplicar um crescimento de 0% no número de licenças de carro (conhecidas como Certificados de Direito) também faz uma grande diferença.[33]

A segunda megatendência é a mudança demográfica. Por boa parte da história recente, um crescimento populacional forte significava que as emissões de carbono, *ceteris paribus* (ou, com todo o resto constante), também estavam em uma espiral ascendente. De fato, o aumento exponencial de emissões de carbono de 5 bilhões de toneladas de CO_2 ao ano em 1950 para 35 bilhões de toneladas ao ano em 2017 aconteceu ao mesmo tempo de uma explosão populacional global de 2,5 bilhões de pessoas em 1950 para quase 8 bilhões hoje em dia.[34] O *baby boom* dos anos 1950 e 1960 no ocidente foi seguido por um *baby boom* ainda maior no mundo em desenvolvimento. Nesse mundo mais populoso, um PIB per capita em crescimento significava que emissões globais de CO_2 receberam um impulso duplo, tanto do estilo de vida mais dependente de energia e outro quanto do fato de existirem mais pessoas alcançando esse estilo de vida. Mesmo se as pessoas houvessem começado a reduzir suas emissões muito antes, as emissões globais continuariam a aumentar devido ao crescimento populacional.

Mas aqui também há um lado positivo. Enquanto se prevê que a população mundial vai continuar subindo até 2050, sua taxa de mudança está desacelerando dia após dia. Grandes partes da Europa, incluindo Itália, Alemanha e Rússia, já estão experimentando uma falência demográfica em termos de suas populações nativas. Em 2018, por exemplo, o total da popu-

---

[32] "Sizing Up the Carbon Footprint of Cities", Observatório da Terra NASA, abril de 2019, https://earthobservatory.nasa.gov/images/144807/sizing-up-the-carbon-footprint-of-cities.

[33] "Why a Car Is an Extravagance in Singapore", CNN, outubro de 2017, https://edition.cnn.com/2017/10/31/asia/singapore-cars/index.html.

[34] "World Population Growth", Our World in Data, maio de 2019, https://ourworldindata.org/world--population-growth.

lação da Rússia caiu pela primeira vez em uma década,[35] e a ONU prevê que sua população pode diminuir pela metade até 2100. O cenário no Leste da Ásia é similar. O declínio demográfico do Japão tem sido amplamente reportado, e a política de filho único na China deu lugar a taxas de nascimento menores pelos cidadãos agora ricos. Jovens famílias chinesas não mostram interesse em querer dois ou mais filhos por casal, significando que a população da China está a caminho de cair bem antes da virada do século. Mesmo a Índia, que logo superará a China como o país mais populoso do mundo, viu sua taxa de fertilidade despencar dramaticamente nas últimas décadas. Enquanto as mulheres em média tiveram seis filhos em 1960,[36] essa taxa caiu para pouco mais de dois em 2019. Se a tendência continuar, a Índia também verá sua população cair em algum ponto do futuro. Apenas no continente africano, taxas de fertilidade são maiores do que dois, indicando crescimento populacional. E embora essa falência demográfica global projetada traga seus próprios desafios, a luta contra a mudança climática pode se beneficiar dela.

A terceira megatendência é o progresso tecnológico. Essa também é uma faca de dois gumes. Foi precisamente o progresso tecnológico que primeiro iniciou a degradação do meio ambiente. Até o começo dos anos 1800 e a propagação da Primeira Revolução Industrial, o impacto da humanidade no seu ambiente foi profundo, mas reversível. Conforme a industrialização tomava conta, porém, começamos a consumir rapidamente alguns do recursos naturais mais preciosos do mundo, a energia armazenada de petróleo e carvão, e mais tarde também os minerais de terras raras e até mesmo gases, como o hélio. Ao mesmo tempo, a pegada das atividades humanas se tornou ainda maior. Foi essa industrialização que levou ao *Antropoceno* — um rótulo indicando a responsabilidade humana pelas mudanças planetárias no clima e na biodiversidade. A segunda e a terceira ondas subsequentes de industrialização — que trouxeram ao mundo o motor de combustão interna, carros, aviões e computadores — apenas aumentaram a pegada humana no meio ambiente, embora aumentassem a qualidade de vida de bilhões de pessoas.

A Quarta Revolução Industrial, que começou recentemente, e nos trouxe inovações como a Internet das Coisas, 5G, inteligência artificial e cripto-

---

[35] "Russia's Natural Population Decline to Hit 11-Year Record in 2019", *The Moscow Times*, https://www.themoscowtimes.com/2019/12/13/russias-natural-population-decline-hit-11-year-record-2019-a68612.

[36] "Fertility Rate, Total (Births per Woman)—India", Banco Mundial, https://data.worldbank.org/indicator/SP.DYN.TFRT.IN?locations=IN.

moedas, até agora está somando à sempre em expansão pegada humana no meio ambiente. A eletricidade exigida para produzir bitcoin, uma das criptomoedas mais populares, leva a emissões anuais de carbono de 22 a 23 megatoneladas de CO_2, calcularam os cientistas.[37] Esse número é comparável às emissões de países como Jordânia ou Sri Lanka. E enquanto dispositivos conectados deixam nossa infraestrutura energética mais inteligente, isso não significa automaticamente que ela também fique verde. Por isso, consumidores e produtores precisam fazer escolhas conscientes por um fornecimento de energia verde e uso eficiente de energia.

Todavia, se seremos bem-sucedidos em nossos esforços para diminuir a mudança climática, inovações científicas e empresariais exercerão um papel importante. O motor elétrico, que há muito se pensava ser economicamente inviável e menos eficiente do que o motor de combustão interna, está rapidamente se tornando mais barato e melhor do que o seu equivalente de combustível fóssil. Avanços na tecnologia de baterias significam que a implementação em larga escala de energia eólica, hidro e solar está se aproximando também. Usado para os propósitos corretos, computadores e outros dispositivos inteligentes podem nos ajudar a economizar energia e recursos, em vez de consumir mais deles.

Mas a atitude mais rápida e mais importante que podemos tomar em relação a isso é eliminar o carvão e outros combustíveis fósseis do conjunto de energia. Ainda não chegamos lá. Na verdade, dezenas de novas usinas a carvão estão abrindo todo ano em mercados emergentes, principalmente na China e na Índia. Mas a mudança está em andamento. Cada vez mais, grandes investidores institucionais nos EUA e na Europa estão se afastando de empresas que operam usinas de carvão. Eles enfrentam pressão de ativistas e clientes que exigem esse afastamento, ou apenas seguem preocupações racionais de que usinas de combustíveis fósseis eventualmente se tornarão ativos perdidos, como o antigo governador do Bank of England, Mark Carney, avisou.[38] E empreendedores e governos na Índia e na China também estão começando a agir em direção a um futuro mais leve em carbono, atraídos pela acessibilidade melhorada da tecnologia limpa versus tecnologias de combustíveis fósseis. A respeito disso, o Fórum Econômico Mundial está agindo também. À frente de nossa Reunião Anual em Davos

---

[37] "The Carbon Footprint of Bitcoin", Christian Stoll, Lena Klaaßen, Ulrich Gallersdörfer, *Joule*, julho de 2019, https://www.cell.com/joule/fulltext/S2542-4351(19)30255-7.

[38] "Firms Must Justify Investment in Fossil Fuels, Warns Mark Carney", Andrew Sparrow, *The Guardian*, dezembro de 2019, https://www.theguardian.com/business/2019/dec/30/firms-must-justify-investment-in-fossil-fuels-warns-mark-carney.

em 2020, Brian Moynihan, presidente do conselho internacional de negócios, Feike Sybesma, copresidente da Aliança de CEOs Líderes do Clima, e eu convidamos os participantes a se unir ao "Desafio Net-Zero",[39] se comprometendo a zerar as emissões de gases do efeito estufa até 2050 ou antes. Muitos líderes empresariais responderam positivamente.

A última megatendência somos nós — ou melhor, nossas preferências sociais em transformação. É a tendência para amplificar todas as outras tendências. Durante a maior parte da era moderna, os humanos mostraram uma preferência por querer mais, melhor e mais rápido. Ante o padrão de vida comum no Ocidente até o final do século XIX, é normal que as pessoas desejassem uma vida melhor, com mais riqueza transferida para mais consumo. Em alto grau, como já indicado anteriormente, esse desejo ainda prevalece — e justificadamente — em muitos países em desenvolvimento hoje. É só visitar as cidades movimentadas do Vietnã, da Índia, da China ou da Indonésia para entender o profundo desejo humano de avançar, dia após dia, ano após ano, geração a geração.

Mas no chamado mundo desenvolvido de hoje, uma mudança sistêmica nas preferências sociais está acontecendo. Entendendo os efeitos colaterais nocivos de um modo de vida abundante em energia, muitos estão começando a virar as costas para hábitos e produtos que um dia desejaram. A riqueza está sendo transferida para a saúde.

O número de pessoas viajando de avião entre cidades alemãs, por exemplo, em novembro de 2019 caiu 12% do ano anterior, relatou a Bloomberg.[40] Enquanto isso, a Deutsche Bahn (DB), operadora de trens da Alemanha, viu seu número de passageiros explodir.[41] Acredita-se ser uma consequência do *flygskam* ou "vergonha de voar", que o movimento popular contra a mudança climática difundiu. Em outros lugares, as pessoas estão cada vez mais considerando usar de novo o transporte público, bicicletas ou simplesmente caminhar para chegar ao destino, afastando-se dos carros. Cidades como

---

[39] "The Net-Zero Challenge: Fast-Forward to Decisive Climate Action", Fórum Econômico Mundial, janeiro de 2020, https://www.weforum.org/reports/the-net-zero-challenge-fast-forward-to-decisive-climate-action.

[40] "German Air Travel Slump Points to Spread of Flight Shame", William Wilkes e Richard Weiss, Bloomberg, dezembro de 2019, https://www.bloomberg.com/news/articles/2019-12-19/german-air--travel-slump-points-to-spread-of-flight-shame?sref= 61mHmpU4.

[41] "How Greta Thunberg and 'Flygskam' Are Shaking the Global Airline Industry", Nicole Lyn Pesce, MarketWatch, dezembro de 2019, https://www.marketwatch.com/story/flygskam-is-the-swedish--travel-trend-that-could-shake-the-global-airline-industry-2019-06-20.

Londres, Madri e Cidade do México estão restringindo o uso de carros,[42] uma escolha de política pública não apenas baseada em considerações sobre o congestionamento, mas na crença em ascensão entre os residentes de que as cidades são para as pessoas, não para os carros. Mesmo nos Estados Unidos, o país que epitomiza a cultura do carro, onde ter um carro é um rito de passagem para a vida adulta, como um escritor disse, os millennials estão cada vez mais desistindo de tê-lo.

Todas essas evoluções estavam em curso bem antes da crise da Covid-19. Então, lockdowns forçados de cidades trouxeram uma minirrevolução na mobilidade. Como a especialista em mobilidade urbana do Fórum Econômico Mundial, Sandra Caballero, e o CEO do Urban Radar, Philippe Rapin, escreveram durante a crise:[43] "Depois dos lockdowns da Covid-19, as estradas se esvaziaram e as agências de transporte pararam completamente o serviço ou o diminuíram drasticamente, permitindo que pedestres e ciclistas retomassem as ruas e calçadas." Cidades de Oakland a Bogotá e de Sydney a Paris, e mesmo a cidade onde moramos, Genebra, na Suíça, construíram novas ciclovias, permitindo que as pessoas viajassem de modo mais ecológico e benéfico à saúde. A volta dos trens foi acelerada na Europa também durante a crise da Covid-19, com novas conexões de trem noturnos planejadas entre cidades tão distantes quanto Barcelona, na Espanha, e Amsterdã, nos Países Baixos. E no outono de 2020, o ministro do transporte da Alemanha, Andreas Scheuer, até propôs a seus colegas europeus o estabelecimento de uma nova rede Trans Europe Express,[44] para substituir a versão antiga, que já não exercia qualquer papel significativo no transporte internacional de passageiros.

A explicação para essa mudança de hábitos está na consciência crescente entre populações ocidentais de que a luta contra a mudança climática é tão pessoal quanto estrutural. As gerações mais jovens — millennials e geração Z, principalmente — agem com base nessa percepção com suas carteiras, seus cérebros e seus pés. Investem cada vez mais em empresas ESG-

---

[42] "This Is What Peak Car Looks Like", Keith Naughton e David Welch, *Bloomberg Businessweek*, fevereiro de 2019, https://www.bloomberg.com/news/features/2019-02-28/this-is-what-peak-car-looks-like.

[43] "COVID-19 Made Cities More Bike-Friendly—Here's How to Keep Them That Way", Sandra Caballero e Philippe Rapin, Agenda do Fórum Econômico Mundial, junho de 2020, https://www.weforum.org/agenda/2020/06/covid-19-made-cities-more-bike-friendly-here-s-how-to-keep-them-that-way/.

[44] "Germany Calls for a New Trans Europe Express TEE 2.0 Network", *International Railway Journal*, setembro de 2020, https://www.railjournal.com/passenger/main-line/germany-calls-for-a-new-trans-europe-express-tee-2-0-network/.

compliant[45] que fazem compromissos concretos de atividades net-zero. Eles escolhem produtos e soluções que prejudicam menos o meio ambiente, em vez de mais, e escolhem carreiras de estudo e trabalho que poderiam ser parte da solução, em vez do problema. Essa mudança na atitude está afetando todas as camadas da sociedade. Forçou a Microsoft se comprometer a compensar não apenas suas emissões atuais e futuras de CO_2, por exemplo, mas as do passado também. Forçou Marc Benioff, co-CEO da Salesforce e membro do conselho de curadores do Fórum Econômico Mundial, a declarar em nossa Reunião Anual de 2020 que o "capitalismo, como o conhecemos, está morto", sugerindo que as empresas aderissem ao modelo stakeholder e a uma melhor administração do meio ambiente. E fez com que Larry Fink, o CEO da BlackRock, dissesse aos CEOs e clientes que "todo governo, empresa e shareholder deve confrontar a mudança climática" e que sua empresa está no processo de "remover, de suas carteiras gerenciadas ativamente, as ações e os títulos de empresas que recebem mais de 25% de sua receita da produção termal de carvão".

No Fórum Econômico Mundial, nós também enxergamos e agimos nessa mudança com atitude. Nossos eventos estão se tornando mais verdes. Nós oferecemos incentivos para participantes que chegam até nós de trem, em vez de avião, e nos comprometemos a compensar as emissões de carbono. Também fazemos uso de materiais reaproveitáveis e da produção local de alimentos e bebidas. Esforços como esses são em grande parte resultado de nossas próprias convicções e de um desejo de alinhar nossas ações com nossas palavras. Mas eles também são permitidos por essa mudança maior nas preferências sociais, que é liderada pelas gerações mais novas. Elas deixam claro que nenhum governo, empresa ou mesmo organização pode continuar seus negócios de sempre quando uma emergência climática está se desdobrando.

Por fim, essas quatro megatendências deveriam nos dar esperança de que ainda podemos resolver a crise climática e que crises planetárias relacionadas, como a perda de biodiversidade, o declínio em recursos naturais e várias formas de poluição, podem ser revertidas também. Mas, como jovens ativistas como Greta Thunberg avisam, não precisamos acelerar a ação. Observe o problema mais sério, a mudança climática. Desacelerar, ou até mesmo parar, é um desafio que só pode ser alcançado se cada stakeholder do planeta — não apenas governos nacionais — trabalharem em direção a esse objetivo. Nós não podemos depender de apenas um único grupo de stakeholders. Após muitos

---

[45] ESG é a sigla em inglês para meio ambiente, social e governança.

atrasos e debates, governos de mais de 170 países conseguiram se comprometer com um objetivo em comum no Acordo do Clima de Paris: limitar o aquecimento global a 1,5°C. Mas eles estão demorando na implementação de seus respectivos planos climáticos — se é que eles os têm. Uma parte do motivo é que a mudança climática, apesar de urgente, ainda não é prioridade máxima para muitos eleitores. Outro motivo é que governos não têm todo o conhecimento ou poder para agirem sozinhos. Portanto, a bola também está no campo de outros stakeholders: empresas, em primeiro lugar, e investidores e indivíduos também, como a sociedade civil em geral.

Em teoria, o principal dever deles — e nosso — é simples: diminuir as emissões de CO_2, metano e outros gases do efeito estufa o mais cedo e o mais drasticamente possível. O provérbio "siga o dinheiro", em assuntos climáticos se torna "siga as emissões." Isso naturalmente leva à maior fonte de emissões — a produção de energia. É isso que os esforços de redução por qualquer stakeholder devem focar: mude o conjunto de energia de combustíveis fósseis para renováveis, e muitas emissões atuais desaparecerão automaticamente no futuro. Se investidores banirem usinas de carvão de suas carteiras de investimento, empresas e consumidores mudarem para fontes de energia renováveis, e fabricantes e outras empresas fizerem o mesmo, gigatoneladas de emissões de CO_2 serão evitadas diretamente. Essa é a primeira e mais importante contribuição que qualquer stakeholder pode fazer.

É claro, há muitos obstáculos para fazê-lo na prática. Como vimos anteriormente, carvão, petróleo e gás costumam ser mais baratos no curto prazo do que outras fontes de energia. Muitas economias em desenvolvimento ainda dependem desses combustíveis fósseis para se desenvolverem e industrializarem, já que fornecem o caminho mais barato em direção ao sucesso nesse sentido, e mesmo economias industrializadas enfrentam dificuldades em abandoná-los. Nos Estados Unidos, por exemplo, novas usinas de combustíveis fósseis ainda estão sendo consideradas, e projetos de infraestrutura estão sendo executadas. Empresas e cidadãos residentes nesses países teriam que ir além e às vezes contra as políticas favorecidas por seus governos. E a população de muitos dos maiores países produtores de petróleo e gás, de certo modo, também se tornaram viciadas na energia barata fornecida por esses combustíveis.

Além de alterar as fontes de produção de energia, um segundo método importante para reduzir a emissão de gases do efeito estufa é a implementação no mundo todo de mecanismos de precificação e "cap-and-trade" do carbono. Ao

180 CAPITALISMO STAKEHOLDER

colocar um preço nas emissões ou um limite no total de emissões de uma indústria ou empresa e negociar o direito dessas emissões no mercado, como fazem esquemas de cap-and-trade, atores individuais têm um incentivo baseado no custo para reduzir a intensidade de carbono. De fato, produzir, transportar ou fazer outras atividades econômicas de modo energicamente mais eficiente se torna mais lucrativo quando o valor financeiro das emissões é maior.

Essa não é uma consideração teórica. A União Europeia tem operado seu Regime Comunitário de Licenças de Emissão da União Europeia (EU ETS) desde 2005.[46] De acordo com a UE, ele limita as emissões de mais de 11 mil instalações com uso pesado de energia (estações de energia e plantas industriais) e companhias aéreas operando entre esses países, e cobre "em torno de 45% das emissões de gases do efeito estufa da UE". De acordo com pesquisadores da Academia Nacional de Ciências nos EUA, o esquema tem sido um sucesso modesto,[47] levando a emissões cumulativas de cerca de 1,2 bilhão de toneladas de CO_2 de 2008 a 2016, ou a mais ou menos 3,8% do total de emissões. O sistema de cap-and-trade europeu é o maior do tipo, mas está longe de ser o único. Países como Austrália e Coreia do Sul e estados como Califórnia e Quebec também têm suas próprias versões do sistema. Em muitos outros lugares, preços mais diretos de carbono ou impostos sobre o carbono foram introduzidos.

Esses mecanismos — mudar o conjunto de energia e incentivar a eficiência energética — são duas das iniciativas mais poderosas para diminuir emissões, já que afetam diretamente os maiores emissores de gases do efeito estufa: produtores de energia e grandes empresas industriais. Mas empresas individuais e esclarecidas e grupos da sociedade civil podem, de fato, fazer uma diferença, mesmo quando precisam ir contra a corrente. No Fórum Econômico Mundial, um grupo de chamados Líderes Climáticos CEO[48] tem se comprometido, ao longo dos anos, com ações voluntárias por parte de suas empresas de alcance cada vez maior. Eles o fazem porque entendem que não há sentido em pegar carona de graça no curto prazo quando, ao final da viagem, todo mundo perde. Então como eles podem ajudar?

---

[46] "EU Emissions Trading System (EU ETS)", European Commission, https://ec.europa.eu/clima/policies/ets_en.

[47] "The European Union Emissions Trading System Reduced CO Emissions Despite Low Prices", Patrick Bayer e Michaël Aklin, *PNAS Proceedings of the National Academy of Sciences of the United States of America*, abril de 2020, https://www.pnas.org/content/117/16/8804.

[48] Aliança de CEO Líderes do Clima, Fórum Econômico Mundial, https://www.weforum.org/projects/alliance-of-ceo-climate-leaders.

As Pessoas e o Planeta   181

Um estudo que fizemos com a empresa de consultoria Boston Consulting Group descobriu que suas ações se concentram em três domínios:[49]

1. Reduzir a intensidade de gases do efeito estufa de suas próprias operações e das atividades na cadeia de produção. Muitas vezes, as reduções podem ser feitas simplesmente com o uso mais eficiente da energia.

2. Redirecionar investimentos em outras empresas, para incluir apenas aquelas que são limpas, e aplicar preços de carbono internos para revelar o verdadeiro custo de certas operações.

3. Inovar nos modelos de negócios, ao transformar o modelo existente e buscar novas oportunidades verdes.

Uma empresa que oferece um exemplo excelente disso é a gigante de transporte marítimo A.P. Møller-Mærsk, um estudo de caso que vamos analisar com mais detalhe no Capítulo 9. Na intensidade de efeito estufa de suas operações, a Mærsk está experimentando modos mais eficientes de manter seus contêineres de alimentos refrigerados e usar navios que utilizam menos combustível e mais energia eólica. Em sua própria carteira, a Mærsk também se desfez de sua divisão de petróleo, focando, em vez disso, o negócio principal de transporte marítimo. Ela também está seguindo um novo modelo de negócios, ao expandir as atividades de transportar produtos apenas de porto a porto para fornecer soluções de porta a porta. Isso permitirá que a Mærsk continue crescendo, enquanto otimiza mais o total de emissões associado com transporte. Se uma empresa como a Mærsk, que já foi muito ativa tanto na produção de combustível fóssil quanto na distribuição e no consumo, pode fazer uma virada verde, certamente a grande maioria das outras empresas também pode.

A respeito disso, precisamos permanecer otimistas. É uma área na qual compartilhamos a análise de Greta Thunberg, como ela falou em Davos:

Sim, estamos falhando, mas ainda há tempo para tomar outra direção. Ainda podemos consertá-lo. Ainda temos tudo em nossas mãos. A solução principal é tão simples que até mesmo uma criança pequena pode entendê-la. Nós precisamos parar as emissões de gases de efeito estufa. E ou fazemos isso ou não fazemos. Todos nós temos uma escolha:

---

[49] "The Net-Zero Challenge: Fast-Forward to Decisive Climate Action", Fórum Econômico Mundial e Boston Consulting Group, janeiro de 2020, http://www3.weforum.org/docs/WEF_The_Net_Zero_Challenge.pdf.

podemos criar ação transformadora que vai salvaguardar as condições futuras de vida da humanidade, ou podemos continuar com nossos negócios de sempre e falhar. Depende de vocês e de mim.[50]

Mas precisamos ter consciência de que o tempo está acabando. A acumulação de emissões prejudiciais na atmosfera é como a água que enche uma banheira com apenas uma torneira pequena. Em determinado ponto, quando a banheira está quase cheia, não adiantará fechar a torneira devagar. Se não se parar de adicionar água, a banheira transbordará. O mesmo vale para a mudança climática. O mundo está de fato muito próximo do ponto de virada, no qual esforços drásticos não impedirão a situação de sair do controle. De certo modo, o único sinal positivo de 2020 pode ser que esse momento foi atrasado, pois as emissões quase pararam em muitos lugares por alguns meses. Enquanto tentamos e nos movimentamos em direção a um mundo pós-pandêmico melhor, precisaremos atingir resultados semelhantes, apesar de estarmos em uma economia funcionando de novo a todo vapor.

---

[50] Greta Thunberg, Reunião Anual do Fórum Econômico Mundial, sediada em Davos, Suíça, janeiro de 2019. Uma versão editada desse discurso pode ser encontrada sob o título "'Our house is on fire': Greta Thunberg, 16, Urges Leaders to Act on Climate", *The Guardian*, janeiro de 2019, https://www.theguardian.com/environment/2019/jan/25/our-house-is-on-fire-greta-thunberg16-urges-leaders--to-act-on-climate.

PARTE III

CAPITALISMO STAKEHOLDER

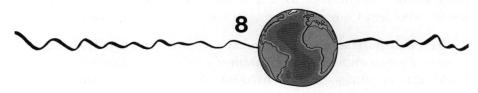

Conceito

Considerando as desvantagens de nosso sistema econômico global, está claro que precisamos reformá-lo. Mas como?

O mundo atualmente conhece dois sistemas econômicos predominantes e em competição: o capitalismo shareholder, dominante nos Estados Unidos e em muitos outros países do Ocidente, e o capitalismo de Estado, que é defendido pela China e está ganhando popularidade em muitos outros mercados emergentes. Ambos levaram a um enorme progresso econômico ao longo das últimas décadas. Eles nos deixaram com um mundo que nunca foi tão próspero. Mas ambos também trouxeram enormes desvantagens sociais, econômicas e ambientais. Levaram a desigualdades crescentes de renda, riqueza e oportunidades; a um aumento das tensões entre os que possuem e os que não possuem; e, acima de tudo, a uma degradação em massa do meio ambiente. Dadas as deficiências de ambos os sistemas, nós acreditamos que precisamos de um sistema global novo e melhor: o capitalismo stakeholder. Nesse sistema, os interesses de todos os stakeholders na economia e na sociedade são considerados, as empresas otimizam para mais do que apenas o lucro no curto prazo, e governos são os guardiões da igualdade de oportunidade, com um campo nivelado de jogo na competição, e uma contribuição justa e distribuição para todos os stakeholders em relação à sustentabilidade e inclusão do sistema. Mas como podemos alcançá-lo? Como ele acontece na prática? E onde os dois sistemas atuais deram errado?

Vamos começar com a última pergunta e observar mais profundamente os dois sistemas predominantes de hoje. Considere primeiro o capitalismo shareholder. É a forma do capitalismo na qual os interesses de um stakeholder,

186 CAPITALISMO STAKEHOLDER

o shareholder, dominam todos os outros. Empresas operam com o único propósito de maximizar lucros e retornar os maiores dividendos possíveis aos shareholders. Como escrevi em uma contribuição à revista *TIME*:[1]

> O capitalismo shareholder conquistou território nos Estados Unidos primeiro nos anos 1970, e expandiu sua influência globalmente nas décadas seguintes. Sua ascensão não foi sem méritos. Durante o auge, centenas de milhões de pessoas no mundo todo prosperaram, enquanto empresas em busca de lucro abriram novos mercados e geraram novos empregos. Mas essa não era a história completa. Defensores do capitalismo shareholder, incluindo Milton Friedman e a Escola de Chicago [de economistas], negligenciaram o fato de que corporações publicamente listadas não são apenas entidades em busca de lucro, mas também organismos sociais. Com pressões financeiras e industriais para impulsionar resultados em curto prazo, o foco único nos lucros fez com que o capitalismo shareholder se tornasse cada vez mais desconectado da economia real.

Essa é a força que temos visto funcionar nas últimas décadas. Além disso, conforme empresas se tornaram cada vez mais globais, o poder dos sindicatos evaporou, e a habilidade de governos nacionais agirem como árbitros declinou. Isso levou a uma situação na qual shareholders se tornaram não apenas nacionalmente proeminentes, mas globalmente dominantes, e muitos outros stakeholders — empregados, comunidades, fornecedores, governos e o meio ambiente — perderam como consequência.

Nas últimas décadas, outra forma de capitalismo emergiu como alternativa: o capitalismo de Estado. Esse também é um modelo de capitalismo, se seguirmos a definição de que um sistema é capitalista quando "atores privados são donos e controlam a propriedade de acordo com seus interesses, e a demanda e o fornecimento estabelecem livremente os preços em mercados do modo que possam atender aos melhores interesses da sociedade".[2] Na China, para tomar o exemplo mais notável,[3] o setor privado agora produz mais de 60% do PIB. Apesar disso, o Estado é considerado o stakeholder mais importante e retém o poder sobre shareholders individuais. O governo alcança seu papel dominante, pelo menos, de três formas. Primeiro, mantém

---

[1] "What Kind of Capitalism Do We Want?", Klaus Schwab, *Revista TIME*, dezembro de 2019, https://time.com/5742066/klaus-schwab-stakeholder-capitalism-davos/.

[2] "What is Capitalism", Sarwat Jahan e Ahmed Saber Mahmud, *Finance & Development*, Fundo Monetário Internacional, junho de 2015, https://www.imf.org/external/pubs/ft/fandd/2015/06/basics.htm.

[3] A China descreve esse sistema como um "socialismo com características chinesas para uma nova era".

um forte controle na distribuição de recursos e oportunidades. Segundo, pode intervir em praticamente qualquer indústria. E terceiro, pode dirigir a economia em termos de infraestrutura de larga escala, pesquisa e desenvolvimento, educação, saúde ou projetos de moradia. Teoricamente, pelo menos, isso resolve uma deficiência importante do capitalismo shareholder, porque há mecanismos em ação para garantir que interesses privados e de curto prazo não se sobreponham aos interesses sociais mais abrangentes. Esse sistema permitiu que Singapura, China e Vietnã, e mais recentemente países como Etiópia, construíssem uma economia forte e em crescimento, enquanto mantêm, se necessário, interesses corporativos privados sob controle. Na verdade, se não fosse pelo capitalismo de Estado, boa parte do mundo em desenvolvimento poderia não ter visto nenhuma disparada de crescimento. Mas como economistas como Branko Milanovic (em seu livro *Capitalismo sem Rivais*) tem discutido, o capitalismo de Estado também tem falhas fundamentais. O mais importante, dada a hegemonia do Estado, a corrupção é uma ameaça constante. O favoritismo pode exercer um papel ao distribuir contratos, e a aplicação da lei pode se tornar arbitrária, dada a falta de pesos e contrapesos. Quando aqueles no topo do Estado avaliam uma tendência econômica de modo errado, os vastos recursos que eles controlam correm o risco de serem mal alocados. Isso cria um problema que é quase o reflexo daquele do capitalismo shareholder.

Tanto no capitalismo shareholder quanto no de Estado, a dominação de um stakeholder sobre os outros é a maior falha do sistema. No capitalismo shareholder, os objetivos do shareholder costumam ser o único foco; no capitalismo de Estado, o governo exerce poder demais.

Portanto, defendo um terceiro sistema, o qual pode ser definido como capitalismo stakeholder. É um capitalismo na definição tradicional da palavra: indivíduos e empresas privadas ocupam a maior parte da economia. Isso, eu acredito, é uma exigência para um sistema econômico sustentável: indivíduos e empresas privadas precisam ser capazes de inovar e competir livremente, já que isso estimula a energia criativa e a ética de trabalho da maioria das pessoas. As atividades econômicas desses atores privados também precisam ser protegidas e guiadas, para garantir que a direção geral do desenvolvimento econômico seja benéfica para a sociedade, e nenhum ator pegue carona de graça no esforço dos outros. Esse é o tipo de capitalismo que devemos apoiar. Mas o capitalismo stakeholder difere fundamentalmente de outras formas de capitalismo que vimos, de um jeito que supera muitas de suas deficiências. Primeiro, todos aqueles que têm a ganhar e a perder na economia podem influenciar no processo decisório, e as métricas otimizadas para atividades econômicas incluem interesses sociais mais abrangentes. Além disso, existe um sistema de pesos e contrapesos, para que nenhum stakeholder possa se tornar ou permanecer dominante em excesso. Tanto o governo quanto as empresas, os principais atores em qualquer sistema capitalista, portanto, otimizam para um objetivo maior do que lucros: a saúde e a riqueza das sociedades em geral, assim como a do planeta e das gerações futuras. Isso faz do capitalismo stakeholder o sistema econômico de preferência e o que devemos implementar daqui em diante.

A História do Conceito Stakeholder

A primeira vez que descrevi as ideias por trás do conceito stakeholder foi há cinquenta anos, quando eu era um jovem acadêmico de negócios que havia estudado os Estados Unidos e a Europa. Na época, na Alemanha e na Suíça, respectivamente o país do qual eu vim e aquele no qual trabalhei, era muito natural para uma empresa e seu CEO considerar não apenas shareholders e suas expectativas de lucro, mas todos os stakeholders. Foi algo que vi no modo como meu pai geria uma empresa em Ravensburg, chamada Escher Wyss. Ele consultava os empregados no chão de fábrica, respeitava suas considerações no processo decisório e pagava-lhes salários competitivos que, na medida do possível, se comparavam com o seu próprio salário. A empresa também estava profundamente inserida na cidade de Ravensburg, com a qual tinha uma relação simbiótica. Escher Wyss prosperava quando Ravensburg prosperava e vice-versa. Esse benefício mútuo era comum nas décadas do pós-guerra, quando ficou claro que uma pessoa ou entidade só poderia se dar bem se a comunidade e a economia inteira funcionassem. A experiência do meu pai era, portanto, representativa do que aconteceu na Europa e — apesar da extensão menor — nos Estados Unidos. Havia uma conexão forte entre empresas e suas comunidades. Na Alemanha, como indiquei, isso levou à representação de empregados no conselho, uma tradição que continua até hoje. Enquanto o abastecimento, a produção e a venda acontecem em grande parte localmente ou, pelo menos, regionalmente, também havia uma conexão com fornecedores e clientes. Isso fomentou um sentimento forte de que empresas locais estavam inseridas nos seus arredores, e disso cresceu um respeito mútuo entre empresas e instituições locais, como governos, escolas e organizações de saúde. Isso levou a uma constelação de stakeholders que visualizei em meu livro de 1971, chamado *Modern Company Management in Mechanical Engineering* (Figura 8.1).[4]

---

[4] *Modern Company Management in Mechanical Engineering*, Klaus Schwab, Hein Kroos, Verein Deutscher Maschinenbau-Anstalten, 1971, http://www3.weforum.org/docs/WEF_KSC_CompanyStrategy_Presentation_2014.pdf.

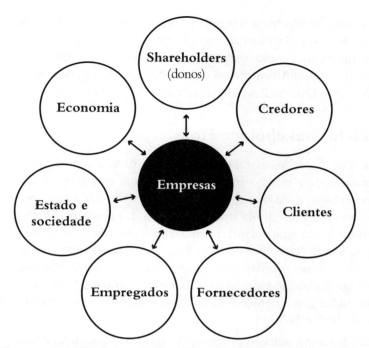

Figura 8.1 A Empresa no Ponto Central de Seus Stakeholders
Fonte: Adaptado de Schwab, *Modern Company Management in Mechanical Engineering*, 1971.

Nos anos seguintes, o conceito stakeholder foi adotado mais proeminentemente nas democracias sociais do Norte e do Oeste da Europa, como Suécia, Dinamarca, Finlândia, os Países Baixos, Bélgica e Alemanha. Isso levou, entre outros efeitos, a um sistema tripartido de negociações coletivas de trabalho incluindo a gestão da empresa, empregados e governo. E contribuiu para o estado de bem-estar social, no qual empresas e empregados pagavam sua parcela justa de impostos para financiar educação pública, saúde e segurança social. Esse sistema se adaptou conforme as décadas passaram e sobrevive em vários graus nesses países. Mas, como um princípio organizador global para empresas, o conceito stakeholder competiu de frente com a ideia de Friedman de que "o negócio de um negócio é o negócio" — e por fim perdeu. O capitalismo shareholder se tornou a norma por todo o Ocidente enquanto as empresas se globalizavam, folgando suas amarras com comunidades locais e governos nacionais, e se concentrando, em vez disso, em maximizar lucros no curto prazo para shareholders em mercados globais competitivos. Ao mesmo tempo, sindicatos trabalhistas, governos e outros stakeholders da sociedade civil perderam muito poder e influência,

CAPITALISMO STAKEHOLDER

enfraquecendo ainda mais o tecido no qual o modelo stakeholder poderia prosperar. Isso significava que mesmo nesses países que não aderiam ao conceito stakeholder como um princípio de governança, outros atores se enfraqueceram, enquanto empresas e especificamente aqueles que prosperam na Terceira e na Quarta Revolução Industrial se fortaleciam.

O Modelo Stakeholder Hoje

Hoje em dia, o conceito stakeholder está pronto para voltar, embora de forma atualizada e mais compreensiva. Embora não seja razoável esperar que a constelação de stakeholders seja exatamente o que era nos anos 1970, quando uma empresa ainda operava dentro das fronteiras nacionais, uma versão modificada, que definirei como o *capitalismo stakeholder do século XXI*, ou simplesmente *capitalismo stakeholder*, pode garantir que sociedades capitalistas sobrevivam e prosperem na era atual, caracterizada por mudança climática, globalização e digitalização. Então como é e como difere da gestão stakeholder que a geração do meu pai intuitivamente implementou nas décadas de 1960 e 1970?

A característica mais importante do modelo stakeholder hoje é que as apostas do nosso sistema agora são mais claramente globais. Economias, sociedades e o meio ambiente estão mais intimamente conectados uns aos outros do que há cinquenta anos. O modelo que apresentamos aqui é, portanto, fundamentalmente global por natureza, e os dois stakeholders primários também o são.

Isso é verdadeiro em primeiro lugar para o *planeta*. A saúde do planeta, sabemos agora, depende não apenas de decisões individuais ou nacionais, mas da soma das decisões tomadas por atores ao redor do mundo. Se vamos salvaguardar o planeta para gerações futuras, cada stakeholder precisará assumir a responsabilidade por sua parte nele. O que antes era visto como externalidades na legislação econômica nacional e na tomada de decisões corporativas individuais agora precisará ser incorporado ou internalizado nas operações de todo governo, empresa, comunidade e indivíduo. Em outras palavras, o planeta é o stakeholder central no sistema econômico global, e sua saúde deve ser otimizada nas decisões de todos os outros stakeholders.

Em lugar nenhum isso se tornou mais aparente do que na realidade da mudança climática planetária, nos eventos climáticos extremos que ela fez emergir e nos efeitos acessórios que surgiram a partir dela. Um exemplo mostra o caso em questão: a praga recente de gafanhotos na África e no

Oriente Médio, às vezes apelidada de "Gafanhoto-19".[5] Pensa-se que esse fenômeno, no qual trilhões de insetos estão enxameando continentes, surgiu por causa do ano extremamente úmido de 2019 nessa parte do mundo.[6] Como consequência do clima úmido, nuvens de gafanhotos puderam procriar e se espalhar por todo o Leste da África, assim como em partes da Península Arábica e do Sul da Ásia, e ameaçar o fornecimento de alimentos em cada uma dessas regiões.

A mesma interconexão pode ser observada para as *pessoas* que vivem no planeta. Ao passo que, anteriormente, países e empresas poderiam otimizar seu sistema econômico individualmente, sem se responsabilizar pelos efeitos colaterais que suas decisões causariam nas sociedades fora de seu escopo, a profunda conexão da economia global tornou impossível continuar assim. O bem-estar das pessoas em uma sociedade afeta as pessoas em outra, e é necessário que todos nós, cidadãos globais, melhoremos o bem-estar de todos. Se falharmos, essa falha inevitavelmente voltará para nos assombrar.

Um lugar onde isso pode ser observado é nos fluxos globais de migração. Pessoas que são excluídas econômica e ou politicamente em uma parte do mundo buscarão melhorar suas vidas em partes do mundo que são mais afluentes. Em 2020, o "mundo está se movimentando como nunca antes",[7] com uma estimativa de 350 milhões de pessoas, ou 3,4% da população global, morando fora de seus países natais, estima a Bloomberg. Isso apesar de uma tendência crescente em muitas partes do mundo de parar a migração ou, claro, da pandemia da Covid-19. Se a migração não foi um lembrete suficiente da interconexão, a Covid-19 ofereceu a última prova. Quando o vírus SARS-CoV-2 se espalhou pelo planeta, ele devastou os meios de vida de centenas de milhões de pessoas e levou muitos milhões à morte ou a doenças severas. Com a exceção de algumas nações insulares, nenhuma fronteira fechada foi rigorosa o suficiente para conter a propagação da doença.

A propagação extensa da tecnologia da internet também deixa muitos no mundo todo mais conscientes do que nunca da sorte de pessoas em toda parte. Por consequência, há uma atenção maior dirigida para a igualdade global, fazendo dela um objetivo importante, talvez pela primeira vez na

---

[5] "'Locust-19' set to ravage crops across east Africa", David Pilling e Emiko Terazono, *Financial Times*, abril de 2020, https://www.ft.com/content/b93293d4-3d73-42bc-b8b7-2d3e7939490e.

[6] "The Locust Plague in East Africa Is Sending Us a Message, And It's Not Good News", Carly Casella, Science Alert, julho de 2020, https://www.sciencealert.com/the-locust-plagues-in-east-africa-are--sending-us-a-message-and-it-s-not-a-good-one.

[7] "The World is On the Move as Never Before", Bloomberg, outubro de 2019, https://www.bloomberg.com/graphics/2019-how-migration-is-changing-our-world/.

história. De fato, pessoas são animais sociais, e seu bem-estar absoluto é menos importante do que seu bem-estar relativo. Durante a maior parte da história do mundo, o ponto de referência da maioria era local. Na Revolução Industrial, ele se tornou nacional. Nas décadas após a Segunda Guerra Mundial, o ponto de referência se expandiu, tornando-se o Ocidente, para aqueles na esfera de influência dos Estados Unidos, e o Leste, para aqueles na esfera de influência da União Soviética. Desde o alvorecer da Quarta Revolução Industrial, porém, e das tecnologias de conexão que ela forneceu, o ponto de referência das pessoas se tornou aquele de seus colegas mais avançados em qualquer parte do mundo, seja na China, nos Estados Unidos ou na Europa. A equidade global, então, tornou-se uma ideia a ser considerada pela primeira vez na história.

Seja onde for que você estiver no mundo, há, portanto, um consenso crescente de que o bem-estar das pessoas — em qualquer lugar que elas morem — e do planeta como um todo é de interesse de todos nós. Esses dois elementos são stakeholders naturais, com *pessoas* sendo simplesmente todos os indivíduos humanos e *planeta* sendo o meio ambiente natural que todos compartilhamos. Isso leva a um novo modelo stakeholder no qual ambos estão no centro (Figura 8.2).

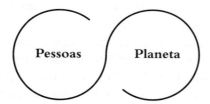

Figura 8.2 O Modelo Stakeholder Simplificado, com Pessoas e o Planeta no Centro
Fonte: Klaus Schwab e Peter Vanham, 2020.

Quatro stakeholders-chave podem otimizar o bem-estar de pessoas e do planeta. Eles são:

1. Governos (de países, estados e comunidades locais, consistindo em representantes das pessoas e tendo a autoridade legal em uma região ou lugar).
2. Sociedade civil (no sentido mais amplo, de sindicatos a ONGs, de escolas e universidades a grupos de ação, e de organizações religiosas a clubes de esporte).

3. Empresas (constituindo o setor privado, sejam freelancers, microempresas, empreendimentos pequenos e médios ou grandes empresas multinacionais).

4. Comunidade internacional (consistindo em organizações internacionais como a ONU, a Organização Mundial do Comércio ou a OCDE, assim como organizações regionais como a União Europeia ou a ASEAN).

É importante lembrar o que ou quem compreende cada um desses grupos stakeholders porque isso explica seus interesses no bem público. De fato, mesmo que eles sejam reconhecidos como organismos sociais e/ou legais, todos os stakeholders consistem em pessoas e fazem uso do planeta. Então, não é uma surpresa que eles devem querer otimizar o bem-estar de todos nós, assim como do meio ambiente. Mas igualmente deve ser claro que eles têm objetivos específicos que fazem deles organismos distintos em primeiro lugar. Governos, principalmente, se concentram em criar a maior *prosperidade* possível para o maior número de pessoas. A sociedade civil existe para avançar os interesses de seus constituintes e para dar sentido ou *propósito* a seus membros. Empresas obviamente têm o objetivo de gerar um excedente econômico, medido em *lucros*. E o objetivo abrangente para a comunidade internacional é preservar a *paz*. Finalmente, é importante destacar que todos esses stakeholders também são interconectados. Empresas operam na estrutura regulatória que os governos fornecem a elas. A sociedade civil exerce pressão em governos e empresas e contribui para sua resiliência em geral. Finalmente, organizações internacionais garantem que as consequências das decisões tomadas em uma parte do mundo são consideradas em outra.[8]

---

[8] Essa interconexão, como vimos, tem sido uma realidade desde sempre. Mas ela é ampliada e intensificada para esses stakeholders pelo progresso tecnológico das últimas décadas e, portanto, merece uma atenção especial no novo modelo stakeholder. Assim como a tecnologia moderna conectou pessoas no mundo todo, ela também permitiu o comércio global para empresas e competição entre nações. De fato, apesar de indicadores do contrário e políticas para administrar a tendência, o mundo é mais globalizado do que nunca. Para ser justo, o comércio físico global entre empresas multinacionais está crescendo a um ritmo menor do que a economia global em geral desde uma década atrás, e o protecionismo de comércio governamental está em ascensão de novo. Mas o comércio digital ainda está crescendo a um ritmo acelerado, vencendo a desaceleração na tendência de comércio físico na globalização — ou "slowbalisation", como *The Economist* chamou. As consequências podem ser sentidas por todos os grupos de stakeholders. Como um resultado dessa globalização digital, por exemplo, um punhado de empresas big tech dominam os mercados globais, com algumas delas valendo mais de US$1 trilhão. Isso explica, em parte, por que a desigualdade corporativa global e a concentração de mercado global estão no seu ponto mais alto de todos os tempos. E ajuda a explicar por que, apesar de uma tendência em direção à queda da desigualdade de renda global (graças à ascensão da China), a concentração de riqueza entre indivíduos no mundo está maior do que nunca. (A Oxfam International relatou que em 2019, as 2 mil pessoas mais ricas do mundo possuem mais riqueza do que as 4,6 bilhões de pessoas mais pobres do mundo, e a riqueza dos homens mais ricos do mundo vem das empresas big tech que eles fundaram.)

Isso leva ao *modelo stakeholder* como o conhecemos hoje (ver Figura 8.3), válido em qualquer parte do mundo. Quando o bem-estar das pessoas e do planeta está no centro dos negócios, os quatro grupos-chave de stakeholders contribuem para seu melhoramento. Esses stakeholders têm seus próprios objetivos primários:

- Empresas buscam lucros e criação de valor a longo prazo.
- O objetivo primário da sociedade civil é o propósito ou a missão de cada organização.
- Governos buscam a prosperidade justa.
- A comunidade internacional trabalha visando à paz.

Em um modelo stakeholder, todos esses grupos e seus objetivos estão interconectados. Um não pode ser bem-sucedido se os outros falharem.

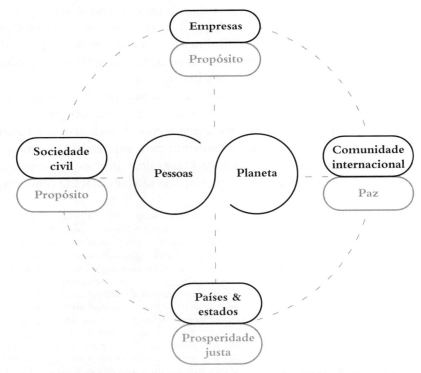

Figura 8.3 Pessoas e Planeta no Centro do Modelo Stakeholder Global

Fonte: Adaptado de Klaus Schwab e Peter Vanham, 2020.

O modelo é simples, mas imediatamente revela por que a primazia shareholder e o capitalismo de Estado não levam a resultados tão bons: eles focam os objetivos mais granulares e exclusivos de lucros ou prosperidade em uma empresa ou país em particular, em vez de focarem o bem-estar de todas as pessoas do planeta como um todo. Em contraste, no modelo stakeholder, nenhum dos objetivos mais granulares é deixado de lado, mas a interconexão e o bem-estar abrangente das pessoas e do planeta são centrais, garantindo um resultado mais harmonioso ao longo do tempo.

Princípios e Crenças que Alicerçam o Modelo Stakeholder

Agora que identificamos esse modelo stakeholder global, podemos olhar para como ele se aplica a um contexto mais restrito, como o de um país ou uma comunidade em particular. Ir de uma perspectiva global a uma local é imprescindível para o sucesso do modelo stakeholder. De fato, apesar de as apostas do sistema econômico serem mais globais do que nunca, a implementação de qualquer abordagem será feita em sua maior parte a um âmbito mais local. Comunidades são localmente inseridas, e as pessoas conhecem e confiam naqueles que vivem e trabalham na proximidade delas. Isso aumenta o sentimento de solidariedade e a disposição para apostar em projetos que beneficiam a todos, em vez do indivíduo.

Considere a alternativa: um governo global regula empresas multinacionais em mercados globais, e as pessoas se reúnem em uma democracia global e sindicatos globais. É um objetivo irreal e não desejável, pois aumenta a distância entre indivíduos e os ecossistemas sociais imediatos dos quais eles fazem parte. Também diminui o sentimento de compromisso com as pessoas e com o meio ambiente de que são próximos. Apesar dos neoliberais do século XX já terem visto um modelo global assim como um ideal utópico (como Quinn Slobodian declarou em seu livro *Globalists, The End of Empire and the Birth of Neoliberalism*), ele inevitavelmente levaria à perda de direitos políticos de comunidades locais. Quando o centro do poder está afastado demais das realidades diárias das pessoas, nem a governança política nem a tomada de decisão econômica teriam apoio popular.

Subsidiariedade

Um princípio primário para a implementação do capitalismo stakeholder é, portanto, o de *subsidiariedade*. Não é um princípio não testado ou puramente teórico. Aplicado mais notavelmente na governança da União Europeia,[9] o princípio de subsidiariedade também foi usado na Federação Suíça, Emirados Árabes Unidos, Micronésia e outros Estados federais no mundo todo. Ele afirma que decisões devem ser tomadas no nível mais granular possível, o mais perto de onde elas terão seus efeitos mais perceptíveis.[10] Ele determina, em outras palavras, que stakeholders locais devem ser capazes de decidir por conta própria, exceto quando não é viável ou eficaz.

Deveria ser imediatamente claro como esse princípio se aplica aos desafios globais de nosso sistema econômico hoje. Considere primeiro a crise climática. Faz sentido coordenar esse desafio primeiro no nível global. Tentar lidar com essa crise em qualquer nível menor primeiro seria ineficaz: apenas se todos no mundo todo se mudarem na mesma direção a ação climática terá qualquer efeito perceptível. E depender de ação local sem coordenação exporia qualquer um envolvido a um efeito "free-rider", de parasitismo. De fato, comunidades que recusassem um acordo climático se beneficiariam duas vezes: uma ao aproveitar os melhoramentos climáticos que resultam dos esforços dos outros e outra ao manter seu estilo de vida desejado, independentemente da poluição que produzem.

O segundo nível de ação e tomada de decisão apoiados pela subsidiariedade é o nacional. Considere de novo a ação climática. Cada país contribui para a mudança climática de maneiras específicas. Por exemplo, reduzir emissões das fábricas afetaria negativamente a China mais do que os outros, já que ela tem mais fábricas do que qualquer país no mundo. De modo semelhante, um limite em viagens de carro teria um efeito significativo nos Estados Unidos, onde carros são um meio primário de transporte. Fazer uma abordagem diferente, como limitar a viagem aérea, afetaria certos grupos de pessoas mais do que outros. A subsidiariedade apoia um nível nacional ou local de processo decisório para países determinarem qual caminho funcionará melhor para lidarem de modo eficaz com o objetivo global.

É por isso que uma estrutura da ONU como o Acordo de Paris de 2017 é uma boa ideia. Nenhum país sozinho é responsável (significativamente) por mais do que um quarto das emissões globais de CO_2, mas emissões globais[11] precisam cair mais da metade para evitar o desastre climático. Isso significica que nenhum país ou região — não os EUA, nem a China, nem a União

---

[9] "Fact Sheets on the European Union: The Principle of Subsidiarity", Parlamento Europeu, http://www.europarl.europa.eu/factsheets/en/sheet/7/subsidiaritatsprinzip.

[10] "Subsidiarity", Cambridge Dictionary, https://dictionary.cambridge.org/dictionary/english/subsidiarity.

[11] "Chart of the Day: These Countries Create Most of the World's CO_2 Emissions", Fórum Econômico Mundial, junho de 2019, https://www.weforum.org/agenda/2019/06/chart-of-the-day-these-countries-create-most-of-the-world-s-co2-emissions/.

Europeia — pode diminuir as emissões globais apenas com os próprios esforços. Mas também significa que nenhum país tem o incentivo para reduzir suas emissões a não ser que saiba que outros farão o mesmo; isso não faria uma diferença importante na escala global e poderia prejudicar o desenvolvimento econômico ou a prosperidade no curto prazo. A saída para esse dilema, então, é cooperar em escala global. Ainda assim, dadas as estruturas econômicas muito diferentes de cada país, não faria sentido para uma organização global de governança decidir *como* cada país deveria reduzir suas emissões assim que objetivos específicos para cada país são estabelecidos.

O mesmo é verdadeiro para as empresas, pois nenhuma empresa seria capaz ou estaria disposta a individualmente reduzir suas emissões, *ceteris paribus*, dada a deficiência de competitividade que isso inicialmente implicaria. Mas assim que um árbitro da indústria (por exemplo, a União Europeia) estabelece objetivos para cada indústria e define direitos de emissão para cada empresa, essas empresas devem ser capazes de decidir *como* elas reduzem suas emissões ao ideal desejado (por exemplo, elas podem produzir de modo que consumam menos energia ou comprar direitos de emissão de outras empresas). Esses dois exemplos não foram tirados do ar; o Acordo de Paris, na verdade, incorporou o princípio de subsidiariedade desse mesmo modo aqui descrito. E a União Europeia, com seu Green New Deal e esquema de cap-and-trade de emissões para empresas, aplica o mesmo princípio também. O trabalho de base para ambos os planos foi preparado em parte nas reuniões do Fórum Econômico Mundial, e eles exemplificam como o capitalismo stakeholder pode funcionar ao aderir ao princípio de subsidiariedade.

Uma lógica similar se aplica aos assuntos de governança tecnológica, competição e tributação global. Muitas empresas hoje operam globalmente, seja na esfera digital ou na esfera física, mas elas são, em sua maioria, reguladas por governos nacionais. É esse desequilíbrio — no qual empresas podem desenvolver tecnologia e propriedade intelectual em um único país, ganhar a maior parte de sua receita em um segundo, pagar impostos num terceiro, competir a custos baixos em um quarto e fugir de regras em acordos coletivos de trabalho em um quinto — que levou a um campo desnivelado de jogo. Esse desequilíbrio costuma erodir bases tributárias, enfraquecer instituições e a confiança nelas, criar um mercado enviesado e reduzir as oportunidades de emprego e empreendimento.

Mais uma vez, a resposta não deveria ser criar uma hegemonia global de governança, mas coordenar ações entre reguladores para que o campo nivelado de jogo possa ser equalizado dentro dos limites de cada jurisdição. Um bom exemplo desse princípio em ação são os esforços da OCDE para

198 CAPITALISMO STAKEHOLDER

coordenar um imposto nas receitas de empresas digitais, a fim de garantir contribuições tributárias feitas em cada país em que a empresa é ativa, independentemente de onde a sede da corporação está ou de onde vem a propriedade intelectual.

Com o princípio de subsidiariedade em mente, os limites dentro dos quais o capitalismo stakeholder deve operar agora estão claros. É um sistema no qual determinadas tendências e apostas são globais (mudança climática, globalização digital, desigualdade global e concentração de mercado), mas onde o melhor princípio organizacional é o da subsidiariedade. O modelo stakeholder resultante é aquele no qual, por um lado, cada empresa ou organização individualmente ainda está no centro das obrigações com seus stakeholders, como no modelo original. Mas, por outro lado, empresas, governos, ONGs, gerações futuras e outros são reconhecidos como stakeholders de nosso futuro global e bem-estar comuns. O sistema econômico que construímos para moldar essas realidades deve, portanto, ser localmente inserido e globalmente coerente.

Isso nos leva à próxima questão: quais crenças deveriam alicerçar o capitalismo stakeholder?

Criação de Valor e Compartilhamento

O conjunto de crenças que alicerçam o modelo stakeholder permanece em grande medida o mesmo da época em que foi concebido. Elas são aquelas que levaram à construção do estado do bem-estar social no Oeste Europeu na era do pós-guerra, da Grande Sociedade nos Estados Unidos, e do sonho chinês na China moderna. A mais importante delas é a de que a sociedade será melhor quando todos prosperam, em vez de um subconjunto pequeno dentre eles. Sobre a Grande Sociedade, por exemplo, o presidente Lyndon B. Johnson disse: "É um lugar onde toda criança pode encontrar conhecimentos para enriquecer sua mente e aumentar seu talento, [e] onde a cidade dos homens serve não apenas às necessidades do corpo e às demandas do comércio, mas ao desejo por beleza e à fome por comunidade."[12] E, no caso do sonho chinês, a ideia de um grande rejuvenescimento da nação chinesa "é um sonho de uma nação inteira, assim como de todo indivíduo",[12] de acordo com o presidente Xi Jinping.

Inserida nessa crença está, portanto, uma segunda, de que o valor na sociedade não é apenas ou primariamente criado por empresas e seus empre-

---

[12] "The Speech that Launched the Great Society", The Conversation, janeiro de 2015, https://theconversation.com/the-speech-that-launched-the-great-society-35836.

gados (mais) produtivos, mas também por educadores, cientistas, atores culturais, instituições governamentais e, acima de tudo, a sociedade e o próprio meio ambiente natural — em outras palavras: por todos os stakeholders. Isso pode soar como uma perspectiva bem direta, vista como óbvia pela maioria das pessoas. Mas como Mariana Mazzucato escreveu em seu livro *The Value of Everything*, essa visão não informou como o sistema econômico global funcionou nas últimas décadas. Em vez disso, ela diz, a crença dominante no passado recente tem sido a de que a maior parte do valor é criado nas empresas e, entre as empresas, em um grau maior, por instituições financeiras (adicionaríamos ainda as empresas de tecnologia, nos últimos anos).

Segundo Mazzucato, a visão diferente acerca da criação do valor e das práticas trazidas por ela criaram um sistema no qual a extração de valor se tornou normalizada, enquanto muitos dos membros mais produtivos do sistema econômico, como a pesquisa científica financiada pelo Estado, a educação e o serviço social, eram subvalorizados. Isso também levou à financeirização do sistema econômico, no qual receitas e lucros foram unidos à criação de valor verdadeiro. E isso criou um culto ao redor de CEOs e fundadores de startups de tecnologia, no qual inovações privadas geraram mais elogios e proteção do que os avanços fundamentais alcançados por meio de financiamento público e instituições.[13]

Embora eu não concorde completamente com a avaliação de Mazzucato, está claro que as contribuições feitas por outros stakeholders em nosso sistema econômico foram subvalorizadas e que o equilíbrio da economia stakeholder precisa ser restaurado. Para isso, o capitalismo stakeholder precisa garantir que:

- Todos os stakeholders tenham um assento à mesa de tomada de decisões que dizem respeito a eles.

- Os sistemas de medida apropriados existam para calcular qualquer criação ou destruição de valor verdadeiro do stakeholder, não apenas em termos financeiros, mas também em termos de conquista dos objetivos ambientais, sociais e de governança (ESG).

- Os pesos e contrapesos necessários existam para que cada stakeholder compense o que toma da sociedade e para que receba uma fatia do bolo proporcional às suas contribuições, local e globalmente.

Vamos analisar essas três exigências em detalhes.

---

[13] Para comentário, ver "Who Creates a Nation's Economic Value?" Martin Wolf, *Financial Times*, abril de 2018, https://www.ft.com/content/e00099f0-3c19-11e8-b9f9-de94fa33a81e.

Capitalismo Stakeholder na Prática

Um Assento à Mesa

Para dar sentido ao modelo stakeholder como um princípio organizacional, primeiro precisamos ter certeza de que todo stakeholder tem um assento em cada mesa que o preocupa. Sabemos que esse é um objetivo que vale a pena seguir e que ele costuma faltar, como podemos ver pelos desequilíbrios sociais, econômicos e políticos que persistem em nossas sociedades. Na frente econômica, por exemplo, há uma correlação altamente positiva entre uma forte representação stakeholder por um lado, e baixa desigualdade e salários proporcionais, por exemplo, por outro lado. Uma representação visual impressionante, que vimos no Capítulo 6, vem dos Estados Unidos, onde o Instituto de Políticas Econômicas demarcou o conjunto de membros do sindicato contra a desigualdade de renda ao longo dos últimos cem anos. Ele mostrou que a desigualdade de renda estava alta quando o trabalho organizado era ausente e que ela caía durante a era dourada do trabalho organizado norte-americano, mais ou menos entre 1940 e 1980, quando os membros de sindicatos dispararam. Finalmente, quando a quantidade de membros do sindicato começou a cair de novo, a desigualdade cresceu mais uma vez, atingindo uma alta histórica no meio dos anos 2010. E, como já vimos mais cedo no caso da Dinamarca, nesses países onde a representação dos sindicatos permaneceu forte, a desigualdade de renda permaneceu baixa também, mesmo no contexto atual da economia globalizada e movida pela tecnologia.

Visto que uma queda na participação em sindicatos, ou a falta de representação de todas as camadas da sociedade no processo decisório, é uma consequência de escolhas políticas conscientes, governos fariam bem em retomar políticas mais inclusivas daqui em diante. Não fazê-lo leva a resultados prejudiciais para todos no longo prazo. O fato de que salários de trabalhadores não subiram de maneira proporcional nos Estados Unidos há décadas levou a uma sociedade menos coesa e resiliente, que estava mal preparada para eventos que acontecem uma vez a cada século, como a Covid-19 ou a disrupção da Quarta Revolução Industrial. O que também pode ter sido, pelo menos em parte, resultado de escolhas sociais e políticas exclusivas, como foi trazido à tona pelo movimento Black Lives Matter nos Estados Unidos. Após décadas enfrentando políticas e ações governamentais discriminatórias, muitos se ergueram para denunciar essa situação. As lições de países como a Malásia, onde políticas inclusivas têm sido um ponto focal para legisladores, mostra que uma abordagem mais inclusiva no governo poderia ter e ainda pode evitar resultados desiguais.

De modo similar, onde outros stakeholders não têm um assento à mesa por causa de decisões de governança corporativa individuais, os conselhos fariam bem em buscar ativamente uma seleção mais representativa de membros. Certificar-se de que equipes de gestão, conselhos corporativos, governos e outros comitês de liderança reflitam melhor a configuração da sociedade por inteiro é uma receita para um processo decisório mais holístico e, no fim das contas, organizações melhores e mais eficientes. Há um caminho longo a ser percorrido nessa frente. Comitês de liderança continuam a ser monoculturais em gênero, emprego, formação educacional e outros fatores como raça, orientação sexual e idade. Cada empresa, cada comunidade e cada governo deveriam decidir quais ações e critérios se encaixam melhor em sua situação, mas a ideia geral de que organizações de tomadas de decisão devem ser mais representativas e diversas é quase um objetivo universal. Percebê-lo levaria a organizações mais saudáveis e equilibradas, alcançando resultados que são, no fim das contas, melhores para sociedades.

Para conseguir que stakeholders se sentem à mesa, não podemos depender apenas de padrões do passado. A realidade na qual empresas operam, em algumas instâncias, mudou fundamentalmente. Por exemplo, agora há mais trabalhadores remotos ou com contratos de freelance do que nunca na história moderna, dificultando que eles se reúnam. No caso de trabalhadores da economia gig, como aqueles dirigindo Uber ou entregando para a Grab ou Didi, eles nem trabalham mais fisicamente no mesmo lugar. Eles podem nem conhecer uns aos outros, e provavelmente têm interesses e objetivos diferentes. Isso faz com que seja difícil que se organizem e concordem com uma agenda comum para defender. Sindicatos tradicionais de fábricas ou escritórios podem não ser a resposta, já que as pessoas mudam de empregos com mais frequência do que antes, e muitas vezes nem mesmo trabalham no mesmo espaço físico com os demais colegas; além do que, as empresas tendem a ser mais geograficamente móveis do que no passado. Mas o princípio precisa continuar o mesmo. Aqueles que trabalham para plataformas ou empresas precisam ter voz no modo como essas empresas operam, no modo como elas tratam os trabalhadores e na responsabilidade que elas têm em relação à sociedade. Existiram experimentos da vida real para unir stakeholders, como quando a Rideshare Drivers United, um grupo de advocacia californiano para motoristas da Uber ou Lyft, clamou uma greve global em maio de 2019, à frente da IPO planejada da Uber. Eles encorajaram motoristas a fechar seus aplicativos e a defenderem sua demanda por mais pagamento e melhores proteções.[14] Mas apesar de atrair bastante mídia e atenção política[15] e levar a um acordo financeiro único para alguns motoristas antes da IPO,[16] a greve revelou como é difícil replicar a influência que sindicatos de táxi já tiveram, já que as demandas estruturais dos motoristas não foram atendidas. Ela mostrou como é difícil garantir que a economia gig respeite os direitos dos trabalhadores. Num desenvolvimento posterior, em novembro de 2020, a Califórnia votou uma proposição que definiria trabalhadores da economia gig como empregados, mas, após uma campanha apelidada de "a iniciativa mais cara na história do estado", a proposta foi rejeitada, sugerindo que uma resolução que funcione para todos os stakeholders ainda não foi encontrada.[17]

No capitalismo stakeholder, o mesmo nível de representação em empresas deveria também se aplicar na representação política. Governos baseados em representação e partidos políticos no mundo todo enfrentam uma crise existencial. Ao mesmo tempo em que o descontentamento social aumenta, o número de pessoas que votam e a participação em partidos está em declínio. Na Europa, por exemplo, os partidos políticos tradicionais que moldaram a democracia estão enfrentando uma crise tripla. Ao longo das últimas décadas, partidos como os Democratas Cristãos, Liberais e Social-democratas viram sua quantidade de membros diminuir. Menos eleitores de todas as opiniões políticas apareceram para votar nas eleições e, daqueles que apareceram, menos votaram por um partido tradicional.[18] De modo similar, na maioria dos países da América Latina — com a exceção da Colômbia —, a participação de eleitores tem caído ao longo do tempo,

---

[14] "The Worldwide Uber Strike Is a Key Test for the Gig Economy", Alexia Fernandez Campbell,Vox, maio de 2019, https://www.vox.com/2019/5/8/18535367/uber-drivers-strike-2019-cities.

[15] "Uber Pre IPO, 8th May, 2019 Global Strike Results", RideShare Drivers United, maio de 2019, https://ridesharedriversunited.com/uber-pre-ipo-8th-may-2019-global-strike-results/.

[16] "Worker or Independent Contractor? Uber Settles Driver Claims Before Disappointing IPO", *Forbes*, maio de 2019, https://www.forbes.com/sites/kellyphillipserb/2019/05/13/worker-or-independent--contractor-uber-settles-driver-claims-before-disappointing- ipo/#7a157b93f39f.

[17] "Uber and Lyft Drivers in California Will Remain Contractors", Kate Conger, *The New York Times*, novembro de 2020, https://www.nytimes.com/2020/11/04/technology/california-uber-lyft-prop-22.html.

[18] "Are Political Parties in Trouble?" Patrick Liddiard, Wilson Center, dezembro de 2018, https://www.wilsoncenter.org/sites/default/files/media/documents/publication/happ_ liddiard_are_political_parties_in_trouble_december_2018.pdf.

Conceito 203

mesmo em países como Brasil e Costa Rica, nos quais o voto é obrigatório.[19] E nos Estados Unidos, que têm visto uma decolada na agitação social nos últimos anos, a participação nas eleições presidenciais tem caído ao longo do tempo. De uma alta de cerca de 70% nos anos 1950 e 1960, despencou para uma baixa no fim dos anos 1990; na eleição presidencial de 2016, a participação foi em torno de 55%.[20] (As eleições de meio mandato de 2018, porém, foram uma exceção notável a essa tendência de declínio, atraindo a maior presença de eleitores em meio século.) Mesmo em sistemas políticos com partido único, como a China, a representação de idade e gênero é reconhecida. Até pelo menos 2016, de acordo com o Partido Comunista do Comitê Central da China, "a idade, a cultura e a distribuição dos membros do partido existentes não estavam bem adaptadas às necessidades da grande missão do partido na nova era e no novo estágio". Naquele ponto, havia "poucos membros de primeira linha do partido e membros jovens, e a proporção de mulheres membros do partido [era] baixa[21]". Desde então, a participação de mulheres e millennials, mas permanece abaixo da representação demográfica.[22]

Essas questões de representação precisarão ser resolvidas se quisermos acertar o modelo stakeholder. Há um valor limitado em fazer com que os stakeholders-chave falem uns com os outros e considerem os objetivos uns dos outros quando eles mesmos não são representativos nos grupos que deveriam representá-los.[23] A história está cheia de exemplos de chefes de governo, empresas e organizações religiosas se unindo por benefício mútuo. Mas quase sempre a sociedade como um todo ou grupos importantes de stakeholders da minoria sofriam quando não eram levados em consideração de modo apropriado nessas alianças. Vamos olhar com mais detalhes como acertar essa questão nos próximos capítulos.

---

[19] "A Deep Dive into Voter Turnout in Latin America", Holly Sunderland, Americas Society / Council of the Americas, junho de 2018, https://www.as-coa.org/articles/chart-deep-dive-voter-turnout-latin-america.

[20] "Historical Reported Voting Rates,Table A.1", Departamento do Censo dos Estados Unidos, https://www.census.gov/data/tables/time-series/demo/voting-and-registration/voting-historical-time-series.html.

[21] "How to Correctly Understand the General Requirements of Recruiting Party Members?", Partido Comunista, abril de 2016, http://fuwu.12371.cn/2016/04/22/ARTI1461286650793416.shtml (conteúdo em chinês).

[22] "Recruitment Trends in the Chinese Communist Party", Neil Thomas, Macro Polo, julho de 2020, https://macropolo.org/analysis/members-only-recruitment-trends-in-the-chinese-communist-party/.

[23] É por isso que, durante anos, o Fórum Econômico Mundial fez esforços extras para garantir que cada stakeholder seja representado em suas reuniões, seja a voz da juventude, líderes culturais, sociedade civil ou a academia.

Além de PIB e Lucros

Assim que todos os stakeholders tiverem um assento à mesa, corporações, organizações e governos precisam se afastar da fetichização de lucros ou métricas relacionadas, como o produto interno bruto (PIB). A busca única do lucro deve ser substituída por medidas holísticas de criação de valor. Como discutimos, empresas nem sempre otimizaram apenas para lucros e dividendos de shareholders, e o PIB nem sempre foi o santo graal para governos. Conforme o capitalismo shareholder conquistou território nas últimas décadas do século XX, lucros e PIB se tornaram tudo. No mundo de hoje, precisamos tirar o foco único nessas medidas financeiras no curto prazo e complementá-las com medidas que mostrem um cenário mais completo do estado real das pessoas e do planeta. Como escrevi em um artigo de opinião mais antigo,[24] nossos objetivos deveriam ser "alcançar os Objetivos de Desenvolvimento Sustentável (SDGs) da ONU até 2030; cumprir o Acordo do Clima de Paris ao longo dos próximos trinta anos; e reformar nosso sistema econômico global para fazê-lo caber nos próximos cinquenta anos e além". Esses são objetivos adicionais que devemos otimizar na próxima década.

Para países que desejam ir além do PIB, já existem algumas alternativas. O Índice de Competitividade Global do Fórum Econômico Mundial e seu Índice de Desenvolvimento Inclusivo, por exemplo, rastreiam uma variedade ampla de indicadores ambientais, sociais e de governança, além dos econômicos. A OCDE tem ainda o Better Life Index,[25] com o qual mede e elenca países em determinadas áreas de bem-estar, como educação, saúde e moradia, renda e empregos, equilíbrio de vida e trabalho, satisfação com a vida e cuidado com o meio ambiente. Como veremos nos próximos capítulos, alguns países, como Nova Zelândia, já fizeram seu próprio painel, no qual rastreiam o próprio progresso em um número de indicadores-chave de bem-estar para seus cidadãos. (Exploramos alguns exemplos dessas métricas mais adiante neste capítulo.)

De modo interessante, o Relatório de Competitividade do Fórum Econômico Mundial mostra que países que se otimizam para o desenvolvimento sustentável e inclusivo ao lado da competitividade econômica costumam se tornar também os mais competitivos. Portanto, é possível se dar

---

[24] "Ending Short-Termism by Keeping Score", Klaus Schwab, Project Syndicate, outubro de 2019, https://www.weforum.org/agenda/2019/10/how-we-can-end-short-termism-by- keeping-score/.

[25] "Better Life Index", OCDE, http://www.oecdbetterlifeindex.org/#/11111111111.

bem econômica, ecológica e socialmente ao mesmo tempo, *desde que* sejam feitas as escolhas políticas certas. Esse é, por exemplo, o caso nos países nórdicos, sobre os quais discutimos no Capítulo 6. Mas por quê? O relatório de 2019 descobriu que, ao criar uma economia mais sustentável e verde, as "economias altamente competitivas estão mais bem posicionadas para fomentar a emergência de novas tecnologias em todos os setores, como tecnologias revolucionárias de ponta em invenções verdes, porque fornecem um ecossistema de inovação mais condutivo".[26] Além disso, "países que possuem melhor capital humano, melhor infraestrutura e mais capacidade de inovação têm, em média, mais probabilidade de adotar um conjunto de energia mais verde".[27] Para dizer de modo ainda mais simples, em uma sociedade cujas pessoas são bem educadas e ambientalmente conscientes, há uma chance maior de que a sociedade como um todo faça escolhas que tornem a economia mais próspera e mais sustentável em longo prazo. A outra explicação para a correlação é que a competitividade econômica, no fim das contas, depende da função de recursos do planeta e do capital humano da sociedade, sejam eles contabilizados no PIB ou não. Países que verdadeiramente apenas contabilizam o PIB vão dar de cara numa parede mais cedo ou mais tarde, já que só é possível ignorar investimentos em educação, treinamento e cuidado com o planeta por um tempo limitado, até eles começarem a afetar a função da produção econômica.

Além das ferramentas fornecidas por índices de competitividade e inclusão, o mundo também precisa desesperadamente caminhar a um ritmo diferente do que o do PIB. Algumas medidas complementares já existem, e outras estão a caminho. "Um ajuste rápido seria adotar uma medida como a renda média per capita, que reflete melhor as condições econômicas reais que as pessoas enfrentam", escrevi em um artigo de opinião em 2019. "Uma medida mais ambiciosa é o Capital Natural,[28] baseado no ecossistema de um país, estoque de peixes, minerais e outros ativos naturais. Como esse balanço também precisaria incluir capital humano, poderíamos incorporar todos os elementos relevantes em um placar composto.[29] E uma terceira opção concreta é incluir o Climate Action Tracker no painel dos governos, pois ele mostra o progresso de cada país em direção aos compromissos nacio-

---

[26] O Relatório de Competitividade Global 2019, Fórum Econômico Mundial, p. 27, http://www3.weforum.org/docs/WEF_TheGlobalCompetitivenessReport2019.pdf.

[27] Ibidem.

[28] "What Is Natural Capital?" Fórum Mundial do Capital Natural, https://naturalcapital forum.com/about/.

[29] https://www.weforum.org/reports/the-inclusive-development-index-2018.

206 CAPITALISMO STAKEHOLDER

nais determinados pelo Acordo de Paris."[30] Algumas dessas propostas são desenvolvidas pelo Wealth Project, um grupo de economistas como Diane Coyle e Mariana Mazzucato,[31] que há muito tempo expressam preocupação com a dominação do PIB.

Empresas também deveriam expandir seus horizontes além da declaração de lucro e perda — e elas estão cada vez mais dispostas a fazê-lo. À frente da 50ª Reunião Anual de Davos, eu apresentei às empresas um "Manifesto de Davos 2020", que descreve "O Propósito Universal de uma Empresa na Quarta Revolução Industrial".[32]

A. **O propósito de uma empresa é envolver todos os seus stakeholders em uma criação de valor compartilhada e sustentável.** Ao criar esse valor, uma empresa atende não apenas a seus shareholders, mas a todos os stakeholders — empregados, clientes, fornecedores, comunidades locais e a sociedade como um todo. A melhor maneira de entender e harmonizar os interesses divergentes de todos os stakeholders é por meio de um compromisso compartilhado com políticas e decisões que fortalecem a prosperidade da empresa em longo prazo.

   i. Uma empresa atende seus **clientes** ao fornecer uma proposição de valor que melhor atende às suas necessidades. Ela aceita e apoia a competição justa e um campo nivelado de jogo. Ela tem tolerância zero para a corrupção. Mantém o ecossistema digital no qual opera confiável e seguro. Deixa os clientes completamente cientes da funcionalidade de seus produtos e serviços, incluindo implicações adversas ou externalidades negativas.

   ii. Uma empresa trata suas **pessoas** com dignidade e respeito. Ela honra a diversidade e busca o melhoramento continuado nas condições de trabalho e no bem-estar dos empregados. Em um mundo em rápida mudança, uma empresa fomenta a empregabilidade contínua por meio de requalificação e treinamentos constantes.

---

[30] https://climateactiontracker.org/.

[31] "Changing how we measure economic progress", The Wealth Project, https://www.wealth-economics.org/about/.

[32] "Davos Manifesto 2020", Klaus Schwab, Fórum Econômico Mundial, dezembro de 2019, https://www.weforum.org/agenda/2019/12/davos-manifesto-2020-the-universal-purpose-of-a-company--in-the-fourth-industrial-revolution/.

iii. Uma empresa considera seus **fornecedores** como verdadeiros parceiros na criação de valor. Oferece uma chance justa para novos participantes no mercado. Integra respeito pelos direitos humanos na cadeia de produção inteira.

iv. Uma empresa serve à **sociedade como um todo** por meio de suas atividades, apoia as comunidades nas quais trabalha e paga sua parcela justa de impostos. Ela garante o uso seguro, ético e eficiente de dados. Age como administradora do universo ambiental e material para gerações futuras. Protege de modo consciente nossa biosfera e defende uma economia circular, compartilhada e regenerativa. Ela expande continuamente as fronteiras do conhecimento, inovação e tecnologia para melhorar o bem-estar das pessoas.

v. Uma empresa fornece a seus **shareholders** um retorno nos investimentos que leva em consideração os riscos empresariais assumidos e a necessidade de inovação contínua e de investimentos sustentados. Ela gerencia com responsabilidade a criação de valor em curto, médio e longo prazos em busca de retornos sustentáveis a shareholders que não sacrificam o futuro pelo presente.

B. Uma empresa é mais do que uma unidade econômica gerando riqueza. Ela preenche aspirações humanas e sociais como parte do sistema social maior. A performance deve ser medida não apenas no retorno aos shareholders, mas também no modo como ela alcança seus objetivos ambientais, sociais e de boa governança. A remuneração executiva deve refletir a responsabilidade stakeholder.

C. Uma empresa que tem um escopo multinacional de atividades não apenas serve a todos os stakeholders que estão diretamente envolvidos, **mas age ela própria como uma stakeholder — com governos e a sociedade civil — do nosso futuro global**. A cidadania global corporativa exige que uma empresa aproveite suas competências centrais, seu empreendedorismo, suas habilidades e recursos relevantes em esforços colaborativos com outras empresas e stakeholders para melhorar o estado do mundo.

Vale a pena examinar algumas das métricas específicas pelas quais uma empresa pode medir sua performance para seus stakeholders. O manifesto menciona especificamente aceitar um campo nivelado de jogo na competição, mostrando tolerância zero para a corrupção, buscando melhorias nas condições de trabalho e no bem-estar do empregado, apoiando comunidades nas quais ela é ativa, pagando sua parcela justa de impostos e refletindo a responsabilidade stakeholder na remuneração executiva. Vistas juntas, essas exigências formam uma governança corporativa muito diferente daquela na qual o sucesso financeiro no curto prazo é supremo.[33] Se cada empresa se comprometer com esses objetivos e lidar com as questões subjacentes, muitos dos excessos do capitalismo shareholder serão cortados automaticamente pela raiz.

Mas em um mundo onde a gestão costuma acontecer pelos números, essa responsabilidade stakeholder também precisa ser medida, e os objetivos precisam ser quantificados. Nessa frente, há boas notícias. Em setembro de 2020, o Conselho Internacional do Trabalho do Fórum Econômico Mundial — composto de 140 das maiores empresas globais — apresentou as "Métricas do Capitalismo Stakeholder". Elas são um conjunto central de métricas e divulgações sobre os aspectos não financeiros da performance de negócios, incluindo variáveis como emissões de gases do efeito estufa, diversidade, saúde e bem-estar do empregado e outros fatores que são geralmente classificados como tópicos ESG.[34] Uma vez implementadas, deveriam facilitar que os executivos otimizassem para obter mais do que apenas lucro e que outros stakeholders, como empregados, clientes e governos, julgassem a performance de empresas orientadas ao stakeholder. Desse modo, elas são um passo importante para fazer do capitalismo stakeholder uma realidade com os pés no chão. Você pode ler mais sobre as métricas no capítulo seguinte e na conclusão deste livro.

Pesos e Contrapesos e Instituições Robustas

Finalmente, um modelo stakeholder precisa incluir os pesos e contrapesos necessários e precisa ter instituições independentes e robustas, já que o desequilíbrio de poder provavelmente crescerá. Em princípio, cada stakeholder contribui com o que pode para o capitalismo stakeholder e recebe o que

---

[33] E, devo adicionar, esses elementos também fazem o Manifesto de Davos 2020 diferir da Declaração sobre o Propósito de uma Corporação da Business Roundtable de 2019. Esta última lista um conjunto similar de stakeholders, com os quais uma empresa deveria se comprometer a entregar valor, mas não chega a mencionar um campo nivelado na competição, o pagamento de impostos justos ou a remuneração de executivos. Fonte: https://www.businessroundtable.org/business-roundtable-redefines-the-
-purpose-of-a-corporation-to-promote-an-economy- that-serves-all-americans.

[34] "Measuring Stakeholder Capitalism: World's Largest Companies Support Developing Core Set of Universal ESG Disclosures", Fórum Econômico Mundial, janeiro de 2020, https: //www.weforum.org/press/2020/01/measuring-stakeholder-capitalism-world-s-largest-companies-support-developing-core-set-of-universal-esg-disclosures/.

Conceito 209

precisa para alcançar os resultados sociais mais bem-sucedidos. Mas dada a tendência natural dos modelos capitalistas existentes para favorecer os interesses de grandes empresas e de indivíduos ricos (capitalismo shareholder) e de políticos (capitalismo de Estado), é da maior importância que governos e empresas — os dois stakeholders com maior poder e influência no sistema econômico atual — concordem em serem responsáveis um pelo outro e por outros stakeholders. É aqui que o papel da responsabilidade democrática, da divisão de poderes e o papel de organizações internacionais entram. Elas são os pesos e contrapesos que nosso sistema precisa.

É claro, precisamos confrontar a realidade de que as democracias estão se fraturando na base (ver Capítulo 4) e que a eficácia das nossas instituições internacionais e o apoio dado a elas está enfraquecendo. Portanto, é necessário fortalecer a confiança no governo a partir da base e só então fortalecer o mandato de decisores do topo para baixo. Isso garantirá que os pesos e contrapesos do sistema possam funcionar de novo. Como podemos fazê-lo?

Como escrevi em outro artigo de opinião de 2019,[35] "em vez de focar a ponta da pirâmide de governança global, devemos cuidar das fraturas em sua base". Um país que fez um experimento interessante nesse sentido é a Irlanda. "Por décadas, o aborto era uma criptonita política para os legisladores irlandeses. Mas então a Irlanda tentou um experimento sociopolítico adequado para nossa era de divisão: convocou uma assembleia de cidadãos para criar uma legislação do aborto que uma base ampla de eleitores poderia apoiar. A assembleia irlandesa selecionou 99 cidadãos (e uma pessoa da presidência) aleatoriamente para convocar um corpo que era "amplamente representativo da sociedade refletida no censo, incluindo amplitude de idade, gênero, classe social e região". Assim, ela atingiu uma diversidade de visões muito maior do que é possível encontrar no sistema político estabelecido. O público acompanhou de perto os procedimentos da assembleia de cidadãos, criando um sentimento único de participação política de larga escala. As pessoas se importaram profundamente com o assunto sendo discutido, mas também aprenderam a apreciar as visões daqueles com quem discordavam. Ultimamente, a assembleia emitiu recomendações, incluindo a legalização do aborto, que foram então apresentadas ao público na forma de um referendo. Muitas das propostas agora são lei.

---

[35] "A Better World Starts at Home", Klaus Schwab, Project Syndicate, dezembro de 2019, https://www.project-syndicate.org/onpoint/citizen-assemblies-to-end-polarization-by-klaus-schwab-2019-12.

210 CAPITALISMO STAKEHOLDER

Se quisermos superar divisões políticas em outras partes do mundo, devemos defender esse e outros tipos novos de participação stakeholder no governo:

> Por definição, reuniões deliberativas de cidadãos comuns — cuja tarefa primária é chegar a um acordo, em vez de se reeleger — podem passar por cima do antagonismo político e se mover em direção a soluções pragmáticas para questões específicas. Apesar de não substituírem legislaturas eleitas democraticamente, elas podem suplementá-las quando necessário.[36]

Abordagens stakeholder similares também ajudaram líderes eleitos a confrontar desafios importantes em outros casos:

> Na França, os manifestantes "coletes amarelos" ("*gilets jaunes*") suavizaram o tom quando o presidente Emmanuel Macron organizou um "grande debate" para cidadãos participarem diretamente nas reuniões, ao estilo das reuniões da prefeitura em todo o país. Na Bélgica, uma reunião de stakeholders na Antuérpia produziu uma resolução para acabar com desentendimentos acerca de um importante projeto de infraestrutura após décadas de inação. E em Gdansk, na Polônia, uma assembleia de cidadãos alcançou o que Tin Gazivoda da Open Society Initiative for Europe descreveu como "mudanças obrigatórias na política da cidade sobre mitigação de enchentes, poluição do ar, participação civil e tratamento de pessoas LGBT".[37]

Deve ser destacado, mais uma vez, que são as próprias democracias que decidem o modo pelo qual adotam o modelo stakeholder na tomada de decisões políticas. Os métodos resultantes podem parecer muito diferentes em cada país, e tudo bem. Na Suíça, uma longa história de democracia direta significa que as pessoas podem votar em referendos de todo tipo de questões políticas e econômicas, de propostas para diminuir a imigração a reinstalar o padrão-ouro, e de projetos de moradia pública aos horários de abertura de um aeroporto local. Mas, embora esse sistema possa parecer ideal, ele pode não funcionar para todo mundo. Na Bélgica, por exemplo, diferenças ideológicas, religiosas e de língua atravessam a sociedade ao meio.

---

[36] Ibidem.
[37] Ibidem.

Implementar referendos levou, no passado, a resultados que deixaram ci-catrizes, que fizeram mais para separar os cidadãos do que para uni-los e que por isso levaram a um eventual abandono do sistema. Ela agora está experimentando uma participação stakeholder que busca mais consenso, com conversas mediadas entre grupos de vários interesses e reuniões de cidadãos selecionados aleatoriamente, para aumentar a sensação de partici-pação na democracia.

De modo semelhante, a organização da própria democracia deve respei-tar costumes e tradições locais e ser moldada pelos próprios cidadãos do país, não por estrangeiros. Um bom exemplo vem do Afeganistão, onde a participação política tradicionalmente tem sido organizada de modo muito diferente do que nas democracias ocidentais. Em seu livro *Destiny Disrupted*, o escritor afegão-americano Tamim Ansary apontou que a democracia im-posta pelos Estados Unidos, na prática, significava uma continuação de um sistema político muito mais tribal, conforme comunidades revertiam votos para candidatos cujas famílias haviam exercido um papel social e econômico de liderança em sua cidade por gerações. Se o objetivo era colocar uma cama-da de democracia no topo da estrutura social e política existente, o esforço foi bem-sucedido. Mas, se o objetivo era aumentar a participação direta de cidadãos no processo decisório, teria sido uma ideia melhor deixar as comu-nidades decidirem por si próprias qual sistema era o mais adequado para tal.

Finalmente, é importante que instituições públicas domésticas, que exer-cem um papel-chave no modelo stakeholder, sejam e permaneçam robustas. Por algumas décadas após a Segunda Guerra Mundial, novas gerações no Ocidente cresceram com a ideia de que instituições públicas fortes já esta-vam garantidas, que elas tinha um papel bem definido e que sempre exerce-riam esse papel. Na visão ocidental do desenvolvimento econômico global, economias em desenvolvimento também tiveram que construir instituições públicas fortes, pois acreditava-se que elas eram a pedra angular de uma sociedade e economia que funcionavam bem.

Mas nos últimos anos muitas sociedades experimentaram uma erosão de confiança em suas próprias instituições e um declínio em sua eficácia e habilidade de agir como um árbitro objetivo. Nos EUA, por exemplo, um declínio na confiança pública em instituições andou lado a lado com um aparente declínio em sua performance.[38] Por outro lado, em países escan-

---

[38] "Key Findings about Americans' Declining Trust in Government and Each Other", Pew Research Center, julho de 2019, https://www.pewresearch.org/fact-tank/2019/07/22/key-findings-about-a-mericans-declining-trust-in-government-and-each-other/.

dinavos, na Suíça e em Singapura, e até mesmo em países maiores, como Indonésia, China e Índia, os cidadãos ainda confiam muito em instituições públicas, o que é crucial para mantê-las mais robustas. Visto da perspectiva stakeholder, instituições públicas têm um papel central a exercer, então é importante torná-las fortes e competentes (de novo). Outro passo que precisamos dar envolve fortalecer o mandato de instituições internacionais. A necessidade disso é óbvia: conforme informação, tecnologia, dinheiro, pessoas e vírus fluem pelo mundo todo, e a mudança climática afeta todas as pessoas e países, a necessidade por coordenação dessas questões a nível global é mais alta do que nunca. Além disso, com empresas crescendo e se tornando mais globais, sua habilidade de otimizar suas obrigações e maximizar sua influência cria um desequilíbrio na relação com governos nacionais. Organizações internacionais representativas como as Nações Unidas e seus comitês, árbitros como o Tribunal de Justiça Europeu ou os Juízes de Apelação da Organização Mundial do Comércio, e reguladores como a Comissão Europeia ou a Universal Postal Union continuam e devem continuar a exercer um papel importante na governança global.

Mas como vimos, essas instituições supranacionais operam a um nível com o qual não é natural para muitos stakeholders individuais se identificarem — elas são simplesmente muito remotas e impessoais para a maioria das pessoas. Sua resposta, então, deve ser implementar processos decisórios que incluam todos os stakeholders (normalmente governos soberanos) e entender as tendências globais que enfrentam e regulam, criando, portanto, um *buy-in* social maior para seu mandato. No passado, as organizações internacionais muitas vezes fizeram pouco em relação a esses requerimentos.

Primeiro, as organizações criadas no fim da Segunda Guerra Mundial eram representativas dos vencedores daquela guerra, mas não são mais representativas do mundo de hoje. Essa falta de representação é aparente do topo à base na administração dessas instituições e muitas vezes também nos procedimentos eleitorais. Apenas uma evidência disso são o Fundo Monetário Internacional e o Banco Mundial, cujos direitos de voto ainda favorecem nações ocidentais e cuja liderança tradicionalmente vai para europeus e norte-americanos, respectivamente, mesmo enquanto mercados emergentes em outros lugares galgam à proeminência. Além disso, durante boa parte da história, organizações internacionais têm representado apenas um tipo de stakeholder — governos nacionais — enquanto uma parte grande e cada vez maior dos desafios globais conta com uma diversidade muito maior de stakeholders.

Segundo, o entendimento que as organizações internacionais têm em relação às tendências na economia global costuma ser tardio ou não existir. Dois exemplos bastam para confirmá-lo. Até hoje, por exemplo, nenhuma organização internacional tem uma métrica acordada para a economia digital global, apesar de ser algo de maior importância tanto econômica quanto socialmente. (A melhor estimativa vem da empresa de consultoria Instituto Global McKinsey, uma instituição privada.) E, para tomar outro exemplo, o Universal Postal[39] Union até 2019 contribuiu sem saber para uma competição internacional injusta e para uma subida nas emissões advindas de transporte de remessas internacionais. Ele havia estabelecido regras antiquadas para o envio de pacotes entre países de status econômicos de renda diferentes. Na prática, isso significava que enviar um pacote da China para os EUA costumava ser mais barato do que enviar o mesmo pacote de uma rua a outra dentro de uma cidade norte-americana.

A boa notícia é que essas deficiências podem ser corrigidas. E, quando isso acontece, os pesos e contrapesos globais em nosso sistema econômico melhoram. Para voltar aos exemplos anteriores, a OCDE atualmente está trabalhando em uma definição uniforme e um sistema de medida para o comércio digital.[40] O Universal Postal Union, no final de 2019, tomou a iniciativa de reformar suas taxas postais.[41] E o Acordo de Paris, como mostrado anteriormente, foi em grande parte um esforço multistakeholder. O setor privado, ONGs e representantes de vários outros stakeholders preparam e moldam as discussões em Paris, facilitando que os governos representados concordem em consenso em última instância.

Finalmente, vamos considerar como o processo decisório entre stakeholders pode funcionar. É fácil imaginar que ele vire uma bagunça se nenhum processo e guia claros existirem. Por exemplo, se um governo, organização ou empresa primeiro precisa ter a assinatura de todos os seus stakeholders antes de decidir algo, como poderiam administrar de modo eficaz a organização? Pode muito bem acontecer de os interesses de vários stakeholders divergirem no curto prazo. Também não é exagero vislumbrar um cenário no qual o stakeholder mais vocal tentaria monopolizar ou bloquear uma decisão, levando a um impasse ou a resultados enviesados.

---

[39] "Digital globalization: The new era of global flows", Instituto Global McKinsey, fevereiro de 2016, e "Globalization in Transition: The future of trade and value chains", Instituto Global McKinsey, janeiro de 2019.

[40] "The impact of digitalisation on trade", OCDE, https://www.oecd.org/trade/topics/digital-trade/.

[41] "5 things to know about Option V", Universal Postal Union, outubro de 2019, https://www.upu.int/en/Publications/Factsheets-backgrounders/5-things-to-know-about-Option-V.

214 CAPITALISMO STAKEHOLDER

Acredito que a solução esteja em separar o processo consultivo do processo decisório. No estágio consultivo, todos os stakeholders devem ser incluídos, e suas preocupações devem ser ouvidas. Em contraste, no estágio decisório, apenas aqueles com mandatos para tomar decisões devem ser capazes de fazê-lo, o que significa, no caso de empresas, o conselho ou a gestão executiva, respectivamente.

Em curto prazo, isso ainda pode significar que escolhas difíceis precisam ser feitas, escolhas que beneficiam um stakeholder ou suas preocupações mais do que outro. Mas basear as decisões no processo consultivo anterior deve levar a melhores decisões e resultados de longo prazo para todos.

Esse é o capitalismo stakeholder. Nos próximos capítulos, discutirei como o modelo se aplica a alguns stakeholders-chave individualmente e às principais questões identificadas nos capítulos anteriores, como a mudança climática, a concentração de mercado e a desigualdade econômica e a dívida deixada para as próximas gerações.

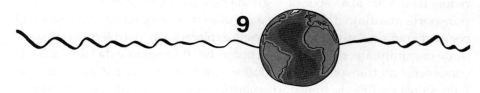

Empresas

Quando o antigo co-CEO da SAP, Jim Snabe — membro do Conselho de Curadores do Fórum Econômico Mundial —, entrou na gigante do transporte marítimo A.P. Møller-Mærsk em 2016, a multinacional dinamarquesa preparava-se para uma importante transformação. A empresa de 112 anos havia tido uma trajetória muito bem-sucedida nos anos anteriores à sua chegada, mas nos últimos anos sofrera com as condições desafiadoras do mercado, tanto na indústria do transporte marítimo quanto na do petróleo. Como consequência, a receita havia caído de US$60 bilhões para US$30 bilhões, e o conglomerado estava perdendo dinheiro. Olhando para frente, a empresa precisava se certificar de que evoluiria com os tempos e permaneceria relevante por mais cem anos. Seus serviços de transporte davam às pessoas o acesso a mercados e produtos do mundo inteiro, elevando padrões de vida, criando milhões de empregos em todos os mercados e, no caminho, participando no comércio global. Mas a empresa também contribuía muito com as emissões de gases do efeito estufa e facilitava um sistema econômico global no qual a desigualdade e a concentração crescente de mercado eram a ordem do dia. Será que Snabe seria capaz de ajudar a empresa a defender o modelo de capitalismo stakeholder que julgava necessário para as empresas prosperarem?

Como toda gigante, a Mærsk já foi uma startup pequena, em busca de capitalizar novas oportunidades num mundo em transformação. A empresa foi fundada em 1904 na pequena cidade dinamarquesa costeira de Svendborg por um jovem rapaz, A.P. Møller, e seu pai, Peter Mærsk-Møller, e tinha como função transportar produtos para dentro e fora do minúsculo porto báltico. Ao longo dos cem anos seguintes, ela passou de dona e operadora de um navio a vapor de segunda mão para virar a maior empresa de transporte marítimo do mundo e o orgulho da economia da Dinamarca. O conglomerado era ativo em tudo, desde exploração de petróleo ao transporte, do encaminhamento de cargas a operações de resgate, e da fabricação de contêineres ao transporte de produtos para mais de 120 países no mundo todo. Cerca de 15% do transporte marítimo global era feito pela Mærsk[1], a maior empresa do tipo no mundo.

Por um lado, a Mærsk era uma maravilha da globalização e de sucessivas revoluções industriais. Em Qingdao, na China, a empresa produzia contêineres refrigerados. No Mar do Norte, ela perfurava poços de petróleo. No Canal de Suez, seu gigantesco navio *Mærsk Mc-Kinney Møller* impressionava observadores com sua capacidade de 18 mil contêineres (até hoje, é um dos maiores navios do mundo). E no mundo todo os navios refrigerados, navios de contêineres e petroleiros da Mærsk cruzavam os sete mares. De Guayaquil a Novorossiysk, de Sydney a Charleston, e de Busan a Montevidéu, não existia um porto no mundo sem uma embarcação da Mærsk. Isso ajudou a diminuir os custos de produtos e melhorar a conexão entre pessoas, cadeias de produção e empresas no mundo todo.

Por outro lado, a Mærsk também representava muito do que havia de errado na economia global. Suas atividades de exploração e perfuração só poderiam ser lucrativas se mais petróleo fosse encontrado, perfurado, transportado e utilizado. A indústria de transporte marítimo global que ela dominava era responsável por uma participação grande e crescente de emissões de CO_2 que, se fosse deixada sem regulação, poderia atingir 17% das emissões globais totais de CO_2 até 2050[2]. E as cadeias de valor globais que ela permitia não significava apenas que mais pessoas tinham acesso a produtos, mas também que um grupo cada vez menor de empresas e seus donos poderiam dominar uma parcela cada vez maior das indústrias globais, aumentando a concentração de mercado e acentuando as desigualdades de renda e riqueza.

Mas, para Snabe, unir-se ao conselho foi como voltar para casa. Ele nasceu na Dinamarca e a empresa marcou bastante o país ao longo de toda a sua

---

[1] "Mærsk Hails Growth in Global Trade", *Financial Times*, novembro de 2013, https://www.ft.com/content/35b9748e-4c55-11e3-923d-00144feabdc0.

[2] "Emission Reduction Targets for International Aviation and Shipping", Diretor Geral de Estudos Internos, Parlamento Europeu, novembro de 2015, http://www.europarl.europa.eu/RegData/etudes/STUD/2015/569964/IPOL_STU(2015)569964_EN.pdf.

vida. A sede da Mærsk, um enorme e elegante prédio de vidro no coração da área portuária de Copenhague, era quase tão famoso quanto a estátua ali perto celebrando "A Pequena Sereia", de Hans Christian Andersen, que se debruçava sobre as águas ou as casas portuárias pintadas em cores vivas e os barcos a vela que pontilhavam o porto do centro da cidade. O estaleiro da Mærsk em Odense, fechado recentemente, havia sido, ao longo da vida inteira de Snabe, um lembrete poderoso da tradição milenar e da destreza da construção naval dinamarquesa. E quando ele se uniu ao conselho, a Mærsk ainda contribuía com mais de 2,5% do PIB da Dinamarca, fazendo dela a maior empresa privada do país e uma empregadora de milhares de pessoas.

Após uma longa carreira na indústria do software, culminando no papel de co-CEO na alemã SAP, Snabe queria trabalhar em uma empresa que operasse no mundo físico. Foi uma escolha muito deliberada. Ele acreditava que a próxima onda de valor na Quarta Revolução Industrial viria de empresas que dominassem o mundo físico de modo sustentável, como a gigante do transporte marítimo Mærsk, a fabricante industrial Siemens, ou a fabricante de carros Tesla. "Se você adicionar as últimas tecnologias ao que elas fazem no mundo físico", ele nos disse, "essas empresas podem ser os motores de um mundo mais sustentável. Elas podem ter um impacto grande, porque, sem o mundo físico, não somos nada".[3]

■■■

No setor de tecnologia, em torno do mesmo período, algumas pessoas estavam começando a perceber que a big tech estava igualmente necessitada de uma mudança de direção. As empresas de tecnologia, que eram consideradas a vanguarda do progresso e democratizadoras da informação, haviam se tornado, nos últimos anos, uma parte do problema enfrentado pela economia global. Marc Benioff, CEO da Salesforce e, assim como Snabe, membro do Conselho de Curadores do Fórum Econômico Mundial, havia dito em Davos, em 2018: "Mencionei a tecnologia no mesmo balaio de *credit default swaps*, açúcar, cigarros — produtos prejudiciais que empresas têm permissão de vender aos clientes, livres de regulações", recordou em seu livro mais recente.[4] "Nossa indústria recebe um passe regulatório há anos, e quando CEOs não assumem a responsabilidade", disse, "pensava que você não teria escolha, a não ser a intervenção do governo".

---

[3] Entrevista com Jim Snabe por Peter Vanham, agosto de 2019.
[4] *Trailblazer: The Power of Business as the Greatest Platform for Change*, Marc Benioff, p. 12.

Snabe, Benioff e outros entenderam que suas empresas e indústrias precisavam mudar; precisavam agir mais como empresas de stakeholder. Mas como poderiam fazê-lo?

A ideia do capitalismo stakeholder, como vimos no último capítulo, existe há muito tempo. Nesse sentido, a solução fácil seria voltar ao modo pelo qual as empresas eram gerenciadas nos primeiros dias do *stakeholderism*, nos anos 1960. Isso, é claro, não funcionaria. O mundo mudou drasticamente desde que o modelo stakeholder conquistou território pela primeira vez. Divisões sociais, globalização, progresso tecnológico, mudança climática e demografia estavam em estágios completamente diferentes dos de hoje. Então, como as empresas podem implementar o conceito stakeholder com sucesso mais uma vez, e contribuir para melhorar o estado do mundo? Vamos analisar o que aconteceu em seguida com esses CEOs e suas empresas.

Mærsk

Com Snabe no conselho, a Mærsk não queria perder tempo para começar um processo de transformação. O líder empresarial dinamarquês poderia utilizar a experiência similar e de sucesso na SAP, onde trabalhou como co-CEO de 2010 a 2014. Na empresa de software, ele havia reanimado a organização inteira em torno de um sonho em comum, ajudando seus clientes a "salvar recursos escassos e portanto a contribuir com um mundo mais sustentável"[5] — e alguns detalhes cruciais para fazê-lo acontecer. A SAP havia começado a operar em 1972, o ano seguinte à primeira reunião de Davos. Ela havia usado software para substituir cartões perfurados, a fim de gerir melhor os recursos financeiros. Ao expandir o alcance dessa gestão de recursos, ela havia se tornado global. E se, imaginou Snabe, eles pudessem ir além?[6]

E se a SAP também pudesse ajudar empresas a gerenciar recursos escassos como energia, água ou CO_2? E se a SAP pudesse aproveitar sua base considerável de clientes em quase todas as indústrias, da matéria-prima ao varejo, para otimizar recursos escassos, não apenas para uma única empresa, mas para todas as empresas na cadeia

---

[5] *Dreams and Details*, Jim Snabe e Mikael Trolle, Spintype, 2018, p. 128.
[6] *Dreams and Details*, Jim Snabe e Mikael Trolle, Spintype, 2018, pp. 128–129.

Empresas 219

de valor inteira? E se a SAP pudesse ajudar o mundo a gerenciar seus recursos escassos?

Em um mundo de problemas crescentes devido aos recursos limitados, a habilidade de ajudar empresas a gerenciá-los de modo mais eficiente e a oportunidade de fazer uma diferença positiva eram muito mais inspiradoras do que a receita trimestral da empresa jamais poderia ser. Nossa linha de pensamento levou à decisão de revisitar o propósito da empresa: "Nós fazemos o mundo funcionar melhor — e melhoramos as vidas das pessoas." Era um sonho inspirador, um sonho que dizia respeito a muito mais do que a venda de softwares para empresas. Isso nos forçaria a nos concentrarmos em agir de modo responsável e contribuir positivamente para o mundo.

A reorientação da SAP levou a uma transformação fundamental na estratégia em geral. Snabe e seus colegas decidiram alguns pontos cruciais. Primeiro, se eles ajudariam outros a reduzirem o desperdício, a SAP precisava liderar pelo exemplo. Portanto, ela decidiu pôr em prática um plano para reduzir suas próprias emissões de CO_2 em termos absolutos em 50% na próxima década, mesmo se continuasse a crescer de tamanho. Segundo, havia um objetivo financeiro explícito conectado a isso. Com seu novo e atraente propósito, a SAP acreditava que deveria ter como meta o crescimento mais rápido. A empresa já havia estabelecido um objetivo para dobrar a receita enquanto aumentava a lucratividade, e a reorientação de seu propósito deu a eles a motivação para atingi-lo. Como Snabe lembrou: "O propósito reinventado foi a força motriz para deflagrar a inspiração interna necessária e reinventar a empresa em uma posição de força. Nós não éramos movidos por uma situação limite, mas por um desejo ardente, alimentado pelo sonho de fazer a diferença."[7]

A nova estratégia da SAP funcionou. Ela não apenas fez sentido para os clientes, mas também motivou empregados, que sentiram que trabalhavam para algo maior do que apenas uma empresa de software. O objetivo ambicioso e o novo propósito também reuniram os shareholders, que viram a SAP como uma empresa modelo. Como co-CEO, Snabe ajudou a implementar a nova estratégia e estava lá para ver seus resultados iniciais. Apesar de ter saído em 2014, ele tinha orgulho de ver a empresa alcançando seu duplo objetivo em 2018, dobrando a receita e diminuindo pela metade as emissões

---

[7] Entrevista com Jim Snabe por Peter Vanham, agosto de 2019.

de CO_2 antes da data estipulada.[8,9] Com essa bagagem de experiência, ele assumiu o desafio de transformar a Mærsk.

Mærsk tinha um importante ativo intangível: um forte núcleo de valores. "O princípio básico é o de que as pessoas podem confiar em nós", disse uma vez o ex-presidente Arnold Mærsk Mc-Kinney Møller, filho de A.P. Esse foco na confiança ajudou a empresa a construir relações duradouras com seus clientes, assim como com o governo. Além disso, a empresa era guiada por mais cinco valores: "Cuidado Constante, Humildade, Honestidade, Nossos Empregados e Nosso Nome."[10] Eles foram anunciados oficialmente quando Mc-Kinney Møller, com noventa anos, deixou o cargo de presidente em 2003, mas estiveram presentes ao longo de toda a liderança familiar da empresa. Os valores "carregaram os negócios por mais de um século", escreveu a filha Ane Mærsk Mc-Kinney Uggla, em 2019, como vice-presidente e membro de quarta geração da família.

Considerando os valores de honestidade e cuidado constante da Mærsk, e seu compromisso com os empregados e a reputação, a necessidade de agir em dois aspectos tem sido óbvia há algum tempo. Primeiro, a empresa percebeu que a pegada ambiental da Mærsk contribuía para acentuar os problemas globais de mudança climática e poluição. Se quisesse manter uma licença ambiental e social para operar, isso precisava mudar. Segundo, com a difusão das atividades econômicas pelo mundo, muitas vezes em oceanos e mares praticamente sem leis, ficava cada vez menos claro quais eram os seus deveres e com quais comunidades.

Ainda assim, ela queria se certificar de que contribuía com a sociedade de algum modo. Afinal, foi graças à industrialização de seu porto doméstico de Svendborg durante a Segunda Revolução Industrial, ao forte estado de bem-estar social da Dinamarca e ao tecido social de sua economia stakeholder que a empresa foi capaz de crescer até o tamanho atual.

A Mærsk agiu imediatamente. Para melhorar sua responsabilidade com as comunidades e governos, no começo de 2017, a empresa participou de um grupo de trabalho reunido por uma organização sem fins lucrativos com o objetivo de "redefinir a cultura de responsabilidade nos negócios".[11] Com

---

[8] "SAP's Global Revenue from 2001 to 2018", Statista, março de 2019, https://www.statista.com/statistics/263838/saps-global-revenue-since-2001/.

[9] "SAP Integrated Report: 2020 Targets Met Early", SAP, março de 2018, https://news.sap.com/2018/03/sap-integrated-report-2020-targets-met-early/.

[10] "The Values Are Constant in a Complex World", Mærsk, junho de 2019, https://www.maersk.com/news/articles/2018/06/29/the-values-are-constant-in-a-complex-world.

[11] "Tax Principles", Mærsk, https://www.maersk.com/about/tax-principles.

empresas que pensavam de modo similar, ela se comprometeu com um conjunto de princípios para a gestão tributária responsável.[12] Os princípios, disse a Mærsk, seguiram em frente para definir a "abordagem básica dos impostos, seu envolvimento com autoridades e outros em relação a assuntos fiscais, e seus relatórios aos stakeholders".

O compromisso com a responsabilidade levou a resultados concretos. Por exemplo, a Mærsk começou a revelar anualmente seus pagamentos a governos, aumentando a transparência e a prestação de contas de suas interações públicas. Segundo, ela publicou uma lista de empresas das quais é proprietária parcial ou completa no mundo todo, retirando qualquer opacidade quanto à extensão verdadeira de suas atividades e contabilidade. E terceiro, a empresa deixou clara a ambição de ser uma "pagadora aquiescente e responsável de impostos, com práticas fiscais transparentes e responsáveis". Seu relatório de sustentabilidade começou a destacar os impostos pagos com outras medidas de problemas ambientais, sociais e de governança (ESG), e performance quanto à receita, lucros e emissões de gases do efeito estufa. Por exemplo, em 2019, a Mærsk relatou que havia pago US$458 milhões de impostos sobre lucros corporativos sobre lucros de US$5,7 bilhões, uma taxa de imposto eficaz de pouco mais de 8%. Entrando em 2020, ela disse que "continuaria a se envolver no diálogo com stakeholders em assuntos fiscais" e "implementaria o B Team Responsible Tax Principles com relatórios para 2020",[13] pois queria ser uma "pagadora aquiescente e responsável de impostos com práticas fiscais transparentes e responsáveis".

Em relação à mudança climática, a ação empresarial foi ainda mais radical. Ao longo do período de 2017 a 2019, a empresa deu passos drásticos para abandonar algumas das suas atividades mais lucrativas: Mærsk Drilling, Mærsk Tankers, e Mærsk Oil. Essas partes da empresa — que, como os nomes sugerem, estavam envolvidas em extração, transporte e exploração de combustíveis fósseis — foram vendidas ou transformadas em entidades separadas.[14] Essas foram decisões importantes, que pesaram na lucratividade da empresa no curto prazo. Mas, uma vez concretizadas, essas decisões ajudaram a abrir a estrada adiante para a Mærsk se tornar uma verdadeira

---

[12] "A New Bar for Responsible Tax", The B Team, https://bteam.org/assets/reports/A-New-Bar-for--Responsible-Tax.pdf.

[13] Relatório de Sustentabilidade 2019, Maersk, https://www.maersk.com/about/sustainability/reports

[14] 2017: Venda da Mærsk Tankers, 2018: Venda da Mærsk Oil, 2019: Mærsk Drilling listada na Bolsa de Valores de Copenhague, https://www.maersk.com/about/our-history/explore-our-history.

empresa movida por propósitos. Afinal, ela foi fundada para transportar produtos no mundo todo, não para explorar os recursos finitos do planeta.

Depois desses movimentos iniciais, os deveres stakeholder poderiam ser levados ao próximo nível. Era algo que se tornava uma necessidade, disse Snabe, por vários motivos. Primeiro, existia um nome e uma reputação. A internet e as redes sociais fizeram com que não fosse mais possível para a Mærsk *dizer* uma coisa, por exemplo, acerca do meio ambiente e *fazer* outra coisa. A empresa rapidamente seria chamada à atenção, e o valor central da Mærsk de preservação do seu bom nome estaria em perigo. Segundo, havia seus empregados e clientes. Eles também exigiam que empresas como a Mærsk cuidassem melhor de suas responsabilidades sociais. Se a Mærsk não atendesse às suas exigências, uma nova geração de consumidores e trabalhadores poderia muito bem decidir virar as costas para ela. E, por fim, os investidores começaram a perceber que empresas baseadas em ESG correm menos riscos. A carta de 2018 de Larry Fink para seus shareholders é um exemplo. Se a Mærsk quisesse continuar crescendo e fazendo dinheiro, mais cedo ou mais tarde seria necessário um foco stakeholder.

Tornar-se uma empresa stakeholder também era se tornar uma oportunidade no longo prazo. No passado, a Mærsk havia seguido o conselho de Milton Friedman de que o negócio de um negócio era fazer negócios. Ela surgiu a partir de um processo bem direto de transportar produtos pela água do ponto A até o ponto B, entre outras atividades relacionadas ao transporte marítimo; até recentemente, era essa a maneira pela qual a empresa fazia dinheiro. Quaisquer projetos de responsabilidade social corporativa (CSR) que assumiu serviram para criar um efeito de bem-estar entre empregados ou talvez polir sua reputação: de qualquer forma, eram apenas um modo de gastar dinheiro. Não é mais assim. Graças às oportunidades que as novas tecnologias ofereceram, uma orientação ao stakeholder pode se tornar algo sobre "como você faz dinheiro, não como você o gasta", disse Snabe. Mudar da primazia shareholder para a primazia stakeholder[15] não era "mais uma reflexão tardia". Ela poderia se tornar central para o negócio. Mas como?

Para descobri-lo, a Mærsk começou uma "profunda conversa sobre propósito". "Por que temos essa empresa? Por que ela existe?", Snabe perguntou. "Voltamos no tempo, para as raízes da empresa. Então descobriríamos quem são os stakeholders do que fizemos", disse.

---

[15] Entrevista com Jim Snabe por Peter Vanham, agosto de 2019.

Ainda assim, na Mærsk, o exercício não rendeu uma resposta satisfatória de imediato. "Somos uma empresa de transporte", Snabe percebeu. "Transportamos caixas de um lugar a outro. Esse não é um propósito convincente." Mas, a um nível mais profundo, ele encontrou a resposta."Por que transportamos caixas? Bem, nós conectamos qualquer lugar no mundo que produz coisas a mercados globais. E como o custo de transportar coisas é muito, muito baixo, os vendedores podem alcançar mercados globais a custo quase zero, mas com receitas substanciais adicionadas. Então, nós criamos modos de sustento ao transportar produtos para qualquer lugar do mundo."

Snabe dá o exemplo das bananas para ilustrar seu argumento. "É melhor não produzir bananas na Dinamarca", disse, referindo-se ao clima inóspito do país do Norte Europeu. Ao transportá-las do local onde elas crescem, a Mærsk poderia criar empregos, oportunidades e prosperidade. Esta foi a primeira contribuição da Mærsk: permitir o comércio global e, portanto, modos de sustento. E havia uma segunda contribuição, graças a seus contêineres refrigerados. "Quando as bananas entram em nossos navios refrigerados, perdemos apenas 0,4% delas", disse. "Compare-o à média de 40% de perda em outros lugares ao longo da cadeia de produção e, de repente, estamos reduzindo o desperdício de alimentos."

Isso mostrou qual era o verdadeiro propósito da Mærsk. Não era transportar caixas. Em vez disso, era "permitir o comércio global e, por meio dele, a prosperidade, e reduzir dramaticamente o desperdício de alimentos". Repentinamente, o verdadeiro propósito da empresa era muito mais amplo do que transportar caixas, e o seu trabalho poderia ser conectado a contribuições para os Objetivos de Desenvolvimento Sustentável da ONU, como Trabalho Decente e Crescimento Econômico (8), Consumo Responsável e Produção (12), Indústria, Inovação e Infraestrutura (9), e Ação Climática (13).

A partir disso, foi muito mais fácil para a empresa priorizar as suas atividades de novo. Perfurar poços, transportar e vender petróleo eram atividades que claramente não se encaixavam mais em seu propósito e, além disso, deterioravam o meio ambiente. Fazia sentido abandoná-las. Mas o comércio, outro aspecto da economia global que estava sob escrutínio, se encaixava nos objetivos da empresa. Na verdade, era o seu núcleo. Então, a Mærsk escolheu defender o comércio e expandir seus esforços para conectar o mundo.

Para garantir que esse objetivo não fosse de encontro ao cuidado com o meio ambiente, a Mærsk estabeleceu objetivos agressivos em relação às

224 CAPITALISMO STAKEHOLDER

emissões provenientes do comércio: o foco era "descarbonizar suas próprias operações e dissociar o crescimento de seus negócios das emissões de CO_2", comprometendo-se com emissões net-zero até 2050. Tendo o padrão de 2008 como referência, a empresa alcançou uma redução real de 41% no transporte até 2018, e objetivos mais agressivos seguiram. "Não é o nosso negócio *principal*", disse Snabe, "mas é um *bom* negócio. Quando economizamos 41% das emissões de CO_2, economizamos uma quantidade igual de combustível. Não é um negócio ruim. Ganhamos mais dinheiro com ele".

Para garantir que seu comércio não beneficiava apenas as poucas e alegres empresas multinacionais, mas os modos de sustento de pessoas reais no mundo todo, a Mærsk também adicionou vários objetivos nos quais os clientes poderiam ajudar: ela queria que os "clientes pequenos e médios constituíssem 10% de nossa receita total e 30% de nossa receita proveniente das logísticas de e-commerce até 2025" e "ajudar parceiros a capacitar 100 mil empreendimentos pequenos e médios, como empresas operadas por mulheres, para atuarem no comércio entre fronteiras até 2025".[16] Ao estabelecer esses objetivos, a Mærsk endossou de modo explícito o ponto de vista no qual ser uma empresa stakeholder poderia significar fazer dinheiro, e não gastá-lo. Isso se provaria correto?

A transformação da Mærsk, como a de muitas outras empresas, ainda é um trabalho em andamento, com muitos de seus objetivos ainda não atingidos por completo. Ao fazer um exercício de propósito, perguntando-se como poderia contribuir com os Objetivos de Desenvolvimento Sustentável, e ao se comprometer com objetivos relacionados a todos os seus stakeholders, a empresa fez uma mudança drástica de direção. Seus empregados encontraram um novo motivo para "sair da cama de manhã", como disse Snabe, e investidores e reguladores tinham um motivo para se entusiasmarem e admirarem a Mærsk em longo prazo, em vez de quererem retirá-la de suas carteiras ou diminuir o investimento. A Mærsk agiu de boa-fé para dar vida aos seus valores.

■■■

A lista de tarefas de Marc Benioff para uma empresa se orientar ao stakeholder era muito diferente daquela da Mærsk. O fundador da Salesforce havia construído um negócio do futuro. Empresas de tecnologia trouxeram inovações que melhoraram a vida das pessoas e baratearam os produtos.

---

[16] A.P. Moller — Mærsk, Relatório de Sustentabilidade 2018, fevereiro de 2019, pp.18–19.

Essas empresas não afetaram de modo adverso o clima como as indústrias pesadas de antigamente, e davam aos seus empregados bem pagos algumas das melhores vantagens. Pelo menos, essa era a visão — cor-de-rosa — dominante.

Benioff, que era da quarta geração de nascidos em São Francisco, estava convencido de que o setor no qual havia crescido estava criando problemas próprios. O mais fundamental, ele acreditava, era que a big tech não tinha os valores centrais tão cruciais a uma geração mais antiga de empresas como a Mærsk na Europa ou aos primeiros empreendedores na área da baía de São Francisco como seu pai, dono de uma cadeia de lojas de roupas chamada Stuart's. Para empresas como essas, a confiança, a reputação e a confiabilidade não eram meros chavões de marketing. Eram princípios centrais para o seu funcionamento.

Para uma nova geração de empresas de tecnologia, produto da Quarta Revolução Industrial, os mantras eram "mover-se rápido e quebrar tudo"[17] e "pedir por perdão em vez de permissão".[18] Valores tradicionais pareciam sem sentido e antiquados quando no novo mundo dos negócios tudo era maleável, mutável e capaz de ser refeito.

Como um líder empresarial com raízes em sua cidade e indústria, Benioff percebeu que isso era um problema, já que tudo seguia a partir dos valores de uma empresa. Mas apenas um punhado de outros inovadores e investidores compartilhavam a mesma visão. O fato de criarem indústrias novas e romperem com práticas convencionais de negócios bem-sucedidas e consagradas dava, para a maioria dos empreendedores, a confiança para reinterpretar conceitos como responsabilidade corporativa, governança e construção de confiança.

Benioff percebeu também que havia um problema com a competição no Vale do Silício. Quando a internet surgiu, muitos empreendedores, incluindo ele mesmo, tiveram a chance de criar empresas e competir por clientes e participação no mercado. Nos últimos anos, os mercados haviam se concentrado nas mãos de apenas um punhado de empresas big tech. A criação de empresas havia caído para uma baixa histórica e algumas startups responderam à falta de oportunidades com o simples desejo de serem compradas

---

[17] "Facebook Strategy Revealed: Move Fast And Break Things!", Henry Blodget, Business Insider, março de 2010, https://www.businessinsider.com/henry-blodget-innovation-highlights-2010-2?r=US&IR=T

[18] "Want to Succeed in Life? Ask for Forgiveness, Not Permission", Bill Murphy, Inc. janeiro de 2016, https://www.inc.com/bill-murphy-jr/9-words-to-live-by-its-always-better-to-beg-forgiveness--than-ask-permission.html

por uma das empresas dominantes. Isso sufocou não apenas a competição, mas a inovação, e criou uma monocultura prejudicial a todos os tipos de perspectivas novas e diversas.

Porém, para empresas big tech, agir como oligopólios ou mesmo monopólios não era apenas um problema, mas algo pelo qual se esforçar. Peter Thiel, cofundador da PayPal e Palantir, e um antigo investidor externo no Facebook, argumentou de modo forte nesse sentido em um editorial de 2014. Editores do *Wall Street Journal* deram à peça o título de: "Competição É para Perdedores."[19] Acerca do Google, ele escreveu:

> Um monopólio como o Google é diferente. Já que não precisa se preocupar em competir com ninguém, ele tem uma latitude maior para cuidar de seus trabalhadores, seus produtos e seu impacto no mundo de modo mais amplo. O lema do Google — "Não seja má" — é, em parte, um estratagema de marca, mas também é característico de um tipo de empresa que é bem-sucedida o suficiente para levar a ética a sério sem comprometer a própria existência.
>
> Nos negócios, ou o dinheiro é algo importante ou é tudo que importa. Monopólios podem pensar sobre outras coisas além de fazer dinheiro; quem não é um monopólio, não pode. Na competição perfeita, uma empresa está tão focada nas margens de lucro de hoje que é incapaz de planejar um futuro em longo prazo. Apenas uma coisa pode permitir que uma empresa transcenda a brutal luta diária por sobrevivência: lucros de monopólio.

A visão de Thiel foi uma reformulação provocativa de Friedman: apenas monopólios poderiam pagar por um bom comportamento corporativo. Ele desafiou de modo provocativo a crença entre empreendedores de tecnologia de que, devido ao seu idealismo e sucesso, suas tecnologias e produtos quase que automaticamente fariam do mundo um lugar melhor, e portanto, deveriam ser deixados à vontade para agirem como quisessem. Mas foi também uma consequência da doutrina de Milton Friedman sobre competição. Ela dizia que a concentração de mercado e os monopólios em si não eram ruins, e sim o seu efeito aparente no aumento dos preços para o consumidor. Essa visão acerca da competição havia se enraizado não apenas na psique dos apoiadores de Friedman, mas na agenda antitruste do governo

---

[19] "Competition Is for Losers", Peter Thiel, *Wall Street Journal*, setembro de 2014, https://www.wsj.com/articles/peter-thiel-competition-is-for-losers-1410535536.

norte-americano e nas práticas ensinadas nas principais escolas empresariais. Como o Vale do Silício oferecia seus produtos em sua maior parte de graça para os consumidores, então não haveria problema?

Para pessoas de outras partes do mundo, as perspectivas econômicas dos empreendedores do Vale do Silício sempre soaram estranhas. Na Europa, reguladores acreditavam que mercados monopolistas eram problemáticos não apenas quando há um efeito sobre os preços para o consumidor, mas também quando ocorrem outros abusos do poder de mercado pelo monopólio. "Exigir que compradores adquiram todas as unidades de um produto em particular apenas de uma empresa dominante" (compra exclusiva), "estabelecer preços a um nível de prejuízo" (predação) ou "recusar fornecer informação indispensável para a competição em um mercado relacionado"[20] era problemático também. Aplicar essas práticas levou até mesmo a multas antitruste para as empresas big tech como Microsoft e Google e a investigações em curso na Apple e na Amazon.[21]

Por último, os bilhões de Benioff não o protegeram do que ele viu como um problema evidentemente óbvio — a desigualdade crescente. Enquanto ele e seus colegas fundadores, investidores e empregados estavam em uma condição extremamente boa, alguns franciscanos menos favorecidos estavam tão desprovidos de oportunidades e renda que começaram a literalmente "jogar pedras nos ônibus do Google" — o serviço de transporte privado que levava trabalhadores de tecnologia de suas casas para o campus da empresa. Alguns observadores, como o escritor Douglas Rushkoff, que escreveu *Throwing Rocks at the Google Bus: How growth became the enemy of prosperity*, perceberam que esse era apenas um dos muitos sinais de que o efeito das big tech era aumentar a divisão entre os que possuem e os que não possuem e que, se não ocorresse uma intervenção, a situação apenas pioraria. Outros simplesmente ignoraram o problema. Embora o número de moradores em situação de rua em uma das cidades mais ricas dos Estados Unidos decolasse, não havia entendimento por parte da maioria dos empreendedores de que poderiam ou deveriam fazer algo a respeito. Em 2019, a cidade de São Francisco tinha mais de 8 mil moradores de rua, um au-

---

[20] "Antitrust Procedures in Abuse of Dominance", Comissão Europeia, agosto de 2013, https://ec.europa.eu/competition/antitrust/procedures_102_en.html.

[21] "If You Want to Know What a US Tech Crackdown May Look Like, Check Out What Europe Did", Elizabeth Schulze, CNBC, junho de 2019, https://www.cnbc.com/2019/06/07/how-google-facebook-amazon-and-apple-faced-eu-tech-antitrust-rules.html.

mento de 17% em relação aos dois anos anteriores,[22] que distanciava muito a cidade da ambição de 2004 de acabar com a falta de moradia em uma década.[23] Esse era o tipo de descaso civil que empresários como o pai de Benioff poderiam ter enfrentado. Mas quando a comunidade tecnológica da cidade foi chamada a participar, a maioria respondeu com silêncio. Era especialmente notório, dado o fato de que algumas empresas grandes, incluindo as do Vale do Silício, haviam pagado muito pouco em impostos ao longo dos anos, fosse pelo caminho de expansão que tinham seguido, que fez com que tivessem prejuízo ao invés de lucros, fosse pelos esquemas de otimização tributária globais, nos quais o lucro era distribuído entre empresas subsidiárias para trapacear diferentes regimes tributários.

Benioff respondeu em todas as frentes. Percebeu que a confiança no setor só poderia ser recobrada no longo prazo. Em curto prazo, havia alguns passos a serem dados para cultivar a boa-fé. Ele defendeu causas que lhe pareciam boas para a sociedade como um todo, mesmo que não fossem boas para sua própria posição na indústria. Sentiu que isso ajudaria a mostrar que se podia confiar nele para pensar nas implicações mais amplas da liderança de sua empresa, e não só apenas no lucro e crescimento. Ele apontou para as consequências adversas, mesmo que não intencionais, de novas tecnologias, escrevendo que a "tecnologia não é uma panaceia".[24] Argumentou que novas tecnologias haviam trazido novas pressões e perigos, e, com elas, novos dilemas morais. E recordou seus colegas de que se concentrar em ganhar confiança era absolutamente crucial, mesmo que isso significasse lucros menores no curto prazo. "Confiança precisa ser o valor mais alto na sua empresa", disse ele em Davos, "e se não for, alguma coisa ruim vai acontecer".

Em 2016, Benioff levou seu ativismo a um passo além. Ele começou a fazer apelos à chefe de antitruste da Comissão Europeia, Margrethe Vestager, e outros reguladores, para considerar fragmentar empresas big tech. Ele acreditava que várias dessas empresas queriam sufocar a competição e prender clientes, em vez de criar inovação. "Temos visto que empresas estão adquirindo empresas para potencialmente gerar fluxos de dados proprietá-

---

[22] "Why San Francisco's Homeless Population Keeps Increasing", Associated Press, maio de 2019, https://www.marketwatch.com/story/the-homeless-population-in-san-francisco-is-skyrocketing-2019-05-17.

[23] "A Decade of Homelessness: Thousands in S.F. Remain in Crisis", Heather Knight, *San Francisco Chronicle*, 2014, https://www.sfchronicle.com/archive/item/A-decade-of-homelessness-Thousands--in-S-F-30431.php.

[24] *Trailblazer*, Marc Benioff, 2019, pp. 12–13.

rios para criar barreiras de competição", disse,[25] "e se os EUA não olharem para isso, então outro governo deve olhar". Ele repetiu apelos semelhantes nos anos seguintes. Marc insistiu na crença de que muitas empresas estavam utilizando os dados de modo errado, violando padrões de privacidade, enquanto os reguladores haviam "adormecido no volante". Então, não foi uma surpresa quando ele usou a plataforma de Davos em 2019 para apelar por uma regulação. "Quando os CEOs não assumem a responsabilidade", disse, "acho que não há escolha a não ser intervenção do governo".[26]

Apelos desse tipo ainda podiam ser entendidos no cenário competitivo no setor de tecnologia. Se empresas como Microsoft ou Facebook podiam comprar empresas como LinkedIn ou WhatsApp, possivelmente também havia consequências negativas para a Salesforce. Mas ao longo do tempo a posição franca de Benioff inspirou outros a darem passos similares. Outros líderes de big techs, como Tim Cook da Apple, começaram a pedir uma regulação do seu setor, em áreas nas quais sentiam que não eram capazes de tomar decisões por conta própria. Ainda que mirasse de modo sutil outros competidores, isso mostrou que empresas de tecnologia começavam a refletir acerca das consequências sociais de suas ações.

"A tecnologia tem o potencial de continuar mudando o mundo para melhor", Tim Cook, da Apple, escreveu à frente de Davos em 2019,[27] "mas ela nunca alcançará esse potencial sem a fé e a confiança totais das pessoas que a utilizam". Ele expôs quatro princípios que acreditava que deveriam guiar a legislação nos Estados Unidos, que não tinha regras similares às do Regulamento Geral sobre a Proteção de Dados da União Europeia: uso mínimo de dados pessoais, o "direito de saber" quem usa seus dados, o "direito de ter acesso" aos seus dados, e o "direito à segurança de dados", "sem os quais a confiança é impossível".

Em 2020, Mark Zuckerberg, do Facebook, uniu-se ao coro que pedia por regulação. Ele sugeriu que a Comissão Europeia considerasse implementar regras mais rígidas na propaganda política, na portabilidade dos dados de usuário e na supervisão de empresas como a dele, para que a regulação

---

[25] "Marc Benioff Says Companies Buy Each Other for the Data, and the Government Isn't Doing Anything about It", April Glaser, Recode, novembro de 2016, https://www.vox.com/2016/11/15/13631938/benioff-salesforce-data-government-federal-trade-commission-ftc-linkedin-microsoft.

[26] *Trailblazer*, Marc Benioff, 2019, pp. 12–13.

[27] "You Deserve Privacy Online. Here's How You Could Actually Get It", Tim Cook, *TIME Magazine*, janeiro de 2019, https://time.com/collection/davos-2019/5502591/timcook-data-privacy/.

pudesse "responsabilizar as empresas por seus erros".[28] Mas o importante é que ele também apoiou novas regras tributárias: "Empresas de tecnologia devem atender à sociedade", escreveu. "Isso inclui o nível corporativo, então nós apoiamos os esforços da OCDE para criar regras tributárias globais justas para a internet... a boa regulação pode prejudicar o negócio do Facebook em curto prazo, mas será melhor para todo mundo, incluindo para nós, em longo prazo."

É fácil criticar propostas assim, e não é muito difícil ver como elas também fazem parte de uma luta competitiva global. No entanto, elas são significativas, pois marcam um novo estágio na maturidade do setor de tecnologia dominando a Quarta Revolução Industrial e também são um passo em direção a uma melhor regulação do setor.

Por fim, são as ações, e não as palavras, que fazem a diferença para ser uma empresa stakeholder. Para Benioff, isso implica ações em, pelo menos, duas frentes. Primeiro, ao perceber que o Vale do Silício, incluindo sua empresa, tem um problema de diversidade, Benioff chamou uma empresa consultiva externa para revisar os salários e as práticas de RH. Ela revelou uma desigualdade de gênero nos salários da Salesforce e levou a gestão a ajustar os contratos daqueles que recebiam menos para realizar o mesmo serviço. Segundo, conforme era confrontado com a realidade da falta de moradia em São Francisco, a cidade na qual ele e sua família haviam crescido, Benioff decidiu se manifestar em favor de um imposto sobre grandes empresas de tecnologia como a dele, imposto esse que poderia ajudar a financiar uma solução estrutural para as pessoas em situação de rua da cidade. A Proposição C, como a iniciativa era chamada, propunha um imposto de 0,5% sobre a receita corporativa acima de US$50 milhões[29] para empresas sediadas na cidade. Outros CEOs que seriam afetados se manifestaram contra a iniciativa. Para Benioff, era uma maneira de retribuir à comunidade que ele e sua empresa chamavam de lar. Em um editorial no *New York Times*,[30] ele não deixou dúvidas quanto ao motivo para seu apoio. A hora para o capitalismo stakeholder, disse, havia chegado:

---

[28] "Big Tech Needs More Regulation", Mark Zuckerberg, *Financial Times*, fevereiro de 2020, https://www.ft.com/content/602ec7ec-4f18-11ea-95a0-43d18ec715f5.

[29] "Benioff Comes Out Strong for Homeless Initiative, although Salesforce Would Pay Big", Kevin Fagan, *San Francisco Chronicle*, outubro de 2018, https://www.sfchronicle.com/ bayarea/article/Benioff-comes-out-strong-for-homeless-initiative-13291392.php.

[30] "The Social Responsibility of Business", Marc Benioff, *The New York Times*, outubro de 2018, https://www.nytimes.com/2018/10/24/opinion/business-social-responsibility-proposition-c.html.

A Proposição C é um referendo acerca do papel das empresas em nossas comunidades e, por extensão, em nosso país. O negócio de um negócio não é mais o negócio. Nossa obrigação não é apenas aumentar lucros para os shareholders. Também devemos assumir a responsabilidade com um conjunto maior de stakeholders: nossos clientes, nossos empregados, o meio ambiente e as comunidades nas quais trabalhamos e vivemos. É hora de empresas e empresários mais ricos se levantarem e retribuírem aos mais vulneráveis dentre nós.

São as ações que sustentam as palavras de líderes como Benioff e Snabe e das empresas que eles comandam que servem como lembrete de uma responsabilidade empresarial maior na era da Quarta Revolução Industrial. As corporações desta era devem expandir seus horizontes além das declarações de lucro e prejuízo, e os pioneiros já estão fazendo isso.

Para aqueles que estão dispostos a escolher esse caminho, os aspectos empresariais os quais focar se parecem muito com aqueles que Snabe, Benioff e outros já haviam identificado:

- Aceitar um campo nivelado de jogo na competição.
- Esforçar-se por empreender melhoras nas condições de trabalho e no bem-estar dos empregados.
- Apoiar as comunidades nas quais a empresa é ativa.
- Cuidar do meio ambiente e da sustentabilidade em longo prazo de seus negócios.
- Pagar sua parcela justa de impostos.

Essas são ações estipuladas no Manifesto de Davos de 2020 e na ideia geral de agir no interesse de todos os stakeholders, como nosso modelo prescreve. Se toda empresa se comprometer individualmente com esses objetivos e lidar com os problemas subjacentes, boa parte dos excessos do capitalismo shareholder será arrancado automaticamente pela raiz. Os exemplos da Mærsk e da Salesforce são uma boa prova dessa afirmação.

Isso significa que devemos deixar a reforma corporativa depender apenas da boa vontade de equipes de liderança executiva? Não. Como sabemos, a gestão costuma acontecer pelos números, e essa responsabilidade stakeholder também deve ser mensurada. Como já mencionamos em poucas palavras no capítulo anterior, recentemente um grande passo adiante foi executado nessa frente. O Conselho Internacional de Negócios do Fórum Econômico Mundial, liderado pelo CEO do Bank of America, Brian Moynihan,[31] apresentou no final do ano passado as "Métricas do Capitalismo Stakeholder". Elas medem o progresso da empresa em direção a objetivos ambientais, sociais e de governança (ESG) em números, e portanto permite otimizar mais do que apenas os lucros. Mais especificamente:[32]

- O pilar dos **princípios de governança** inclui métricas e declarações acerca do propósito declarado da empresa, a composição do conselho (experiência relevante, gênero, participação de grupos sub-representados, representação de stakeholder), envolvimento de stakeholders (quais tópicos essenciais aos stakeholders foram identificados? Como eles foram discutidos com stakeholders?), esforços anticorrupção, mecanismos para denunciar comportamentos antiéticos ou ilegais e os riscos e oportunidades que afetam os processos empresariais.

- O pilar do **planeta** inclui métricas sobre a mudança climática, como as emissões relevantes de gases do efeito estufa (e planos para diminuí-las com metas do Acordo de Paris), sobre o uso da terra e a sensibilidade ecológica de atividades empresariais e sobre o uso da água e as áreas com falta de água.

- O pilar das **pessoas** inclui métricas de diversidade e inclusão, igualdade de salários (para cada grupo relevante: mulheres vs. homens, grupos étnicos minoritários vs. grupos majoritários etc.), nível de salários (proporção da remuneração do CEO em relação à remuneração média, proporção do salário inicial em relação ao salário mínimo), e risco por ocorrências de trabalho infantil, compulsório ou forçado, saúde e segurança (número de acidentes e explicação de como evitá-los) e treinamento oferecido.

- O pilar da **prosperidade** inclui métricas acerca da rotatividade de empregados e contratações, da contribuição econômica de uma empresa (positivamente, na forma de salários de investimentos comu-

---

[31] "We can now measure the progress of stakeholder capitalism. Here's how", Brian T. Moynihan, Fórum Econômico Mundial, outubro de 2020, https://www.weforum.org/agenda/2020/10/measure--progress-stakeholder-capitalism-brian-moynihan/

[32] "Measuring Stakeholder Capitalism", White Paper, Fórum Econômico Mundial, setembro de 2020, http://www3.weforum.org/docs/WEF_IBC_Measuring_Stakeholder_Capitalism_Report_2020.pdf

nitários, ou negativamente, no recebimento de ajuda do governo), de investimentos financeiros e despesas com P&D, do total de impostos pagos (como imposto de renda corporativo, VAT e impostos sobre vendas, impostos sobre propriedade, impostos sobre os salários dos empregados e outros).

Relatar essas métricas permitirá que executivos e conselhos entendam o que precisa mudar em sua abordagem e permitirá que outros stakeholders (por exemplo, empregados, clientes, fornecedores, investidores, ONGs, e governos) julguem a performance de empresas orientadas ao stakeholder. Uma adoção em larga escala dessas Métricas do Capitalismo Stakeholder é realista e poderia acontecer já em 2022. Isso porque existe um amplo apoio a elas: pioneiros como o Bank of America, as empresas holandesas DSM e Philips e as empresas descritas anteriormente, como Mærsk e Salesforce, as apoiam. Durante o processo consultivo das métricas, mais de dois terços dos 140 membros do Conselho Internacional de Negócios — incluindo muitas das maiores empresas do mundo — as apoiaram também. E as principais empresas de contabilidade, as chamadas Big Four (Deloitte, EY, KPMG e PwC), até ajudaram a desenvolver as métricas. Elas se comprometeram a auxiliar no processo de tornar as métricas um padrão global. Desse modo, as Métricas do Capitalismo Stakeholder são um importante passo na direção de transformar a ideia do capitalismo stakeholder em uma realidade prática.

Isso não significa que as empresas serão colocadas em uma camisa de força ou que, assim que se comprometerem com as medidas ESG, receberão um passe livre. Mas isso pode ajudar empresas que, diferentemente de algumas mencionadas neste capítulo, ainda precisam definir o que significa para elas ser uma empresa stakeholder. Essa é uma tarefa cada vez mais importante, porque investidores estão perdendo a paciência com empresas que apenas otimizam os lucros no curto prazo. A esse respeito, considere o exemplo de Larry Fink, o fundador e chefe-executivo da BlackRock, uma empresa de investimento que gerenciava mais de US$6 trilhões,[33] transformando-a na maior gestora de ativos privados do mundo e, portanto, em uma importante shareholder — e uma poderosa voz a ser considerada — em muitas das maiores empresas listadas publicamente do mundo.

---

[33] "BlackRock's Message: Contribute to Society, or Risk Losing Our Support", Andrew Ross Sorkin, *New York Times*, janeiro de 2018, https://www.nytimes.com/2018/01/15/business/dealbook/blackrock-laurence-fink-letter.html.

Alguns anos atrás, Fink e alguns de seus colegas gerentes de investimentos começaram a alertar a respeito de empresas gerenciadas apenas com lucros financeiros de curto prazo em mente, em vez de objetivos mais abrangentes, orientados ao stakeholder. Uma abordagem tão de curto prazo poderia causar danos consideráveis à sociedade, ao planeta e, por fim, aos investidores e às próprias empresas. Isso precisava mudar. Essa era a essência da mensagem que Fink proferiu em 2018, em sua carta anual aos CEOs das empresas nas quais investia. "A sociedade está exigindo que empresas, públicas e privadas, atendam a um propósito social", Fink escreveu em sua carta. "Para prosperar ao longo do tempo, cada empresa deve não apenas ter performance financeira, mas também mostrar como faz uma contribuição positiva à sociedade."

Na cultura orientada ao lucro de Wall Street, a mensagem de Fink foi uma surpresa tanto para shareholders quanto para observadores. "Pode ser um divisor de águas", escreveu o colunista do *New York Times*, Andrew Ross Sorkin, "um momento que levanta todo tipo de questões acerca da própria natureza do capitalismo".[34,35] Mas, para outros, ela chegou bem em cima da hora. Como Gillian Tett, do *Financial Times*, apontou em uma de suas colunas,[36] enquanto BlackRock defendia ideias ESG em suas cartas anuais, "grupos ambientais reclamam[avam] que o gerente de ativos continua[va] a injetar dinheiro em setores como os de combustíveis fósseis por meio de seus principais produtos de investimento".

Essa troca de protestos entre o gerente de ativos (apelando aos stakeholders para agir mais em assuntos ESG) e ativistas do clima (criticando que a BlackRock não fazia o suficiente) persistiu nos meses e anos após a carta histórica de Fink. Mas parece que levou a resultados melhores ao longo do tempo. Em 2019, a Majority Action, uma organização ativista, calculou que, como uma shareholder, a BlackRock votou a favor de resoluções climáticas corporativas apenas 12% das vezes.[37] Em resposta, a mensagem de Fink em sua carta de 2020 era a de que a BlackRock "colocaria a sustentabilidade no

---

[34] Ibidem.

[35] Algo que a carta de Fink certamente fez foi acabar com a confiança daqueles que acreditavam que empresas eram legalmente comprometidas a buscar lucros no curto prazo devido ao "dever fiduciário" com os shareholders. Aqui estava um shareholder importante dizendo que via o dever fiduciário no longo prazo, e não a cada trimestre.

[36] "The Battle over Green Investment Is Hotting Up", Gillian Tett, *Financial Times*, dezembro de 2019, https://www.ft.com/content/bacefd80-175e-11ea-9ee4-11f260415385.

[37] "BlackRock Seeks to Regain Lost Ground in Climate Fight", Attracta Mooney e Owen Walker, *Financial Times*, janeiro de 2020, https://www.ft.com/content/36282d86-36e4-11ea-a6d3-9a26f8c-3cba4.

núcleo do seu processo de investimentos".[38] Quando foi acusada mais uma vez de "hipocrisia climática" pouco tempo depois, a BlackRock respondeu "punindo mais de cinquenta empresas por não terem progredido na forma de lidar com o aquecimento global",[39] e avisou outras 191 empresas nas quais possuía participação que elas "arriscam ação por voto em 2021 se não fizerem um progresso substancial".

Fink também defendeu seus compromissos ESG quando falou conosco para este livro. Não são os lucros em curto prazo que deveriam importar, disse, mas a viabilidade da empresa em longo prazo. E com isso em mente, "um modelo capitalista stakeholder cria lucros maiores", acrescentou: "Quando uma empresa é mais bem conectada à sociedade na qual trabalha, a sociedade quer se envolver mais com essa empresa."[40] O modelo stakeholder é mais bem adequado até de um ponto de vista capitalista, Fink disse, porque "empresas que focam apenas o capitalismo shareholder não são rápidas o suficiente". Elas não enxergam as macrotendências que vão afetá-las em longo prazo, como as preferências e preocupações em transformação das novas gerações. Estão cegas pela busca de lucros e crescimento, sem entender as forças subjacentes. E isso pode, por fim, ser a causa da sua morte. A respeito disso, considere, para finalizar, a história da Enron.

■■■

Enron é um excelente exemplo dos perigos de se ser unicamente orientado para os shareholders. O conglomerado sediado em Texas havia começado em meados dos anos 1980 como uma fusão de duas empresas de energia, Houston Natural Gas e InterNorth, empresas com origens na exploração, produção e distribuição de combustíveis fósseis como o gás natural.[41] Uma análise do propósito da empresa de acordo com a mentalidade stakeholder poderia ter levado a insights sobre como ela poderia continuar a exercer um papel em estados como Texas e Omaha, onde tinha uma importante presença em termos de pessoal e PIB. Poderia ter levado à reorientação, ao longo do tempo, em direção à produção de energia renovável naqueles estados, ou

---

[38] "BlackRock Accused of Climate Change Hypocrisy", Attracta Mooney, *Financial Times*, maio de 2020, https://www.ft.com/content/0e489444-2783-4f6e-a006-aa8126d2ff46.

[39] "BlackRock Punishes 53 Companies over Climate Inaction", Attracta Mooney, *Financial Times*, julho de 2020, https://www.ft.com/content/8809032d-47a1-47c3-ae88-ef3c182134c0.

[40] Entrevista com Larry Fink, por Peter Vanham, novembro de 2019.

[41] Para um breve sumário da ascensão e queda da Enron, veja: "Enron scandal", Peter Bondarenko, Encyclopedia Brittanica, fevereiro de 2016, https://www.britannica.com/event/Enron-scandal.

236 CAPITALISMO STAKEHOLDER

à sua reinvenção como uma empresa de P&D, especializada em eficiência energética, e à melhora das vidas das pessoas para as quais fornecia energia. Como sabemos, porém, não foi isso que aconteceu.

Aproveitando-se da onda de desregulações e fusões e aquisições dos anos 1980 e 1990, a nova liderança da empresa diversificou-se de modo a abranger atividades com melhores retornos de curto prazo. Ela entrou no trading de energia em curto prazo, atuando mais como uma empresa de serviços financeiros do que como uma empresa de energia. Criou empresas com propósitos especiais por motivos de contabilidade, ocultando custos e impulsionando os lucros. No momento em que teve a oportunidade de fazê-lo legalmente, ela aumentou os preços do fornecimento de energia nos estados que controlava, alcançando lucros astronômicos, mas gerando resultados desastrosos para os consumidores. Em vez de se orientar en longo prazo em direção aos seus stakeholders, a gestão da Enron pensou apenas em inflar a receita e os lucros no curto prazo. Durante vários anos, isso não apenas funcionou bem, mas funcionou de modo fantástico. A Enron se tornou um conglomerado em expansão, com receitas e lucros que deixavam qualquer um com inveja. E exceto para pessoas internas, não estava claro que seu sucesso havia sido construído, em grande parte, sobre enganação e corrupção. Como consequência, a Enron foi várias vezes nomeada como a empresa mais inovadora da Fortune 500. E ela atraiu investidores e empregados ansiosos para fazer parte do seu aparente sucesso.

Mas a história da Enron acabou se revelando uma mentira. Em vez de se tornar cada vez mais lucrativa, a gestão da empresa se tornou cada vez melhor em ocultar os custos, relatando receitas falsas e enganando tanto investidores quanto supervisores do governo. Quando a verdade veio à tona em 2001, a empresa não teve opção senão declarar falência. O jogo de fumaça e espelhos que haviam encenado por quinze anos se revelou uma enganação. Vários dos executivos em cargos mais altos da empresa, incluindo o CEO e o CFO, foram condenados por fraude.[42] Seu foco único em gerar lucros e melhorar o valor do shareholder havia, por fim, causado o efeito oposto. Investidores foram defraudados, e a empresa passou a valer apenas uma fração da sua maior avaliação.

Porém, há uma moral na história da Enron. Quando o procedimento de falência do Capítulo 11 da Lei de Falências dos EUA foi completado, desco-

---

[42] "See what happened to key players in Enron scandal", The Houston Chronicle, agosto de 2018, https://www.houstonchronicle.com/business/article/Jeffrey-Skillings-release-to-half-way-house-13196786.php.

briu-se que ainda havia sobrado uma parte valiosa do negócio: InterNorth, uma das duas empresas originais de gás natural que havia formado a Enron. Especificamente, a divisão Northern Natural Gas da InterNorth, que operava desde o começo dos anos 1930 e ainda estava ativa em Omaha, Nebraska, provou ser muito boa no que foi originalmente criada para fazer: fornecer energia para as pessoas da região.

Não foi muito difícil encontrar um comprador para ela. Warren Buffet, o investidor bilionário que vivera a vida inteira em Omaha, comprou o que havia sobrado da divisão de seu comprador original [43]e a transformou em uma divisão de sucesso da sua própria Berkshire Hathaway Energy. Essa empresa está ativa até hoje. E como motivo para o seu sucesso, ela aponta para uma missão muito mais orientada ao stakeholder. A Northern Natural Gas, diz, "não apenas fornece gás natural, fornece soluções, ferramentas e recursos para melhorar as vidas de seus clientes."[44] É uma lição que vale muito a pena lembrar.

■ ■ ■

Agora que vimos como empresas e lideranças corporativas stakeholder se comportam, vamos olhar para outro stakeholder que exerce um papel crucial em nossa economia e sociedade.

---

[43] "Enron Opens Up Bidding On 12 of Its Major Assets", Kathryn Kranhold, *The Wall Street Journal*, agosto de 2002, https://www.wsj.com/articles/SB1030487405721514155.

[44] "A Natural Gas Transportation Leader", Northern Natural Gas, Berkshire Hathaway Energy, https://www.brkenergy.com/our-businesses/northern-natural-gas.

10

Comunidades

Nova Zelândia Durante a Crise da Covid-19

Nas primeiras semanas de março de 2020, a primeira-ministra da Nova Zelândia, Jacinda Ardern, e seus ministros de gabinete enfrentaram um importante dilema. Eles poderiam implementar um lockdown rígido no país e impedir a propagação do novo coronavírus ou manter a economia aberta, em um esforço de evitar uma recessão aguda. A princípio, parecia uma clássica situação sem vencedores; haveria perda de vidas ou de meios de sustento neozelandeses — provavelmente ambos. Sendo uma nação insular remota com um forte sistema de saúde, a Nova Zelândia tinha uma chance melhor do que a maioria de resistir ao vírus sem medidas draconianas. Mas, ao mesmo tempo, o país estava alarmado com a situação em regiões como Itália e Irã, nas quais a propagação descontrolada do vírus havia trazido consequências dramáticas para a saúde pública e a economia. Qual abordagem de política pública levaria ao menor dos males na Nova Zelândia?

Uma vantagem de Ardern e seu governo era o fato de que poderiam se basear nas primeiras lições de outros lugares. O vírus havia sido observado pela primeira vez em Wuhan, na China, no final de 2019. Assim que começou a se espalhar em outras partes daquele país, no começo de 2020, logo ficou claro que esse era um vírus extremamente contagioso e possivelmente muito letal. Em fevereiro, o novo coronavírus iniciou uma trajetória de crescimento internacional exponencial. O resto do mundo estava prestes a perceber o quão grave a pandemia acabaria se tornando. Conforme a Covid-19

240   CAPITALISMO STAKEHOLDER

se espalhou, primeiro em países asiáticos como Tailândia, Japão e Coreia do Sul, e então na Europa, no Oriente Médio e na Austrália, a preocupação cresceu na nação insular do Pacífico, assim como a determinação de seu governo de aprender com os erros dos outros.

Então, o vírus chegou à Nova Zelândia. No dia 28 de fevereiro, o primeiro caso positivo foi registrado no país: um viajante retornando do Irã. Nos dias seguintes, mais casos apareceram, incluindo o primeiro transmitido localmente. E em meados de março, dúzias de novos casos foram reportados todo dia. Nas reuniões entre o gabinete e os especialistas de saúde mais experientes do país, as opiniões eram diversas. Alguns especialistas apoiavam uma abordagem mais leve, semelhante à da Suécia naquele momento, reportou Alice Klein na *New Scientist*.[1] (No país escandinavo, não houve fechamento obrigatório de lojas, escolas e locais de trabalho, mas dezenas de milhares de pessoas acabaram contraindo o vírus e muitos milhares morreram.) Outros defenderam uma abordagem muito mais agressiva, com lockdowns rígidos, fechamento de quase todas as atividades econômicas e proibições de voo. Esperavam que uma abordagem desse tipo ajudaria a achatar[2] a curva, o que não era incontestável. Michael Baker, um epidemiologista que apoiou a posição mais dura, disse que alguns de seus colegas acharam o plano muito radical. "Alguns compararam o plano a usar uma marreta para matar uma pulga", disse.[3]

No dia 21 de março, a primeira-ministra Ardern tornou pública a decisão do seu governo. Eles escolheram o plano da "marreta", defendido por Baker e outros. Quase da noite para o dia, a vida pública da Nova Zelândia foi paralisada. Todo cidadão teria que ficar em casa. As escolas seriam fechadas. Todas as lojas não essenciais seriam fechadas. A economia sofreria muito. Mas em um discurso anunciando as ações do governo, proferido alguns dias após o início dos primeiros lockdowns, Ardern não se demorou nas consequências econômicas trágicas. Em vez disso, apontou para aquilo que acreditava ser muito mais importante: "Sem as medidas que acabei de anunciar, até dezenas de milhares de neozelandeses podem morrer de

---

[1] "Why New Zealand Decided to Go for Full Elimination of the Coronavirus", Alice Klein, *New Scientist*, junho de 2020, https://www.newscientist.com/article/2246858-why-new- zealand-decided--to-go-for-full-elimination-of-the-coronavirus/#ixzz6T1rYuK5U.

[2] "New Zealand Isn't Just Flattening the Curve. It's Squashing It", Anna Fifield, *The Washington Post*, abril de 2020, https://www.washingtonpost.com/world/asia_pacific/new- zealand-isnt-just-flattening-the-curve-its-squashing-it/2020/04/07/6cab3a4a-7822-11ea- a311-adb1344719a9_story.html.

[3] "Why New Zealand Decided to Go for Full Elimination of the Coronavirus", Alice Klein, *New Scientist*, junho de 2020, https://www.newscientist.com/article/2246858-why-new- zealand-decided--to-go-for-full-elimination-of-the-coronavirus/#ixzz6T1rYuK5U.

Covid-19", disse na televisão aberta nacional.[4] "Tudo aquilo do qual vocês abrirão mão pelas próximas semanas, todo o contato perdido com outras pessoas, todo o isolamento e as dificuldades para entreter as crianças — isso literalmente salvará vidas. Milhares de vidas." Em sua opinião, "o pior cenário é simplesmente intolerável. Exigiria a maior perda de vidas neozelandesas na história do nosso país. Não vou arriscar".

Foi uma decisão corajosa para Ardern, que apenas dois anos antes havia se tornado a líder mulher mais jovem do mundo, aos 37 anos.[5] Mas ela recebeu apoio imediato. Muitos líderes influentes do país apoiaram o plano do governo desde o início, incluindo Stephen Tindall, o fundador da maior varejista da Nova Zelândia.[6] "Se nós não fechássemos rápido o suficiente, a dor continuaria por um longo tempo", ele disse ao *Washington Post* em uma entrevista por telefone no começo de abril. O empresário pensou que uma perspectiva holística era a correta, em vez da outra focada demais no efeito estreito ou em curto prazo no negócio. E a concordância entre a população também era alta, talvez em parte graças à abordagem empática da primeira-ministra. "Sejam gentis" ela pediu à população, antes de pedir ao ministro das Finanças e ao comissário de polícia que falassem acerca das consequências econômicas e da aplicação da medida. "O que precisamos de vocês é que apoiem uns aos outros. Vão para casa essa noite e confiram se seus vizinhos estão bem. Troquem telefones e façam uma rede com as pessoas da sua rua. Planejem como manterão contato com os outros. Vamos passar por isso juntos, mas apenas se ficarmos juntos. Sejam fortes e gentis."

A reação veloz de Ardern, de seu governo e do povo da Nova Zelândia deu resultados. Dentro de poucas semanas, novas infecções no país começaram a cair. Em maio, com novos casos registrados diminuindo para menos de cinco por dia, uma primeira atenuação das medidas de lockdown foi possível. Mais tarde naquele mês, a transmissão local parou completamente. Ao não ver mais novos casos, o país encerrou todas as medidas internas de lockdown em junho e até julho nenhuma infecção nova por Covid-19 havia sido registrada por mais de dois meses (apesar de alguns

---

[4] "PM Jacinda Ardern's full lockdown speech", *Newsroom*, março de 2020, https://www. newsroom. co.nz/2020/03/23/1096999/pm-jacinda-arderns-full-lockdown-speech.

[5] "The World's Youngest Female Leader Takes Over in New Zealand", *The Economist*, outubro de 2017, https://www.economist.com/asia/2017/10/26/the-worlds-youngest-female-   leader-takes-over-in--new-zealand.

[6] "New Zealand Isn't Just Flattening the Curve. It's Squashing It", Anna Fifield, *The Washington Post*, abril de 2020, https://www.washingtonpost.com/world/asia_pacific/new- zealand-isnt-just-flattening-the-curve-its-squashing-it/2020/04/07/6cab3a4a-7822-11ea- a311-adb1344719a9_story.html.

242 CAPITALISMO STAKEHOLDER

neozelandeses repatriados terem testado positivo na quarentena). No geral, a "primeira onda" da crise da Covid-19 custou as vidas de menos de 25 neozelandeses (em uma população de quase 5 milhões), e a vida pública e a atividade econômica retornaram a um quase normal em mais ou menos três meses. A economia, claro, sofreu, com a Nova Zelândia registrando um recorde da maior queda trimestral no PIB desde 1991 no final do trimestre de março de 2020, com uma contração de 1,6%[7], de acordo com análises de Murat Ungor, economista na Universidade de Otago. E, em outubro de 2020, o FMI estimou uma contração econômica de mais de 6% para o ano inteiro[8], em parte devido aos efeitos imediatos do primeiro lockdown e em parte devido ao declínio geral em setores como turismo.

Mas para um país e uma líder que haviam parado de fetichizar o crescimento do PIB, os custos econômicos em curto prazo eram um preço que estavam dispostos a pagar. Esperava-se que eles fossem recompensados de imediato, e em longo prazo, em termos de custo humano devido ao retorno mais rápido do que o normal à vida econômica. O primeiro retorno já havia acontecido; o segundo ficará claro daqui a alguns trimestres.

A escolha talvez tenha sido mais fácil porque ela poderia ser medida mais facilmente em outras métricas. Pouco mais de um ano atrás, a Nova Zelândia havia criado um painel de Living Standards Framework (LSF) com amplos indicadores de bem-estar, para somar às medidas existentes de crescimento do PIB. O propósito do painel era apresentar "recomendações de políticas públicas sobre prioridades de bem-estar entre governos", e ele era atualizado regularmente. Olhando para a crise da Covid-19 com essa mentalidade mais ampla, a abordagem neozelandesa fazia muito sentido. Sim, o crescimento do PIB pode sofrer no curto prazo, mas a saúde, a segurança e a proteção, as conexões sociais, todas as métricas medidas no painel LSF seriam beneficiadas. O painel LSF não era um fim em si mesmo, mas apenas uma de várias ferramentas que refletiram a abordagem diferente da Nova Zelândia no exercício do governo. Também é uma abordagem que se encaixa nos princípios e crenças por trás do capitalismo stakeholder: uma sociedade será próspera se todo mundo estiver bem; o progresso diz respeito a muito mais do que apenas lucros ou PIB; a contribuição de todos à

---

[7] "Coronavirus: New Zealand Records Biggest GDP Quarterly Fall in 29 years – Top Kiwi Economist", Newshub, julho de 2020, https://www.newshub.co.nz/home/money/2020/07/coronavirus-new--zealand-records-biggest-gdp-quarterly-fall-in-29-years-top-kiwi-economist.html.

[8] "World Economic Outlook", Fundo Monetário Internacional, outubro de 2020, Capítulo 1, p. 56, https://www.imf.org/en/Publications/WEO/Issues/2020/09/30/world-economic-outlook-october-2020.

Comunidades 243

sociedade e à economia precisa ser valorizada, e tanto a liderança eficaz no topo quanto o empoderamento da ação na base da sociedade importam.

Essa abordagem stakeholder abrangente retribui o investimento em curto e em longo prazos, tanto para empresas quanto para os trabalhadores, em tempos bons e tempos ruins. Depois que a Nova Zelândia ficou livre da Covid-19 por meses, pesquisadores locais opinaram sobre as razões desse sucesso: "Nosso país se uniu, em parte porque acreditamos em nossos especialistas de política e saúde, que cumpriram o que prometeram", Dr. Jagadish Thaker, um experiente professor na Escola de Comunicação, Jornalismo e Marketing na Universidade Massey, disse ao *The Guardian*[9] em julho de 2020. E, eles também descobriram, "quase todos os neozelandeses entendem corretamente os fatos importantes sobre o coronavírus", e eles agiram de acordo, adotando o comportamento de lavar as mãos com frequência e praticando o distanciamento social.[10] Isso se provou uma estratégia vencedora na maratona que é a luta contra a Covid-19. Quando o vírus eventualmente reapareceu, em agosto de 2020, em um agrupamento de trabalhadores e famílias centrado em uma fábrica de importação de carnes, a Nova Zelândia estava pronta para recomeçar sua batalha. Com a mesma determinação, ressuscitou a abordagem de "ser rígida e agir cedo" da primeira-ministra Ardern, como o *New York Times* resumiu[11], e derrotou uma segunda onda em um espaço de poucas semanas. Aprovando a abordagem do seu governo, eleitores em outubro de 2020 deram a Ardern uma vitória eleitoral histórica, em uma Nova Zelândia livre da Covid-19.

■■■

O caso da Nova Zelândia se encaixa em um cenário maior. Em todo o mundo, a crise da Covid-19 revelou quais países estavam preparados para agir contra um surto pandêmico e quais não estavam. Alguns observadores apontaram uma convergência notável entre os governos que tiveram boas respostas. Aqueles com líderes mulheres pareceram se sair melhor. E de fato, em junho de 2020, as pesquisadoras Supriya Garikipati

---

[9] "New Zealand Beat Covid-19 by Trusting Leaders and Following Advice—Study", Eleanor Ainge Roy, *The Guardian*, julho de 2020, https://www.theguardian.com/world/2020/jul/24/new-zealand--beat-covid-19-by-trusting-leaders-and-following-advice-study.

[10] Ibidem.

[11] "New Zealand Beat the Virus Once. Can It Do It Again?", *The New York Times*, agosto de 2020, https://www.nytimes.com/2020/08/13/world/asia/new-zealand-coronavirus-lockdown-elimination.html.

(Universidade de Liverpool) e Uma Kambhampati (Universidade de Reading) confirmaram o achado estatisticamente,[12] argumentando que países liderados por mulheres, como Alemanha, Dinamarca, Finlândia, Islândia e Nova Zelândia, se saíram melhor do que a maioria na resposta à pandemia. Quanto aos motivos, as pesquisadoras apontaram para "respostas proativas e coordenadas de políticas públicas" adotadas por líderes mulheres, assim como alguns traços que elas poderiam compartilhar, como aversão ao risco (levando-as a estabelecer o lockdown após menos mortes) e empatia.[13] Outros acadêmicos e jornalistas alegaram (de maneira anedótica) que líderes mulheres em geral são mais inclusivas, abertas a pontos de vista diversos e receptivas à ciência.[14]

Eu também enxergo outros pontos em comum: muitos dos líderes que responderam bem a essa crise em particular assumiram uma abordagem que considerava "toda a sociedade". Eles cuidaram e incluíram todos os stakeholders. E isso[15], como vimos anteriormente, não é apenas a melhor receita para o sucesso na luta contra um vírus, mas também para liderar um país, cidade, estado ou comunidade em geral. Portanto, vamos entender o que é uma abordagem stakeholder em geral no governo.

As Tarefas-chave de Governos Nacionais

De que forma governos nacionais e locais podem cumprir bem os seus deveres na era moderna tem sido uma questão difícil de responder. Como vimos, nos últimos anos muitos governos responderam tarde e de maneira inadequada ao progresso tecnológico, tiveram dificuldades para manter bases tributárias sólidas e manter a desigualdade sob controle, e uma dificuldade cada vez maior em regular o livre mercado. De que forma eles podem agir melhor?

Certamente não faz sentido retornar às ideologias econômicas do século XX. Por um lado, o protecionismo e a autarquia não são estratégias sustentáveis. Como muitos países descobriram no século passado, essas

---

[12] "Leading the Fight Against the Pandemic: Does Gender 'Really' Matter?", Supriya Garikipati (Universidade de Liverpool), Uma Kambhampati (Universidade de Reading), junho de 2020 https://papers.ssrn.com/sol3/papers.cfm?abstract_id=3617953.

[13] "Do Countries with Female Leaders Truly Fare Better with Covid-19?", Alexandra Ossola, Quartz, julho de 2020, https://qz.com/1877836/do-countries-with-female-leaders-truly-fare-better-with-covid-19/.

[14] Ibidem.

[15] A Organização Mundial da Saúde chama isso de abordagem "whole-of-government" ou "whole-of-society", veja: https://www.who.int/global-coordination-mechanism/dialogues/glossary-whole-of-govt-multisectoral.pdf.

Comunidades 245

ferramentas levam a preços maiores, progresso tecnológico mais lento e sociedades mais pobres e menos prósperas. Isso é algo que muitos países na antiga União Soviética perceberam, assim como outros que buscaram uma economia fechada. Mas, ao mesmo tempo, uma abordagem econômica de *laissez-faire* ou sem intervenção também não é a resposta correta. Nos locais onde essa estratégia foi aplicada, a desigualdade decolou, e os sentimentos políticos e populares se voltaram contra ela. Muitos países latino-americanos, como Argentina, Brasil, Bolívia, México e Venezuela, saíram de governos neoliberais para o "socialismo do século XXI" em algum momento nos anos 2000 ou 2010, em parte devido à desigualdade econômica resultante da dependência excessiva do mercado. O resultado desse pêndulo foi muitas vezes desastroso, mostrando que nem a ideologia neoliberal nem a socialista funciona bem em nossa era atual.

Para serem mais eficazes, os governos devem seguir um caminho mais pragmático. No sentido mais simples, o principal papel de um governo no modelo stakeholder é permitir a *prosperidade equitativa*. Isso significa que um governo deveria permitir que qualquer ator individual maximize sua *prosperidade*, mas de um modo que seja *equitativo* para as pessoas e o planeta. Deve fazer isso de três modos principais. Primeiro, um governo deve valorizar as contribuições de todos à sociedade, dar oportunidades iguais para todos e diminuir quaisquer desigualdades excessivas que surgirem. Segundo, deve agir como um árbitro e regulador de empresas operando no livre mercado. E terceiro, como um guardião das gerações futuras, deve impedir as atividades que degradam o meio ambiente.

Na sua primeira tarefa, garantir oportunidades iguais e diminuir desigualdades excessivas, acredito que um governo será mais eficaz quando focar as três antigas necessidades sociais: *educação, saúde* e *moradia*. E, em um mundo no qual as pessoas estão cada vez mais dependentes de suas atividades online, posso acrescentar que a *conectividade digital* deveria ser um quarto pilar central. Da China aos Estados Unidos, esses domínios são importantes para todo indivíduo em uma sociedade, e costumam constituir os maiores desafios de um governo.

Considere primeiro os três iniciais, educação, saúde e moradia. Na China, por exemplo, Dean Bai Chong-En, da Escola de Economia e Gestão da Universidade Tsinghua[16], nos contou que "em termos da desigualdade observada, esses são

---

[16] Biografia de Bai Chong-En, Universidade Tsinghua, República Popular da China, http://crm.sem. tsinghua.edu.cn/psc/CRMPRD/EMPLOYEE/CRM/s/WEBLIB_SPE_ISCT.TZ_SETSPE_IS-CRIPT.FieldFormula.IScript_SpecialPages?TZ_SPE_ID=251.

os fatores mais importantes".[17] Conforme a economia chinesa se abriu gradualmente no final dos anos 1970, ele disse, "Nem todo mundo tinha a mesma oportunidade. Algumas pessoas tinham mais acesso a recursos do que outras, e isso não ajudava na desigualdade nem no crescimento econômico". Residentes urbanos, principalmente, tinham acesso melhor à saúde, serviços sociais e educação. Plano de saúde rural, por outro lado, não existia até 2003, e a educação é historicamente amarrada ao *hukou* ou licença de residência dos pais, com boas escolas urbanas, muitas vezes fora do alcance daqueles sem um *hukou* urbano. Mesmo entre os urbanos, alguns cidadãos tinham acesso preferencial a imóveis, enquanto outros não. Ao longo do tempo, as cidades se desenvolveram e as chamadas cidades Tier I e Tier II se expandiram rapidamente, e aquelas desigualdades iniciais se ampliaram, levando à desigualdade sistêmica e a uma falta de oportunidades para muitos. (Bai salientou que isso ocorreu até meados de 2010, quando o coeficiente Gini da China atingiu o pico, a participação da renda do trabalho no PIB chegou ao fundo do poço e as remunerações com base nas qualificações para trabalhadores com educação formal começou a declinar. Esses eram todos indicadores de que a desigualdade de renda atingia seu nível mais alto, apesar das melhorias nas habilidades dos trabalhadores.)

A história do acesso desigual à educação, saúde e moradia também deve soar familiar para o ouvido norte-americano. É notório que, devido à segregação racial e às políticas de zoneamento, até a segunda metade do século XX muitas cidades dos EUA impediam o acesso de afro-americanos a escolas, vizinhanças e empregos melhores. Mas o setor privado também exerceu um papel importante nisso. A prática mais conhecida a respeito era a chamada *redlining*,[18] na qual bancos usavam critérios racistas para aprovar ou negar empréstimos em determinadas áreas. Parte do que energiza o movimento por justiça social hoje é que muitas dessas desigualdades sistêmicas nunca desapareceram de verdade, apesar da Lei dos Direitos Civis de 1964 e as subsequentes mudanças legislativas. E a desigualdade em educação, saúde e moradia também não é limitada a uma discriminação baseada em raça. Muitas das melhores faculdades norte-americanas até hoje têm as chamadas *legacy preferences* (preferências de legado), concedendo admissão de preferência a filhos de pais que também estudaram na instituição ou, em alguns casos, doaram dinheiro para ela. E enquanto governos norte-americanos promoveram por décadas a compra da casa própria, inovação financeira opaca com títulos hipotecários e obrigações de dívida colateralizadas

---

[17] Entrevista com Bai Chong-En por Peter Vanham, Beijing, setembro de 2019.
[18] "Redlining", Enciclopédia Britannica, https://www.britannica.com/topic/redlining.

levaram a uma crise imobiliária em 2008, empurrando milhões de norte-
-americanos para fora de suas casas e trabalhos. Até hoje algumas pessoas
não se recuperaram financeiramente daquela crise. Por fim, em torno de 28
milhões de norte-americanos, quase 10% do total, não tinham plano de saúde em 2018[19] (o último ano para o qual existiam dados disponíveis durante
a escrita deste livro). E, para os norte-americanos com plano de saúde, os
custos costumavam ser muito mais altos do que em outros lugares, já que
o custo per capita do sistema de saúde dos EUA é o maior da OCDE, e muitas pessoas são obrigadas a arcar com uma parte significativa por meio de
copagamentos e outros valores não cobertos. Não deveria ser uma surpresa
que essas desigualdades de longa data levaram a uma crise dupla de saúde
pública e a uma crise econômica e social profunda nos EUA, enquanto a
Covid-19 se espalhava em 2020.

Mas a conectividade digital também importa muito. O acesso à internet
nessa era da Quarta Revolução Industrial é quase como o acesso ao petróleo e ao motor de combustão em uma era anterior. Imediatamente após a
internet se tornar publicamente disponível, uma "divisão digital" emergiu
entre grupos demográficos com e sem acesso a ela. Conforme mais e mais
empregos e serviços começaram a depender da conectividade digital, houve
uma transformação importante nos destinos econômicos, que continua até
os dias de hoje. Pesquisa[20] após pesquisa[21] mostrou como é crucial o acesso
universal e estável à internet durante o pior da pandemia da Covid-19, por
exemplo. Aqueles com acesso à internet de alta qualidade e a dispositivos
conectados poderiam trabalhar remotamente com mais facilidade e, portanto, reter seus empregos e rendas. De modo similar, crianças com acesso à
internet poderiam continuar a assistir às aulas da escola, enquanto aquelas
sem essa conexão foram muitas vezes deixadas à própria sorte. E aqueles
que não se atreviam a ir ao médico ou a hospitais poderiam receber atendimento médico por meio da telemedicina. Países com um alto grau de pe-
netração de smartphones, como Singapura, poderiam introduzir com mais

---

[19] "Key Facts about the Uninsured Population", Kaiser Family Foundation, dezembro de 2019, https://
www.kff.org/uninsured/issue-brief/key-facts-about-the-uninsured-population/.

[20] "53% of Americans Say the Internet Has Been Essential During the COVID-19 Outbreak", Pew Research Center, abril de 2020, https://www.pewresearch.org/internet/2020/04/30/53-of-americans-
-say-the-internet-has-been-essential-during-the-covid-19-outbreak/.

[21] "59% of US Parents with Lower Incomes Say Their Child May Face Digital Obstacles in Schoolwork",
Pew Research Center, setembro de 2020, https://www.pewresearch.org/fact-tank/2020/09/10/59-o-
f-u-s-parents-with-lower-incomes-say-their-child-may-face- digital-obstacles-in-schoolwork/.

248 CAPITALISMO STAKEHOLDER

facilidade testes eficazes e estratégias de rastreamento envolvendo aplicativos bluetooth.[22]

Singapura como um Modelo de Governo Stakeholder

Como os dois exemplos anteriores demonstram, é difícil para um governo acertar suas funções centrais. Mas alguns, como as nações nórdicas, a Nova Zelândia ou Singapura, conseguem se sair significativamente melhor do que outros, e seus modelos também fornecem lições para economias (muito maiores).

O modelo mais notável, na verdade, pode vir de Singapura, a península de 5 milhões de pessoas na ponta do Sudeste da Ásia. Como vimos no Capítulo 6, a cidade-Estado era um dos Tigres Asiáticos, que a partir dos anos 1960 passou por uma transformação tecnológica e econômica incrível. Agora, ela é o melhor eixo de tecnologia e comércio da Ásia. Para chegar lá, seus esforços para prover educação de alta qualidade, saúde e moradia para todos os cidadãos exerceram um papel crucial. Isso pode ser uma surpresa para aqueles que pensam em Singapura como uma coleção de arranha-céus espalhafatosos, reservados para os poucos felizes dentre os ricos viajantes internacionais. Como a Bloomberg observou em um artigo recente: "No filme *Podres de Ricos*, os personagens principais se movimentam entre mansões opulentas e hotéis da era colonial em Singapura. Mas a realidade é que a grande maioria das famílias [de Singapura] mora em apartamentos de tamanho modesto construídos pelo governo."[23]

Em essência, a moradia popular construída e mantida pela Housing Development Board (HDB) de Singapura não é muito diferente dos projetos habitacionais das cidades norte-americanas ou europeias. São prédios residenciais em massa, sem frescuras, reservados para grupos específicos de pessoas. Ainda assim, a versão de Singapura se destaca por, pelo menos, três motivos. Primeiro, os apartamentos foram projetados desde o início para encorajar a mistura social e étnica por meio da Política de Integração Étnica.

---

[22] "Is a Successful Contact Tracing App Possible? These Countries Think So", *MIT Technology Review*, agosto de 2020, https://www.technologyreview.com/2020/08/10/1006174/covid-contract-tracing-app-germany-ireland-success/.

[23] "Why Singapore Has One of the Highest Home Ownership Rates", Adam Majendie, Bloomberg City Lab, julho de 2020, https://www.bloomberg.com/news/articles/2020-07-08/behind-the-design-of-singapore-s-low-cost-housing.

Há uma quota para cada um dos principais grupos étnicos de Singapura (chinês, indiano, e malaio). Isso evitou que grupos diferentes se isolassem, fenômeno que costuma acontecer nas cidades. Misturar populações diferentes em habitações garante uma harmonia social,[24] de acordo com o ministro sênior Tharman Shanmugaratnam: "Quando pessoas de diferentes grupos étnicos vivem juntas, elas não só andam pelos mesmos corredores e pegam o mesmo elevador" disse, em uma entrevista de governo em 2020[25]. "As crianças vão para o mesmo jardim de infância, para a mesma escola primária, porque, no mundo todo, as crianças vão à escola próxima de onde moram, e crescem juntas."

Segundo, o jornalista Adam Majendie observou que "enquanto muitos governos possuem programas de moradia pública focados nos membros mais pobres da sociedade — muitas vezes permitindo que os austeros blocos de concreto se deteriorem em favelas urbanas —, Singapura reconheceu que essas casas representavam a maior aposta dos seus cidadãos na prosperidade do país. A HDB não só manteve com cuidado seus prédios e territórios, mas também reformou periodicamente as propriedades com novos elevadores, passarelas e decoração".[26] Isso é algo que qualquer visitante pode ver com os próprios olhos. Durante o tempo que passei em Singapura ao longo dos anos, caminhei por bastante tempo por alguns bairros HDB, que têm uma aparência charmosa e oferecem caminhadas agradáveis para pedestres. Muitos eram rodeados por cafés gentrificados, lojas de moda e livrarias. Isso configurou uma experiência muito diferente da que poderíamos ter em uma tour por projetos habitacionais similares em outros lugares.

Terceiro e último, apartamentos da HDB estão disponíveis para locação em longo prazo. Isso permite que habitantes construam uma fonte de riqueza enquanto mantêm a desigualdade imobiliária sob controle. Isso acontece porque a venda de apartamentos da HDB costuma ser estruturada em uma locação de 99 anos. O "proprietário" recebe uma janela de oportunidade grande o suficiente para poder viver lá até a velhice e um dia revender e recuperar algum dinheiro do seu investimento. Mas já que a revenda é limitada pela quantidade de anos que restam no contrato, os preços desses apartamentos construídos pelo governo não decolam como os de aparta-

---

[24] "HDB's Ethnic Integration Policy: Why It Still Matters", Governo de Singapura, abril de 2020, https://www.gov.sg/article/hdbs-ethnic-integration-policy-why-it-still-matters.

[25] Ibidem.

[26] "Why Singapore Has One of the Highest Home Ownership Rates", Adam Majendie, Bloomberg City Lab, julho de 2020, https://www.bloomberg.com/news/articles/ 2020-07-08/behind-the-design-of-singapore-s-low-cost-housing.

mentos privados em metrópoles como Nova York, Londres, Hong Kong ou, de fato, na própria Singapura. Isso explica por que Singapura é uma das cidades mais caras do mundo para se morar (posicionada em segundo lugar no mundo devido ao seu mercado imobiliário privado[27]) e também uma das mais acessíveis financeiramente (80% de seus cidadãos mora em habitações da HDB que o governo oferece a taxas mais atraentes).

As conquistas de Singapura também se destacam na educação. O *The Economist* declarou em 2018: "O sistema de educação em Singapura é considerado o melhor do mundo."[28] Isso pode ser observado, em primeiro lugar, na performance dos estudantes. Alunos selecionados de modo aleatório na península do Sudeste da Ásia se classificam entre as três primeiras posições globais do Programa Internacional de Avaliação de Alunos (PISA), que mede o conhecimento dos estudantes em matemática, ciência e leitura. Isso faz de Singapura a melhor dentre os iguais na região. Mas Singapura se distingue de verdade no modo como estrutura e financia o sistema de educação. Professores de escolas públicas recebem salários proporcionais àqueles no setor privado. Eles podem avançar na carreira como professores mestres e o currículo é adaptado com base nas pesquisas educacionais mais recentes.[29] Esse é o resultado de uma estratégia deliberada e em longo prazo do governo, valorizando a educação como um meio primário de avanço da nação. O primeiro-ministro Lee Hsien Loong reiterou essa visão em 2020 ao visitar uma das escolas primárias do país, que representa a grande maioria dos estudantes. "A educação é uma das coisas mais importantes que os singapurenses possuem", disse. "E é uma das coisas mais importantes a que o governo presta atenção, pois acreditamos que, por meio da educação, podemos ajudar nossos cidadãos a adquirir habilidades, obter conhecimento e se tornarem produtivos e úteis, se tornarem boas pessoas e construírem uma vida para si mesmos."[30]

---

[27] "Singapore Remains the 2nd Most Expensive Housing Market in the World after Hong Kong", CBRE, abril de 2019, https://www.cbre.com/singapore/about/media-centre/singapore-remains-the--2nd-most-expensive-housing-market-in-the-world-after-hong-kong.

[28] "What Other Countries Can Learn from Singapore's Schools", *The Economist*, agosto de 2018, https://www.economist.com/leaders/2018/08/30/what-other-countries-can-learn-from-singapores-schools.

[29] "What Other Countries Can Learn from Singapore's Schools", *The Economist*, agosto de 2018, https://www.economist.com/leaders/2018/08/30/what-other-countries-can-learn-from-singapores-schools.

[30] "Education System Designed to Bring Out Best in Every Student: PM", *The Straits Times*, janeiro de 2020, https://www.straitstimes.com/singapore/education-system-designed-to-bring-out-best-in-every-student-pm.

Singapura também tem um sistema de saúde de primeiro mundo, que consegue oferecer saúde universal para todos os seus cidadãos, sem abocanhar muito do orçamento do governo ou das pessoas. No Índice de Prosperidade Legatum de 2019, que mede a saúde e o acesso das pessoas a ela, por exemplo,[31] Singapura ficou no topo, na frente de Japão, Suíça e Coreia do Sul. Assim como no seu modelo de educação, a forte performance singapurense, portanto, significa que seus cidadãos permanecem saudáveis até a velhice e recebem o cuidado do qual precisam caso surjam problemas. Mas o sistema de saúde não é bom apenas na entrega de bons resultados; ele também o faz de modo muito eficaz. Enquanto nos EUA o gasto com saúde toma 17% do PIB, e, nas economias da União Europeia, cerca de 10%, em Singapura essa porcentagem é menor que 5%. O motivo para essa excelente razão de preço/qualidade está na mistura única de papéis e contribuições públicas e privados. Em Singapura, "o governo tem as cartas nas mãos", Aaron E. Carroll, um professor de pediatria, observou em sua análise do modelo singapurense para o *New York Times*. "O governo regula de modo rígido qual tecnologia está disponível no país e onde. Toma as decisões acerca de quais drogas e dispositivos são cobertos nas instalações públicas. [E] estabelece os preços e determina quais subsídios estão disponíveis." O governo também age de modo preventivo, por exemplo, ao regular a qualidade da comida. Mas o setor privado e o livre mercado também exercem um papel importante. Por exemplo, "a atenção primária, que costuma ter um custo baixo, é fornecida em grande parte pelo setor privado", com cerca de 80% dos singapurenses recebendo esse tipo de cuidado de clínicos gerais[32] (a participação é o inverso para hospitalizações, que costumam acontecer em grandes hospitais públicos). E cidadãos — não o governo — pagam por boa parte de suas próprias despesas com saúde por meio de dois importantes programas, explica o jornalista Ezra Klein.[33] Um desses fundos é para atendimento médico de rotina (Medisave, que é obrigatório), e outro é para intervenções que não são de rotina (Medishield, que é automaticamente adicionado na sua folha de

---

[31] "The Healthiest Countries to Live In", BBC, abril de 2020, http://www.bbc.com/travel/story/20200419-coronavirus-five-countries-with-the-best-healthcare-systems. O índice Legatum "mede a extensão a qual pessoas em cada país são saudáveis e têm acesso aos serviços necessários para manter uma boa saúde, incluindo sistemas de saúde, doenças e fatores de risco e taxa de mortalidade".

[32] "What Can the US Health System Learn From Singapore?", Aaron E. Carroll, *The New York Times*, abril de 2019, https://www.nytimes.com/2019/04/22/upshot/singapore-health- system-lessons.html.

[33] "Is Singapore's 'Miracle' Health Care System the Answer for America?", Ezra Klein, Vox, abril de 2017, https://www.vox.com/policy-and-politics/2017/4/25/15356118/singapore-health-care-system--explained.

pagamento, mas você pode recusar). Apenas quando esses dois esquemas financiados de modo privado não são o suficiente é que o governo entra com o Medifund, o pagador de último recurso. Desse modo, o modelo singapurense é o oposto do que você encontraria, por exemplo, nos Estados Unidos: "[Os Estados Unidos têm] um sistema de entrega privado em grande parte financiado publicamente", explicou Carroll. "Singapura tem um sistema de entrega pública em grande parte financiado privadamente."[34]

Por último, a conectividade digital também tem sido um foco das políticas públicas de Singapura. A cidade-Estado, que já é um dos países mais bem conectados digitalmente do mundo, instaurou em 2019 a sua "estratégia Smart Nation"[35] em setores essenciais como educação, saúde, moradia e transporte. Ao fazê-lo, o governo queria garantir que seus cidadãos e empresas extraíssem ainda mais valor de suas habilidades e conectividades digitais. Isso rapidamente levou a sucessos. O aplicativo Healthy365, por exemplo, foi baixado por quase metade da população, dando dicas e truques de bem-estar e mantendo um registro das atividades de saúde dos usuários. MyInfo Business e GoBusiness permitiram que milhares de empresas preenchessem formulários do governo e pedissem licenças empresariais com mais facilidade. E o aplicativo Moments of Life permitiu que milhares de famílias fizessem várias coisas, desde registrar nascimentos a encontrar novos empregos ou obter novas habilidades online.[36] Cada solicitação individual ou serviço pode parecer uma melhoria pequena, mas juntos eles fazem de Singapura e seu povo uma das economias mais digitalmente experientes no mundo.

Observada em conjunto, a abordagem do governo singapurense em relação à educação, moradia e conectividade é pragmática. Percebendo a importância dessas três áreas de políticas públicas e seu próprio papel crucial de provê-las, Singapura age de forma decisiva para garantir que sua população se beneficie do acesso de qualidade à educação, saúde e moradia. Mas ela não o faz de modo ideológico nem se vê como o stakeholder mais importante. "Singapura acredita em um governo forte, não em um governo grande", o ministro sênior Tharman nos contou em uma entrevista.

---

[34] "What Can the US Health System Learn From Singapore?", Aaron E. Carroll, *The New York Times*, abril de 2019, https://www.nytimes.com/2019/04/22/upshot/singapore-health-system-lessons.html.

[35] "Smart Nation: The Way Forward", Governo de Singapura, novembro de 2018, https://www.smart-nation.gov.sg/docs/default-source/default-document-library/smart-nation- strategy_nov2018.pdf?sf-vrsn=3f5c2af8_2.

[36] "Transforming Singapore Through Technology", Smart Nation Singapore, acessado em outubro de 2020, https://www.smartnation.gov.sg/why-Smart-Nation/transforming-singapore.

Isso não quer dizer que o modelo de Singapura é perfeito, claro. A pandemia da Covid-19 revelou algumas deficiências dolorosas no modelo da Cidade Leão. Inicialmente, Singapura parecia ter um controle firme sobre a propagação da Covid-19, um feito notável para uma cidade internacional conectada tão de perto a outros pontos significativos da pandemia. O governo agiu rápido, executando uma estratégia nacional de testes, rastreamento e tratamento e restringindo a vida pública e as viagens (internacionais). Mas apesar dos sucessos iniciais, a cidade-Estado enfrentou um surto grande, localizado inicialmente nos dormitórios de migrantes da cidade e se espalhando a partir de lá. Isso direcionou os holofotes sobre essa parte da população geralmente esquecida, que, ao contrário da maioria dos singapurenses nacionais ou expatriados internacionais, operava em grande parte fora do sistema formal e tinha um acesso mais restrito aos serviços sociais oferecidos pelo país. Stefania Palma, uma jornalista do *Financial Times* com base em Singapura, apontou que críticos da abordagem do governo viram nisso uma "evidência da 'invisibilidade' dos migrantes de baixa renda de Singapura", mas também observou que as autoridades "começaram a se mexer" em resposta ao surto da Covid-19 nos dormitórios de migrantes. "Novos padrões, incluindo um limite de dez pessoas por quarto, garantirão que dormitórios sejam mais resilientes a riscos de saúde pública como pandemias", escreveu em junho de 2020.[37]

Além disso, o modelo eleitoral de Singapura é muito diferente daqueles de muitas outras democracias. O Partido de Ação Popular, que está no poder, tem liderado continuamente governos de partido único desde a independência de Singapura, em 1965. Outros partidos participam nas eleições gerais do país, organizadas a cada cinco anos, e em 2020 até ganharam cerca de 40% dos votos. Mas esses partidos de oposição têm falhado até agora em ganhar um número significativo de cadeiras ou liderar ministérios importantes do governo. Como resultado, *Nikkei Asian Review* relatou: "Singapura se classificou na 75ª posição no índice global de democracia na Unidade de Inteligência da revista *The Economist* em 2019, atrás dos colegas regionais Malásia (43ª), Indonésia (64ª), e Tailândia (68ª)." A cidade-Estado teve uma performance especialmente fraca na categoria de "processo eleitoral e pluralismo".[38]

---

[37] "Surge in Covid Cases Shows Up Singapore's Blind Spots over Migrant Workers", Stefania Palma, *Financial Times*, junho de 2020, https://www.ft.com/content/0fdb770a-a57a-11ea-92e2-cbd9b7e28ee6.

[38] "Singapore's 'democratic dawn'? Parties Adapt to New Landscape", *Nikkei Asian Review*, julho de 2020, https://asia.nikkei.com/Spotlight/Asia-Insight/Singapore-s-democratic-dawn-Parties-adapt--to-new-landscape.

254 CAPITALISMO STAKEHOLDER

Finalmente, a abordagem exata seguida por Singapura pode não ser replicável do mesmo modo em outro lugar: muitos países maiores e menos densamente populosos ou países mais pobres não seriam capazes de fornecer os mesmos serviços se tentassem. Mas, mesmo assim, a filosofia pragmática e orientada ao stakeholder que guia a legislação singapurense, como a da Nova Zelândia ou Dinamarca, merece ser considerada pelos outros.

Nova Zelândia e o Distanciamento do PIB

Se o foco em áreas de políticas públicas incluindo educação, saúde e moradia é um dos fatores essenciais de sucesso para um governo stakeholder, o governo da Nova Zelândia mostra que há outro fator: se distanciar da meta estrita de crescimento do PIB e, em vez disso, focar um painel mais amplo de métricas.

Como vimos, até os dias de hoje, a maioria dos governos no mundo todo e muitas organizações internacionais importantes ainda usam o produto interno bruto (PIB) como variável primária para medir o sucesso de uma dada economia. Mas também sabemos que o PIB nunca teve o propósito de medir o bem-estar. No final dos anos 1930, quando o PIB começou a sua ascensão, ele era usado principalmente para estimar a capacidade de produção de um país em tempos de guerra — sem luxos, com a Segunda Guerra Mundial prestes a acontecer. Porém, desde então, não só o inventor da métrica, Simon Kuznets, mas muitos outros economistas, como Mariana Mazzucato, Diane Coyle e o vencedor do Prêmio Nobel Joseph Stiglitz, apontaram algumas das falhas fundamentais do PIB.[39]

Enquanto organizações como a nossa ou a OCDE têm trabalhado em um conjunto mais compreensivo de métricas, a Nova Zelândia é um dos primeiros países a implementar a ideia de ir além do PIB na prática. Vale a pena olhar o seu Living Standards Framework (Figura 10.1), ou Quadro de Padrões de Vida, com mais atenção aos detalhes.

---

[39] Não é difícil entender algumas das desvantagens: o PIB sobe quando o petróleo ou o carvão é produzido e consumido, mas cai quando as pessoas trocam o carro por uma bicicleta ou transporte público (considerando que um carro é mais caro). O PIB também sobe quando bancos relatam lucros financeiros, mas permanece estagnado quando inovações digitais são introduzidas e facilitam nossas vidas.

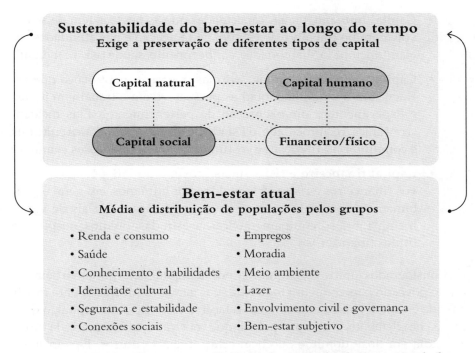

Figura 10.1 Uma Representação do Living Standards Framework da Nova Zelândia

Fonte: Adaptado do Tesouro da Nova Zelândia, "The Relationship between the Sustainable Development Goals and the Living Standards Framework (DP 18/06)", 26 de julho de 2018, https://treasury.govt.nz/publications/dp/dp-18-06-html.

Conceitualmente, o Living Standards Framework tem o objetivo de fornecer "um entendimento compartilhado do que ajuda a alcançar padrões de vida mais altos para apoiar o bem-estar intergeracional". Visto dessa perspectiva, o bem-estar não é medido (apenas) pelo PIB, mas pelos quatro capitais do país:[40]

- **Capital natural**, consistindo em "todos os aspectos do ambiente natural que apoia a vida e a atividade humana", que incluem "terra, solo, água, plantas e animais, minerais e recursos energéticos".

---

[40] "The Treasury's Living Standards Framework", Governo da Nova Zelândia, dezembro de 2019, https://treasury.govt.nz/sites/default/files/2019-12/lsf-dashboard-update-dec19.pdf.

256   CAPITALISMO STAKEHOLDER

- **Capital humano**, ou as "capacidades que as pessoas têm de se envolverem no trabalho, no estudo, na recreação e nas atividades sociais", incluindo "habilidades, conhecimento, saúde física e mental".

- **Capital social**, que são as "normas, regras e instituições que influenciam o modo pelo qual as pessoas vivem e trabalham juntas e experimentam uma sensação de pertencimento". Elas incluem "confiança, reciprocidade, o Estado de direito, identidades culturais e comunitárias, tradições e costumes, valores e interesses comuns".

- **Capital financeiro e físico**, mais próximo do PIB, pois inclui "ativos financeiros e físicos produzidos por humanos, em geral estreitamente associados com o apoio às condições materiais de vida". Inclui "fábricas, equipamento, casas, estradas, prédios, hospitais e títulos financeiros".

Considerados juntos, esses quatro tipos de capital determinam o bem-estar do povo, do país como um todo e de suas gerações futuras. E para medir em que estado o país se encontra em relação a esses tipos de capital, o quadro é complementado por um painel, que mostra a performance da Nova Zelândia em doze domínios de bem-estar atuais e futuros. Eles incluem envolvimento cívico, identidade cultural, meio ambiente, saúde, moradia, renda e consumo, empregos e ganhos, conhecimento e habilidades, uso do tempo, segurança e proteção, conexões sociais e bem-estar subjetivo.

Deveria ser claro de imediato que esses domínios estão intimamente conectados à nossa própria definição do que constitui a prosperidade equitativa. Três indicadores dizem respeito à educação, saúde e moradia (conhecimento e habilidades, saúde e moradia); outros dois são versões mais refinadas e personalizadas do PIB (empregos e ganhos, renda e consumo); e os outros dizem respeito ao bem-estar do planeta ou a elementos do bem-estar pessoal que são subjetivos ou parte de uma dinâmica social. Por fim, é de se notar que o quadro também reconhece que há um elemento de risco e resiliência em sua prosperidade, que aparece "ante mudanças, choques e eventos inesperados". Infelizmente, porém, o painel ainda não encontrou uma métrica adequada para medir essa resiliência. (Mas a crise da Covid-19 parece ter sido um teste decisivo, no qual o governo passou com sucesso.)

Ainda é cedo para dizer se e em que nível esse quadro e painel estão ajudando a Nova Zelândia a gerenciar o bem-estar de seu país e cidadãos. O painel foi ativado apenas no final de 2018, com uma primeira atualização anual feita em dezembro de 2019. Mas, se a crise da Covid-19 é indicação de

Comunidades 257

alguma coisa, a abordagem holística da Nova Zelândia em relação ao bem--estar e à resiliência é um êxito notável. Em um claro sinal de apoio popular, os eleitores da Nova Zelândia em outubro de 2020 deram a Jacinda Ardern e a seu partido uma vitória eleitoral de lavada e a primeira maioria absoluta desde que o país implementou um sistema de votação proporcional em 1996.[41] Outros governos orientados ao stakeholder poderiam aprender bem com suas lições.

Sociedade Civil e a Comunidade Internacional

O último grupo com um papel central no modelo stakeholder é a sociedade civil. Nos últimos anos, organizações como sindicatos de trabalhadores, ONGs e grupos organizados por direitos civis têm lutado para manter a base de membros e a influência que tinham no século XX. Mas a emergência de uma variedade de outras questões mostra que nenhuma sociedade pode funcionar de modo apropriado sem eles, e outros stakeholders fariam bem em aceitá-los e apoiá-los.

Olhe como primeiro exemplo o papel que novos grupos de trabalhadores e consumidores exercem na Quarta Revolução Industrial. Em revoluções industriais anteriores, os trabalhadores desenvolveram ao longo do tempo a relação empregado-empregador tradicional que conhecemos hoje em dia; eles costumavam fazer acordos coletivos acerca de seus pagamentos e condições de trabalho, ajudados por sindicatos poderosos. Mas essa relação está se enfraquecendo. As reformas legislativas e o aumento da globalização deram um primeiro golpe no poder tradicional de sindicatos. E a economia gig que resultou da Quarta Revolução Industrial na maioria dos lugares aboliu quase por inteiro sindicatos, acordos coletivos e relações tradicionais de emprego como os conhecemos há décadas.

Em algumas regiões, essa *tabula rasa* teve resultados positivos. Na Indonésia, por exemplo, onde meu colega dirigiu scooters e carros das empresas de transporte Grab e Go-Jek em uma visita ao país, boa parte dos motoristas estava entusiasmada com as oportunidades que o trabalho de gig oferecia a eles. Antes, muitos haviam sido trabalhadores agrícolas ou haviam trabalhado em serviços temporários na cidade. Não ter um contrato tradicional empregatício não era uma barreira ou inconveniência; a isso

---

[41] "New Zealand's Ardern Wins 2nd Term in Election Landslide", Associated Press, outubro de 2020, https://apnews.com/article/virus-outbreak-new-zealand-mosque-attacks-auckland-elections-new--zealand-b1ab788954f23f948d8b6c3258c02634.

258 CAPITALISMO STAKEHOLDER

eles estavam acostumados. Na verdade, a tecnologia que as empresas de compartilhamento de transporte usavam lhes dava mais transparência e escolha, não menos, em termos do seu trabalho e pagamento. E mesmo alguns trabalhadores que antes haviam trabalhado em fábricas expressaram satisfação ao passar a trabalhar na economia gig. Um deles nos contou que, como motorista da Grab, ganhava em média quatro vezes o salário mensal dos seus dias de fábrica.

Essa experiência não é exclusiva do arquipélago asiático ou uma mera anedota. No mundo todo, designers, motoristas, trabalhadores faz-tudo e muitos outros profissionais encontraram novas oportunidades e pagamentos mais altos graças às empresas de plataformas desde a Upwork à TaskRabbit e Fiverr e da Didi à Grab ou Lyft. Em países como Sérvia, Paquistão ou Ucrânia, ter a habilidade de obter um contrato freelance com a ajuda de uma plataforma online se provou uma alternativa popular comparada a encontrar trabalho no mercado de emprego tradicional.

Mas em muitos outros casos, a emergência da economia gig tem sido menos gentil com trabalhadores. Nos EUA, por exemplo, a ascensão de empresas de transporte por aplicativo significou que centenas de milhares de trabalhadores não têm a proteção legal e os benefícios financeiros que um emprego tradicional costumava oferecer. Na cidade de Nova York, por exemplo, o maior mercado norte-americano de transporte pessoal, o motorista médio de Uber ou Lyft, no final de 2018, tinha um ganho líquido por hora de US\$11,9, muito abaixo dos US\$15 que a cidade estabeleceu mais tarde naquele ano como o salário mínimo[42] (mais tarde, os ganhos aumentaram para estar em conformidade com o salário mínimo). E durante a crise da Covid-19 de 2020, Aziz Bah, da Corporação de Motoristas Independentes, um sindicato criado recentemente para motoristas de aplicativo, disse que muitos trabalhadores da economia gig foram mais atingidos do que os outros por não terem um plano de saúde dado pelo empregador e estarem, em média, em uma situação financeira mais precária devido à natureza do seu trabalho.[43]

Uma situação similar está acontecendo nos mercados consumidores. Durante décadas, grupos como o Consumer International e suas várias fi-

---

[42] "Uber and Lyft Drivers Guild Wins Historic Pay Rules", Corporação dos Motoristas Independentes, dezembro de 2018, https://drivingguild.org/uber-and-lyft-drivers-guild-wins-historic-pay-rules/.

[43] I'm a New York City Uber Driver. The Pandemic Shows That My Industry Needs Fundamental Change or Drivers Will Never Recover", Aziz Bah, *Business Insider*, julho de 2020, https://www.businessinsider.com/uber-lyft-drivers-covid-19-pandemic-virus-economy-right-bargain-2020-7?r=US&IR=T.

liações nacionais têm exercido um papel-chave ao defender direitos do consumidor em disputas com cadeias de varejo, empresas de bens de consumo e serviços governamentais. Para fazê-lo, puderam contar com uma base de membros entusiasmada, que pagava uma taxa todo ano e em retorno se beneficiava da ação coletiva da organização em seu nome. Mas esses grupos também enfrentaram múltiplos desafios nos últimos anos. Por um lado, menos consumidores se tornaram ou permaneceram membros, dando ao grupo menos meios e poder de barganha. Por outro, grandes empresas de internet surgiram como novas vendedoras, muitas vezes com novos modelos de negócios e menos presença física. Como muitas dessas plataformas de internet ofereciam serviços gratuitos a seus usuários, o raio de ação de grupos de consumidores precisava mudar, e, em vez de aconselhar acerca da qualidade do produto e dos melhores lugares para comprar, passar a verificar as práticas das empresas de plataforma.

Mas, para mitigar essas novas desigualdades e inseguranças emergentes, novos grupos da sociedade civil eram necessários. Empresas e governos sozinhos não podem oferecer as soluções que trabalhadores e consumidores precisam. Quais exemplos de organizações foram recém-criadas ou se reinventaram nesta era?

Grupos de Direitos do Consumidor

Humanity Forward é um exemplo de grupo de direitos do consumidor moderno. É uma organização não lucrativa fundada pelo ex-candidato à presidência dos EUA, Andrew Yang. Consciente das mudanças fundamentais trazidas pela Quarta Revolução Industrial à sociedade norte-americana, a organização apresenta soluções como a renda básica universal e dados como direito de propriedade.[44] A Humanity Forward acredita que a renda básica universal, concebida como um cheque mensal de US$1 mil destinado a cada adulto norte-americano, pode servir como uma rede de segurança para trabalhadores que já operam na economia gig ou para aqueles que enfrentam uma situação de trabalho ou vida que exige uma rede de segurança básica. Na nossa perspectiva, um cheque como esse pode não ser a panaceia que foi concebida inicialmente para ser. Mas nele estão inculcadas algumas das perspectivas fundamentais do modelo stakeholder — no qual todo mundo deveria ter oportunidades iguais — e da Quarta Revolução

---

[44] Humanity Forward, https://movehumanityforward.com/.

Industrial, que continuará a causar disrupções no mercado de trabalho por décadas. Portanto, merece mais escrutínio e debate.

A iniciativa de Yang para consagrar "dados como um direito de propriedade" fornece um exemplo verdadeiramente interessante de como indivíduos podem se unir de um jeito stakeholder moderno em torno de seus direitos. Yang argumenta que "dados gerados por cada indivíduo precisam ser da propriedade deles, com certos direitos transmitidos que lhes permitirão saber como os dados são utilizados e protegê-los", em vez das práticas atuais das plataformas de internet nas quais os "dados são de propriedade de quem os coleta" (ou seja, as plataformas de internet).[45] A Humanity Forward quer unir os consumidores e usar o poder compartilhado por eles para forçar reguladores e empresas a respeitarem seus direitos de propriedade e garantir que sejam remunerados quando os dados forem compartilhados. Para isso, consumidores podem assinar o Projeto Data Dividend.[46] Como a mídia de tecnologia *The Verge* relatou: "O projeto está apostando na ação coletiva como um meio de mudar a lei e estender os direitos de propriedade de dados para usuários em todo o país." Se iniciativas como essa serão bem-sucedidas dependerá crucialmente do apoio que receberão dos cidadãos em sua sociedade. Mas elas demonstram também que, na economia tecnológica de hoje, indivíduos podem se reunir e lutar pelo que acreditam ser correto. É por meio desses tipos de ação da sociedade civil que as sociedades evoluirão para melhor.

Sindicatos Modernos

No espaço de trabalho também deveria haver lugar para sindicatos modernos, como foi discutido anteriormente por acadêmicos como Jeffrey Hirsch e Joseph Seiner, no artigo científico "A Modern Union for the Modern Economy" [Um Sindicato Moderno para a Economia Moderna].[47] Mas como podemos chegar lá? Já vimos como, em alguns países como a Dinamarca, a participação de membros em sindicatos continua alta, e atitudes construtivas levam a empresas e salários mais competitivos, assim como a uma

---

[45] "Data as a Property Right", Humanity Forward, https://movehumanityforward.com/data-property--right.

[46] "Andrew Yang Is Pushing Big Tech to Pay Users for Data", *The Verge*, junho de 2020, https://www.theverge.com/2020/6/22/21298919/andrew-yang-big-tech-data-dividend-project-facebook-google--ubi.

[47] "A Modern Union for the Modern Economy", Jeffrey M. Hirsch e Joseph A. Seiner, *Fordham Law Review*, Volume 86, Edição 4, 2018, https://ir.lawnet.fordham.edu/cgi/viewcontent.cgi?article=5483&-context=flr.

força de trabalho que passa por requalificação constante. Esse é o poder dos sindicatos em sua melhor forma. Mas, igualmente, temos visto, em países como os EUA e o Reino Unido, os sindicatos perderem muitos de seus membros e poder ao longo das últimas décadas, o que coincidiu com salários mais baixos e menos investimento no treinamento de empregados. Como esse declínio em poder e aderência aos sindicatos é o resultado de políticas antissindicato, a resposta correta é acabar com essas práticas. Ao mesmo tempo, há outro fator em ação: o trabalho na economia gig tem crescido globalmente, mas sindicatos tradicionais, em sua maioria, foram incapazes de oferecer respostas adequadas aos seus desafios.

Para trabalhadores gig, criar um sindicato moderno pode ser o mais importante. Nos EUA, já há um número estimado de 57 milhões de trabalhadores freelancer,[48] ou seja, que trabalham sem um contrato empregatício tradicional. Como um sinal de que essa tendência representa o futuro do trabalho, mais de metade da geração Z — aqueles nascidos entre os anos 1990 e o começo dos anos 2000 — está começando sua carreira como freelancer, o que muitos veem como um caminho de carreira em longo prazo. Tendências similares estão se desdobrando em países como Sérvia, Ucrânia, Paquistão, Índia ou Indonésia, lar de Puty Puar, a designer bem-sucedida do Capítulo 5. Nesses países, muitos trabalhadores jovens começam suas carreiras em plataformas de trabalho digital, como Upwork, e costumam trabalhar para empregadores sediados nos EUA e outras economias afluentes, em vez da sua própria. Certamente há benefícios nessa situação, pois ajuda a prevenir uma "fuga de cérebros" desses países, garante que o dólar ou outra moeda estrangeira estável flua para essas economias e fortalece a economia local por meio do poder de compra adicional desses trabalhadores remotos. Mas também podem existir desvantagens significativas. Como um relatório de mídia mostrou, esses graduados acabam sonhando em ganhar US$2 mil por mês ou mais com o trabalho remoto.[49] Mas eles podem não perceber de imediato que estão em uma situação mais vulnerável do que trabalhadores assalariados, pois não têm contratos de longo prazo, benefícios ou proteção legal, incluindo contra o desemprego.

---

[48] "Sixth Annual 'Freelancing in America' Study Finds That More People Than Ever See Freelancing as a Long-Term Career Path", *Upwork*, outubro de 2019, https://www.upwork.com/press/2019/10/03/freelancing-in-america-2019/.

[49] "The New Balkan Dream Is a $2,000 Per Month Telecommute", Sandra Maksimovic, *Deutsche Welle*, agosto de 2018, https://www.dw.com/en/the-new-balkan-dream-is-a-2000-per-month-telecommute/a-45258826.

Isso não deveria levar ao desespero, e sim a uma nova forma de unir trabalhadores sindicalizados e colaboração internacional. Um bom lugar para começar é provavelmente com aqueles trabalhadores gig que atuam exclusivamente em uma plataforma ou em uma indústria, como os motoristas. É o que a Corporação de Motoristas Independentes em Nova York e a Gig Workers Rising na Califórnia fazem. Ambos os grupos reúnem motoristas que trabalham principalmente para Uber, Lyft, e outras plataformas similares e defendem "melhores salários, condições de trabalho e respeito".[50] Isso levou a algumas mudanças estruturais no status e no tratamento de motoristas. Em agosto de 2020, o tribunal da Califórnia ordenou que aplicativos de transporte e entrega como Uber e Lyft tratassem seus motoristas como empregados.[51] Isso exigiria que as empresas fornecessem um salário mínimo, plano de saúde, pagamento de hora extra e licença médica remunerada, a mídia relatou.[52] Porém as batalhas legais em torno dessa legislação continuaram até o outono e, como vimos anteriormente, os eleitores rejeitaram a Proposição 22 em novembro de 2020, derrubando boa parte da legislação prévia sobre o tema, fazendo com que motoristas de Uber, Lyft e outros voltassem ao estatuto de trabalhadores sem vínculo.[53] (Ao longo da escrita deste livro, a batalha nos tribunais continua com as plataformas em questão.) Em Nova York, como vimos anteriormente, a Corporação de Motoristas Independentes conseguiu forçar o progresso no pagamento, garantindo um pagamento mínimo líquido de mais de US$15 por hora, o mínimo do estado.

A partir de uma perspectiva stakeholder, os chamados trabalhadores sem vínculo estão certos em se sindicalizar desse modo e lutar por um pagamento decente e benefícios. E deveria ser senso comum para governos oferecerem a eles direitos semelhantes aos de outros trabalhadores. Como Alex Wood, do Oxford Internet Institute no Reino Unido, argumentou, em uma entrevista com a revista *Wired*:[54] "Se você depende dessa plataforma para o seu sustento e não há plataformas rivais para as quais você poderia trabalhar, se eles controlam os seus dados e se o sistema de reputação o

---

[50] "About Us, Gig Workers Rising", https://gigworkersrising.org/get-informed.

[51] "Court Orders Uber, Lyft to Reclassify Drivers as Employees in California", Sara Ashley O'Brien, *CNN*, agosto de 2020, https://edition.cnn.com/2020/08/10/tech/uber-lyft-california-preliminary--injunction/index.html.

[52] Ibidem.

[53] "Human Capital: The gig economy in a post-Prop 22 world", Megan Rose Dickey, *TechCrunch*, novembro de 2020, https://techcrunch.com/2020/11/07/human-capital-the-gig-economy-in-a-post-prop-22-world/.

[54] "The Government's Good Work Plan Leaves the Gig Economy Behind", Sanjana Varghese, *Wired Magazine UK*, dezembro de 2018, https://www.wired.co.uk/article/good-work-plan-uk-gig-economy.

prende na plataforma, então você precisa de proteções trabalhistas, e é por isso que temos leis trabalhistas." Já as empresas em questão fariam bem em considerar as demandas e configurar um grupo consultivo com essas organizações, em vez de brigar com elas nos tribunais. Freelancers que trabalham em outras indústrias, como comunicação, TI ou design criativo, fariam bem em criar grupos de interesse profissional e lutar por proteções melhores também. O fato de que o mercado para esse tipo de trabalho digital costuma ser virtual e/ou internacional não deveria significar que padrões de trabalho devem ser uma corrida sem fim até o fundo do poço. Deveria ser possível, por exemplo, exigir que o trabalho sem vínculo em estados ou países específicos respeitem o mesmo pagamento mínimo por hora, seja para trabalhadores "online" ou "offline". E quando contratos virtuais são realizados entre fronteiras, novos acordos bilaterais ou multilaterais podem ser feitos, com governos estabelecendo sob quais condições é possível fazer o trajeto virtual entre elas. É no melhor interesse dos trabalhadores defender regras que garantam a eles a remuneração apropriada.

A jornada adiante é longa. Até onde sabemos, não há uma legislação freelancer completamente adequada em lugar nenhum, e existem poucos sindicatos eficazes de freelancers, quando há algum.

Em Nova York, uma das maiores organizações para freelancers é o Freelancers Union,[55] uma organização fundada por Sara Horowitz, advogada e filha de representantes sindicais. O Freelancers Union se distingue em grande parte por oferecer planos de saúde com desconto, treinamento de habilidades e espaços de trabalho compartilhado. Ele também foi um dos primeiros defensores vocais da lei O Freelance Não É de Graça, que diz "proteger freelancers da falta de pagamento" e "servir como modelo para outras cidades e estados".[56] Mas até agora tem evitado defender um pagamento mínimo e benefícios para os freelancers que representa, fazendo da organização menos um sindicato e mais uma organização que oferece benefícios a seus membros. Essa também é a crítica principal que tem recebido da esquerda: "o Freelancers Union trata os trabalhadores como consumidores dos serviços oferecidos. Não merece ser chamado de sindicato", a revista socialista *Jacobin* escreveu em uma crítica antiga da organização.[57]

---

[55] "This New Program Aims to Train the Growing Freelance Workforce", Yuki Noguchi, NPR, janeiro de 2019, https://www.npr.org/2019/01/04/681807327/this-new-program-aims-to-train-the-growing-freelance-workforce?t=1597649731065.

[56] "The Freelance Isn't Free Law", Freelancers Union, https://www.freelancersunion.org/community/freelance-isnt-free/.

[57] "A Union of One", Ari Paul, *Jacobin Magazine*, outubro de 2014.

CAPITALISMO STAKEHOLDER

Além disso, boa parte da regulação gig tem focado de modo estrito o equivalente aos motoristas de táxi e entregadores, e muito menos os trabalhadores com relações menos dependentes de trabalho e trabalhadores fazendo deslocamentos virtuais. Em abril de 2019, o Parlamento Europeu, por exemplo, adotou "novas regras introduzindo direitos mínimos para todos os empregados",[58] incluindo o direito de receber compensação no caso de cancelamento tardio e treinamento obrigatório gratuito, assim como uma proibição de cláusulas de exclusividade. Essas regras deveriam ajudar trabalhadores em contratos de zero hora, assim como trabalhadores domésticos e motoristas sob demanda ou entregadores.[59] Mas como economistas do trabalho como Valerio Di Stefano da Universidade de Leuven apontaram,[60] elas falharam em fornecer direitos e benefícios similares a outros freelancers, como os trabalhadores de TI de países como Ucrânia, Sérvia, Paquistão ou Índia, como descrevi anteriormente.

Grupos de Defesa

Um segmento final da sociedade civil cujas preocupações devem ser ouvidas no modelo stakeholder são os novos grupos de defesa e outros movimentos reivindicando justiça social.

Sejam grupos que se preocupam com o movimento Black Lives Matter, grupos de direitos LGBTQ, homens e mulheres defendendo o tratamento igualitário de gêneros no local de trabalho, ou qualquer outro grupo lutando para não ser deixado para trás, todo mundo em uma posição de liderança deve buscar conversar com esses novos grupos emergentes da sociedade civil. Eles costumam ser liderados por gerações novas de cidadãos e trabalhadores, cujas preocupações apenas crescerão ao longo do tempo e cujo ritmo está, portanto, mais próximo da direção futura de qualquer sociedade.

Acertar nesse tipo de conversa não é fácil, tampouco resolver as questões que são apresentadas. Alguns problemas de discriminação existem há décadas, senão séculos. As causas de problemas como a discriminação com base em raça ou gênero costumam ser de natureza sistêmica, implicando que um único stakeholder terá dificuldades em eliminá-las por inteiro. E,

---

[58] "Gig Economy: EU Law to Improve Workers' Rights", Parlamento Europeu, abril de 2019, https://www.europarl.europa.eu/news/en/headlines/society/20190404STO35070/gig-economy-eu-law-to--improve-workers-rights-infographic.

[59] Ibidem.

[60] "Gig Economy Protections: Did the EU Get It Right?", Knowledge at Wharton, maio de 2019, https://knowledge.wharton.upenn.edu/article/eu-gig-economy-law/.

enquanto algumas demandas precisam ser atendidas com pressa e urgência, atingir um equilíbrio entre o progresso e a estabilidade, ou entre as demandas de um grupo em contradição com as de outro, é um exercício em longo prazo muito difícil de se acertar de uma vez só. Finalmente, enquanto muitos stakeholders estabelecidos, em grande parte, têm um porta-voz ou negociador claramente identificado, alguns dos novos grupos de defesa mais bem-sucedidos preferem não ter um líder formal. (E também não deveriam ser forçados a tê-lo, na nossa opinião.)

Tudo isso faz com que seja difícil considerar as preocupações desses grupos da sociedade civil e encontrar as respostas corretas. Mas nenhuma dessas considerações pode ser uma desculpa para não buscar diálogo, não convidar representantes desses grupos de defesa ou minorias para se sentarem à mesa e tomarem atitudes concretas em direção à justiça social. Uma sociedade só pode avançar se todo mundo participar, e não é mais aceitável deixar ninguém para trás. Em resposta a essas demandas por justiça social, econômica e climática, gestões e conselhos empresariais devem, antes de tudo, subscrever à ideia de responsabilidade stakeholder e transformá-la em um item da agenda em suas reuniões trimestrais e anuais. Segundo, eles devem ser explícitos acerca das suas metas em domínios como diversidade e inclusão, igualdade de pagamentos e níveis de salários, e indicar com quais grupos estão buscando se envolver. (Nos últimos anos, algumas empresas norte-americanas, da FirstEnergy[61] à Starbucks,[62] começaram a unir o pagamento executivo à diversidade nas contratações e promoções.) Por fim, eles deveriam relatar todo ano o progresso feito em suas métricas e metas de escolha, prestando contas aos seus stakeholders.

Em um âmbito mais prático, para ver como a justiça social pode ser alcançada, pode valer a pena olhar para alguns exemplos de lugares inesperados. Considere, por exemplo, a situação da população sheedi no Paquistão,[63] grupo com o qual eu me familiarizei por meio do Global Shapers do Fórum Econômico Mundial, uma rede de pessoas jovens ao

---

[61] "Want More Diversity? Some Experts Say Reward C.E.O.s for It", Peter Eavis, *The New York Times*, julho de 2020, https://www.nytimes.com/2020/07/14/business/economy/corporate-diversity-pay--compensation.html.

[62] "Starbucks Ties Executive Pay to 2025 Diversity Targets", Heather Haddon, *The Wall Street Journal*, outubro de 2020, https://www.wsj.com/articles/starbucks-ties-executive-pay-to-2025-diversity-targets-11602680401.

[63] "Black Lives Matter—for Pakistan's Sheedi Community Too", Zahra Bhaiwala, Neekta Hamidi, Sikander Bizenjo, Agenda do Fórum Econômico Mundial, agosto de 2020, https://www.weforum.org/agenda/2020/08/black-lives-matter-for-pakistans-sheedi-community-too/.

redor do mundo. (O Fórum criou a comunidade de Global Shapers para garantir que as próximas gerações — pessoas entre as idades de vinte a trinta anos, mais ou menos — seriam empoderadas para ajudar a moldar nosso futuro em comum, ao informar umas às outras acerca dos desafios locais e globais que enxergam e lidar com eles juntas. Ele é ativo em mais de quatrocentas cidades no mundo todo, de Atlanta a Accra, e de Zurique a Zagreb.[64]) A população sheedi é a maior minoria africana no Sul da Ásia, chegando a centenas de milhares de pessoas, e "os descendentes de africanos escravizados, marinheiros e soldados que fizeram do Sul da Ásia o seu lar há séculos".[65] Durante décadas, esse grupo foi marginalizado, "lutando contra o preconceito e problemas socioeconômicos mais amplos".

Mas em 2018, a situação começou a mudar, quando Tanzeela Qambrani, então uma sheedi de 39 anos mãe de três filhos, foi a primeira sheedi a ser eleita para o parlamento em Sindh, a província do país com a maior população de afro-paquistaneses. Como os Shapers apontaram, "a eleição histórica foi manchada por dissidência, incluindo a renúncia de um membro do partido", mas Qambrani tem sido "vocalmente franca acerca da discriminação contra a população sheedi no Paquistão" desde então, e recebeu apoio do líder do seu partido, Bilawal Bhutto (o filho do ex-primeiro-ministro assassinado Bhenazir Bhutto). De fato, "em março de 2019 ela lutou por uma resolução que penalizava educadores que exibiam comportamento racista com estudantes sheedi", o Shapers escreveu,[66] e "também lidera uma resolução de protesto na assembleia provincial contra o racismo antinegros nos EUA, após o assassinato de George Floyd".

Parece óbvio que a luta de Qambrani contra a discriminação a pessoas sheedi, com vários movimentos de base, será muito longa e cheia de reviravoltas, considerando a natureza sistêmica da discriminação que eles enfrentam. Mas uma lição importante é que a luta dela e de outros por justiça social é acelerada quando minorias ou outros grupos de defesa conseguem ter um assento à mesa. Representantes podem ajudar a apontar os problemas que minorias e outros grupos enfrentam e ajudar a estabelecer credibilidade em sua luta por justiça. Reuters, a agência internacional de imprensa, por exemplo, relatou em junho de 2020 a resolução de protesto enviada

---

[64] Comunidade Global Shapers, Fórum Econômico Mundial, https://www.globalshapers.org/.

[65] "Meet the First African–Pakistani Lawmaker", *The Diplomat*, setembro de 2018, https://thediplomat.com/2018/09/meet-the-first-african-pakistani-lawmaker/.

[66] "Black Lives Matter—for Pakistan's Sheedi Community Too", Zahra Bhaiwala, Neekta Hamidi, Sikander Bizenjo, Agenda do Fórum Econômico Mundial, agosto de 2020, https://www.weforum.org/agenda/2020/08/black-lives-matter-for-pakistans-sheedi-community- too/.

por Qambrani ao parlamento Sindh contra uma "onda de racismo" após o assassinato do afro-americano George Floyd nos EUA. De modo similar, nossos Shapers escreveram um artigo para a Agenda da Internet do Fórum Econômico Mundial, mais uma vez saudando Qambrani como uma líder de comunidade e traçando paralelos entre a luta do movimento Black Lives Matter por justiça social nos EUA e a luta do povo sheedi no Paquistão. Em ambos os casos, o status de Qambrani como primeira-ministra ajudou a estabelecer a credibilidade do artigo e, com isso, a causa por ele defendida.

■■■

A lição da Mærsk, da Nova Zelândia e dos grupos da sociedade civil que acabamos de discutir é que o sucesso de organizações e indivíduos não pode ser alcançado seguindo padrões tradicionais. A história é um processo com crenças, práticas e doutrinas em evolução. Aquele tempo no qual uma organização tinha apenas seu próprio interesse em mente e o seguia sem considerar os interesses de seus stakeholders acabou. Em uma sociedade tão interconectada e na qual o sucesso de cada ator depende de grande conectividade e interação com tantos outros atores, decisões só podem ser tomadas se houver um resultado positivo para o sistema inteiro. Para empresas, isso significa especificamente que os ventos da história soprarão no rosto daqueles que se prendem ao conceito de primazia shareholder. Mas serão ventos favoráveis para aqueles que reconheceram os sinais e praticam o capitalismo stakeholder.

Conclusão

O Caminho para o Capitalismo Stakeholder

Nos meses que se seguiram ao surto da pandemia da Covid-19, o mundo como o conhecemos virou de cabeça para baixo. Como a maioria das pessoas, fiquei limitado a observar a situação de dentro da minha casa e dos nossos escritórios vazios, e dependi de chamadas em vídeo para saber como estavam os outros. Em Genebra, como em muitas outras cidades no mundo todo, o silêncio perturbador nas ruas, desprovidas de carros, comércio e do burburinho e agitação das pessoas, foi igualado apenas pela intensidade da movimentação nos hospitais, onde alas inteiras haviam sido transformadas às pressas em instalações improvisadas para tratar a Covid-19.

Nesses momentos de crise, era difícil ser otimista sobre a previsão de um futuro global melhor. Muitos milhões de pessoas perderam suas vidas ou ficaram gravemente doentes. Dezenas, talvez centenas, de milhões de pessoas perderam seus meios de sustento. E provavelmente bem mais de 1 bilhão de crianças e pessoas mais velhas perderam a conexão com o mundo externo, incapazes de ver seus entes queridos ou saber deles por meses. O único lado positivo, talvez, foi a queda temporária nas emissões de gases do efeito estufa, que trouxe um pequeno alívio para a atmosfera do planeta. Não deveria ser uma surpresa o fato de muitos começarem a questionar: será que governos, empresas e outros stakeholders influentes mudarão mesmo para melhor depois disso ou voltaremos aos negócios de sempre? Podemos, em outras palavras, inverter a marcha em direção ao capitalismo stakeholder ou estamos fadados a retornar aos reflexos mais egoístas e de curto prazo de um tipo mais cruel de capitalismo?

270 Conclusão: O Caminho para o Capitalismo Stakeholder

Após ler a primeira metade deste livro, você pode ter se sentido inclinado a dar uma resposta pessimista. Como vimos nos primeiros capítulos, estamos enfrentando enormes desafios econômicos, ambientais, sociais e políticos. A cada ano que passa, esses problemas, como muitas pessoas têm experimentado diretamente, parecem piorar, não melhorar. O que é verdadeiro no caso da desigualdade de renda e riqueza em quase todos os países do mundo. É verdadeiro no caso da mudança climática, que afeta a todos nós. E é verdadeiro no caso da divisão social e política, que está crescendo pelos continentes, da América à Ásia. Parece que estamos vivendo em um sistema econômico global vicioso, no qual a possibilidade de progresso é engolfada por um caminho mais sombrio em direção ao declínio.

A Parte II deste livro demonstra que, apesar do progresso da sociedade, não há saídas fáceis desse círculo vicioso, mesmo que os mecanismos para fazê-lo estejam em nossas mãos. Todo dia inventamos novas tecnologias que podem melhorar nossas vidas e a saúde do planeta. Livre mercados, comércio e competição criam tanta riqueza que, em teoria, poderiam melhorar a vida de todo mundo se houvesse essa vontade. Mas essa não é a realidade na qual vivemos hoje.

Avanços tecnológicos costumam acontecer em uma economia monopolizada e são usados para priorizar os lucros de uma empresa sobre o progresso social. O mesmo sistema econômico que criou tanta prosperidade na era dourada do capitalismo norte-americano nos anos 1950 e 1960 agora está criando desigualdade e mudança climática. E o mesmo sistema político que permitiu nosso progresso global e democracia após a Segunda Guerra Mundial agora contribui para a discórdia e o descontentamento sociais. Cada uma dessas políticas foram bem-intencionadas, mas tiveram consequências negativas não intencionais.

Ainda assim, não deveríamos perder nosso otimismo. Há motivos para acreditar que um sistema econômico mais inclusivo e virtuoso é possível — e ele pode estar logo na próxima esquina. Conforme o choque inicial da crise da Covid-19 retrocedeu, vislumbramos o que é possível quando todos os stakeholders agem pelo bem público e pelo bem-estar de todas as pessoas, em vez de apenas algumas. Poucos meses depois do início da pandemia, começou o desenvolvimento de mais de duzentas vacinas para o SARS-CoV-2 e, em dezembro de 2020, as primeiras vacinações foram planejadas em vários países, como os EUA, a Alemanha e o Reino Unido[1]. Muitas delas resul-

---

[1] "US, Germany and UK could start Covid vaccinations as early as December", Helen Sullivan, The Guardian, novembro de 2020, https://www.theguardian.com/world/2020/nov/23/us-germany-and-uk-could-start-covid-vaccinations-as-early-as-december.

Conclusão: O Caminho para o Capitalismo Stakeholder 271

taram da colaboração multinacional envolvendo os setores públicos e privados. Empresas abordaram a Força-tarefa Covid-19 do Fórum Econômico Mundial com ofertas de produtos de higiene, ventiladores, contêineres e financiamento para ajudar a resposta emergencial de saúde. Havia também uma forte vontade de cooperação entre governos e negócios para garantir os fundos necessários para o desenvolvimento e distribuição da vacina. Para mim, essas iniciativas mostraram que podemos melhorar nosso sistema econômico global se focarmos isso e que essa crise poderia também trazer à tona o melhor de nós, enquanto trabalhamos para superar a pandemia.

Na Parte III deste livro, tentei mostrar como instintos tão virtuosos podem se tornar uma característica de nossos sistemas econômicos, em vez de uma exceção rara. Mostrei como empresas, governos, organizações internacionais e a sociedade civil podem se reinventar. Em vez de buscar lucros em curto prazo ou de restrito interesse próprio, podiam buscar o bem-estar de todos e do planeta inteiro. Isso não exige uma virada de 180°; as empresas não precisam parar de buscar lucros para seus shareholders, e governos não precisam parar de priorizar o bem-estar de nossos cidadãos.

Tudo que é preciso fazer é se voltar para uma perspectiva em longo prazo, visando a mais do que o próximo trimestre ou ano fiscal, mas a próxima década e a próxima geração, e que as preocupações dos outros sejam consideradas. É isso que empresas como a Mærsk fizeram, permanecendo lucrativas e competitivas. E é o que países como Nova Zelândia e Singapura estão fazendo, criando prosperidade para todos os seus cidadãos e empresas, enquanto respeitam os outros e o planeta.

Devemos todos seguir o exemplo desses pioneiros. Devemos pensar profundamente sobre o futuro e mudar nosso modelo de negócios ou declaração de missão para esclarecer como podemos contribuir para o bem-estar mais amplo das pessoas e do planeta, enquanto perseguimos outros objetivos mais de curto prazo. Construir um sistema econômico tão virtuoso não é um ideal utópico. A maioria das pessoas, incluindo líderes empresariais, investidores e líderes de comunidades, tem uma atitude similar em relação ao seu papel no mundo e nas vidas dos outros. A maioria das pessoas quer fazer o bem. Mas o que tem faltado nas últimas décadas é uma bússola clara para guiar aqueles em posições de liderança em nossa sociedade e economia.

Pelos últimos trinta a cinquenta anos, a ideologia neoliberal tem cada vez mais prevalecido em grande parte do mundo. Essa abordagem foca a ideia de que o mercado sabe o que é melhor, que o "negócio do negócio é o negócio", e que governos devem evitar estabelecer regras limitantes para o funcionamento de mercados. Essas crenças dogmáticas se provaram erradas. Mas felizmente não estamos destinados a segui-las.

Como mencionei várias vezes anteriormente neste livro, em setembro de 2020, minha crença de que um sistema capitalista mais virtuoso era possível foi reafirmada pela minha iniciativa "Métricas do Capitalismo Stakeholder" do Conselho Internacional de Negócios do Fórum, liderado por Brian Moynihan do Bank of America. Essas são métricas não financeiras e divulgações que serão adicionadas (em uma base voluntária) aos relatórios anuais de empresas nos próximos dois a três anos, tornando possível medir seu progresso ao longo do tempo.

Fazê-lo permitirá que tenhamos as respostas para questões como: qual é a diferença de salário por gênero na empresa X? Quantas pessoas de história e identidades diversas foram contratadas e promovidas? Quanto a empresa progrediu na redução das suas emissões de gases do efeito estufa? Quanto a empresa pagou de impostos globalmente e por jurisdição? E o que a empresa fez para contratar e treinar empregados?

Mas por que esse projeto foi concretizado agora? No Fórum Econômico Mundial, há décadas defendemos a ideia de que empresas devem tentar otimizar mais do que lucros em curto prazo. Mas em torno de 2016 um grupo de líderes empresariais emergiu querendo que o setor privado exercesse um papel concreto para alcançar os Objetivos de Desenvolvimento Sustentável (SDGs) da ONU. Indivíduos como Brian Moynihan e também Frans van Houten da Philips e Indra Nooyi, então na PepsiCo, subscreveram essa ideia e convenceram muitos de seus colegas a assinar um contrato firmando compromisso.

Nos anos seguintes, a pressão de movimentos por justiça climática e social como as Sextas pelo Futuro (inspirado por Greta Thunberg), #MeToo, e Black Lives Matter veio aumentar a sensação de urgência. Empresas precisavam fazer mais do que uma promessa bem-intencionada, mas vaga. No verão de 2019, Brian e outros apresentaram a ideia de criar uma ferramenta própria de métricas, para substituir a "sopa de letrinhas das métricas"[2] que existia até então. No outono, o trabalho estava em curso, e as quatro grandes empresas de consultoria — Deloitte, EY, KPMG, e PwC — comprometerem-se a definir as métricas.

---

[2] "World Economic Forum Aims to Make ESG Reporting Mainstream", Amanda Iacone, Bloomberg Tax, setembro de 2020, https://news.bloombergtax.com/financial-accounting/world-economic-forum-aims-to-make-esg-reporting-mainstream.

Em janeiro de 2020, um primeiro projeto de texto para consulta das métricas estava pronto e foi recebido com entusiasmo. Então, veio o desastre da Covid-19, que acabou sendo um verdadeiro teste decisivo. O projeto sobreviveria a essa crise global? E, de modo mais amplo, a própria ideia de um capitalismo stakeholder sofreria uma morte prematura na crise da Covid-19? O conceito havia sido abraçado pela Business Roundtable norte-americana — um importante grupo de lobby de empresas norte-americanas em Washington — apenas meses antes. Agora, temia-se, esse compromisso nascente com o capitalismo stakeholder poderia abrir caminho para uma abordagem mais realista ao estilo *sauve qui peut*, ou salve-se quem puder, nas empresas: salve o que você puder, mesmo se isso significar demitir funcionários ou cortar fornecedores.

Mas o entusiasmo das empresas trabalhando no projeto só aumentou. "Havia uma sensação de que isso era muito importante, especialmente na crise," contou Maha Eltobgy, que liderava a iniciativa para o Fórum Econômico Mundial. Portanto, quando uma reunião física foi cancelada na primavera, todos os principais patrocinadores do projeto — incluindo eu — se conectaram em uma reunião virtual. Foi a fagulha necessária para completar o projeto. E então, no outono de 2020, após muitas oficinas, entrevistas e outras reuniões conduzidas no pior da crise de saúde pública global do século, as métricas foram finalizadas e publicadas. Esses tipos de desenvolvimentos me dão esperança de que o capitalismo stakeholder não seja uma moda, mas uma característica do nosso sistema futuro.

É claro, permanecemos longe do nosso objetivo de alcançar um sistema econômico global melhor para todos. As Métricas do Capitalismo Stakeholder são apenas uma de muitas iniciativas necessárias para alcançar um resultado assim — e o tempo está acabando depressa. Mas em um mundo no qual o pessimismo é cada vez mais a ordem do dia, e o interesse próprio e em curto prazo ainda é atraente, iniciativas como essa demonstram que um modelo mais inclusivo e sustentável é possível.

Após a devastação da Segunda Guerra Mundial, tive a sorte de crescer em uma cidade e sociedade que abraçavam a mentalidade stakeholder em tudo que faziam. Eu vi isso funcionando na fábrica do meu pai, onde todo mundo, do chão de fábrica ao escritório do canto, tinha a mesma vontade de fazer da empresa e seus produtos um sucesso em longo prazo, e todos compartilhavam os frutos. Em Friedrichshafen e Ravensburg depois da guerra, vi como todos os cidadãos, assim como o governo local inteiro, se uniram para reconstruir o que havia sido destruído. E tenho defendido-a desde então, seja nos negócios ou no governo, e da Suábia à Singapura.

Espero que você, depois de ler este livro, também esteja convencido do modelo stakeholder. Espero que você tenha concluído — como eu fiz — que o estado do mundo não está predeterminado, mas que podemos melhorá-lo se estivermos todos comprometidos com um mundo melhor. E espero que todos nós — juntos — construiremos agora a economia mais resiliente, inclusiva e sustentável de que precisamos, no mundo pós-Covid-19. Esta é a essência do capitalismo stakeholder: uma economia global que funciona para o progresso, as pessoas e o planeta.

Índice

Símbolos
11 de Setembro, ataques, 18

A
ação antitruste, 139
Acordo do Clima de Paris, 178, 196
Alemanha
    reunificação, 84
alt-right. *Consulte* direita alternativa
Angela Merkel, 88
Antropoceno, 174
Apple, 64
arrendamento de terras, 62

B
baby boom, 8
Banco Internacional para Reconstrução
    e Desenvolvimento. *Consulte* Banco
    Mundial
Banco Mundial, 6
big techs, 138
Black Lives Matter, 201, 267
bolha da internet, 18
Branko Milanovic, 38, 49, 90, 149, 187
Bretton Woods, conferência, 26

C
capitalismo, 113
    de Estado, 186–187
    shareholder, 186
    stakeholder, 187–188

Carl Frey, 126, 146
China
    crescimento econômico, 63
    desigualdade, 44
    e os mercados emergentes, 68
    Iniciativa do Cinturão e Rota, 108
    planificação da produção, 61
    políticas públicas, 79
    reforma e abertura, 41, 61
    zonas econômicas especiais, 60
Christoph Lakner, 149
cibercrime, 115
Coletes Amarelos, França, 93–94, 171
combustíveis fósseis, 179
competição, 226
Comunidade Europeia do Carvão e do
    Aço, 6
comunismo, 113
concentração de mercado, 226
conectividade digital, 245
Cortina de Ferro, 83
Covid-19, 73, 79, 191, 269
    e líderes mulheres, 243
    teorias da conspiração, 94
crescimento demográfico, 28
crise ambiental, 93
crise climática global, 159
    dilema central, 170
    megatendências, 172
crise dos mísseis de Cuba, 82

276 *Índice*

crise financeira global de 2008, 122
curva de Kuznets, 23

D
Daniel Moran, 173
decoupling, 37
Deng Xiaoping, 60
desenvolvimento econômico, 110
desigualdade, 37
   círculo vicioso, 45
   dentro das nações, 41
   e Covid-19, 47
   e tecnologia, 49
   Europa, 44
desmatamento, 116
Dinamarca
   desemprego, 129
   requalificação profissional, 132
   tecnologia, 127
direita alternativa, 94
direitos do consumidor, 259
dívida global, 30
   e países ocidentais em envelhecimento, 32
dívida pública, 20

E
economia gig, 201, 257
economia planificada, 6
economia socialista de mercado, 62
Emmanuel Saez, 45
empresas, 193
Era da Descoberta, 109
   guerras religiosas, 110
Eric Brynjolfsson, 155
Escola de Chicago, 147, 186
especulação financeira
   1929, 25
estado de bem-estar social, 189
Estados Unidos
   alta econômica, 25
   Grande Sociedade, programa, 146, 198
estresse hídrico, 55

F
financeirização, 121
Five Star Movement, 90, 94
Fórum Econômico Mundial, 12, 16
   Manifesto de Davos 2020, 206–207
   Manifesto de Davos de 2020, 231
Foxconn, 64
Francis Fukuyama, 16, 121
Friedrich Engels, 142
Fundo Monetário Internacional, 6
futuro do trabalho, 126

G
Gabriel Zucman, 45
gases de efeito estufa, 164
George Floyd, 267
globalização
   benefícios econômicos, 118–119
   e comércio, 17
   Era da Descoberta, 110
   globalização 4.0, 115
   melhor estado, 104
   movimento antiglobalização, 18
   primeira onda, 111
   Rota da Seda, 107
   segunda e terceira ondas, 114
governos, 193
   deveres, 244
grande convergência, 70
Grande Depressão, 25, 114
Grande Recessão, 19
   2008–2009, 133
Greta Thunberg, 58, 93, 159
   Reunião Anual do Fórum Econômico Mundial em Davos, 2019, 161
Gripe Espanhola, 94
Guerra do Yom Kippur, 12
Guerra Fria, 82

H
hot money, fluxo, 17
Huawei, 64
Humanity Forward, 259

Hungria
  e globalização financeira, 121

I
Ian Buruma, 5
Índia
  Covid-19, 73
  crescimento econômico, 41, 71–72
  Licença Raj, 72, 74
indicadores econômicos
  desigualdade de renda, 37–39
  dívida, 30
  mobilidade social, 45, 48
  PIB, 27
  produtividade, 36
  taxas de juros, 34
Indonésia
  e globalização, 104
  inovação, 101–104
inflação, 34
inovação e produtividade, 36
integração étnica, 248
inteligência artificial, 19
Invasão da Baía dos Porcos, 82
investimentos públicos, 48
Itália
  configuração interna, 90
  manifestantes da Forquilha, 93

J
Jacinda Ardern, 239
Jair Bolsonaro, 91
James Crabtree, 44
John Maynard Keynes, 112
Joseph Stiglitz, 46, 132
justiça social, defesa, 264

K
Kalle Lasn, 43
Karl Marx, 113, 142
Konrad Adenauer, 8

L
livre mercado, 7
luditas, 125

Lyndon B. Johnson, 198

M
Mærsk, 215–217
mão de obra, substituição, 126
Marc Benioff, 224
Margaret Thatcher, 132
Mariana Mazzucato, 156, 199
Mark Zuckerberg, 229
meio ambiente, 51, 174
mercados emergentes, 169
migração, 191
milagre econômico, 8
Milton Friedman, 15, 147
mobilidade social, 47
monopólios, 226
mortes de desespero, 46
movimento maker de tecnologia, 59, 64
mudança demográfica, 173
mudanças climáticas, 116, 178, 196

N
nacionalismo, 90
necessidades sociais, 245
neoliberalismo, 132
Nova Zelândia
  distanciamento do PIB, 254
  e Covid-19, 239

O
Objetivos de Desenvolvimento
    Sustentável, 272
Occupy Wall Street, 42
Organização Mundial do Comércio, 114
organizações internacionais, 193

P
Pacto de Ravensburger, 18
pegada ecológica, 52
Plano Marshall, 6
pós-Segunda Guerra Mundial, 4
  batalha de ideologias, 8
  economia, 6
  mulheres, 9
  países do Eixo, reconstrução, 7

278 *Índice*

políticas sociais, 10
Primavera Árabe, 43
Primeira Guerra Mundial, 25, 113
Primeira Revolução Industrial, 25, 111, 126, 141–142
produto interno bruto (PIB)
  crescimento baixo, 27–29
  e bem-estar, 27
  e políticas públicas, 27
  fórmula, 26
progresso tecnológico, 174
prosperidade equitativa, 245
Protocolo de Quioto, 165–166

Q
Quarta Revolução Industrial, 19, 77, 126, 154

R
recessão global, 29
Reino Unido, 42
requalificação profissional, 131
Revolução Científica, 109
Revoluções Pré-Industriais, 140
Ronald Reagan, 132

S
saúde
  pública, 35, 47
  qualidade, 45
Segunda Revolução Industrial, 8, 25, 114, 126, 145–146
segurança social, 129
Simon Kuznets, 23, 48
  biografia, 24
  PIB, 26
sindicatos, 257, 261
Singapura, 133, 248–254
  conectividade digital, 252
  educação, 250
  modelo eleitoral, 253
  saúde, 251
sociedade civil, 193, 257
stakeholder, modelo
  atualmente, 190

conceito, 188
criação de valor e compartilhamento, 198
governança global, 212
instituições públicas, 212
lucros e PIB, 204
métricas, 232, 272
na prática, 200
pesos e contrapesos, 209
pessoas, 191–193
planeta, 190–192
princípios, 195
representação política, 202
subsidiariedade, 195–196

T
Tamim Ansary, 211–214
Tanzeela Qambrani, 266–267
tecnologia, 119
  de propósito geral, 154
  e regulação, 228–229
Tencent, 65
Terceira Revolução Industrial, 16, 114, 126, 148
Tharman Shanmugaratnam, 249
Thomas Piketty, 41
Thomas Søby, 128
Tigres Asiáticos, 13, 61, 133
Tim Cook, 229
Tim Wu, 137

U
urbanização, 172

V
Vale do Silício, 227

X
Xi Jinping, 108, 198

Y
Yoshida Shigeru, 8

Z
Zsolt Darvas, 41, 121

Projetos corporativos e edições personalizadas dentro da sua estratégia de negócio. Já pensou nisso?

Coordenação de Eventos
Viviane Paiva
viviane@altabooks.com.br

Assistente Comercial
Fillipe Amorim
vendas.corporativas@altabooks.com.br

A Alta Books tem criado experiências incríveis no meio corporativo. Com a crescente implementação da educação corporativa nas empresas, o livro entra como uma importante fonte de conhecimento. Com atendimento personalizado, conseguimos identificar as principais necessidades, e criar uma seleção de livros que podem ser utilizados de diversas maneiras, como por exemplo, para fortalecer relacionamento com suas equipes/ seus clientes. Você já utilizou o livro para alguma ação estratégica na sua empresa?

Entre em contato com nosso time para entender melhor as possibilidades de personalização e incentivo ao desenvolvimento pessoal e profissional.

PUBLIQUE
SEU LIVRO

Publique seu livro com a Alta Books. Para mais informações envie um e-mail para: autoria@altabooks.com.br

 /altabooks   /alta-books   /altabooks   /altabooks   /altabooks

CONHEÇA OUTROS LIVROS DA **ALTA BOOKS**

Todas as imagens são meramente ilustrativas.